社 科 文 献 精 品 译 库

社科文献精品译库·美国实用主义文库

涂纪亮　陈　波　主编

刘易斯文选

Selected Writings of Clarence Irving Lewis

李国山　编
李国山　方刚等　译

社会科学文献出版社
SOCIAL SCIENCES ACADEMIC PRESS(CHINA)

图书在版编目(CIP)数据

刘易斯文选/李国山等编译. - 北京:社会科学文献出版社,2007.6

(社科文献精品译库·美国实用主义文库)

ISBN 978-7-80230-639-4

Ⅰ.刘… Ⅱ.李… Ⅲ.刘易斯,C.I.(1883~1964)-实用主义-哲学思想-文集 Ⅳ.B712.59-53

中国版本图书馆 CIP 数据核字(2007)第053164号

编委会成员

(以姓名笔画为序)

丁东红　万俊人　孙伟平　杜丽燕

李　真　李国山　余灵灵　陈　波

陈亚军　涂纪亮

总　　序

　　实用主义是美国的一个历史最为悠久、影响最为广泛的哲学流派。"实用主义"（pragmatism）一词来源于希腊文（pragma），原意为行动、行为。实用主义者大多强调行动、行为、实践在哲学中具有决定性意义，认为哲学应当立足于现实生活之上，主张把确定的信念作为行动的出发点，把采取行动看作谋生的主要手段，把开拓、创新看作基本的生活态度，把获得成效看作生活的最高目标。因此，他们有时把实用主义称为"实践哲学"、"行动哲学"或"生活哲学"。有人称它为美国的"国家哲学"，认为它体现了所谓"美国精神"。

　　实用主义不仅是美国的主要哲学流派，它的影响还传播到英、法以及意大利等国，20世纪20、30年代在我国也一度有所影响。20世纪50年代中期，我国哲学界曾开展一场对它的严厉批判。80年代后，哲学界人士为纠正此次批判的片面性等缺点，重新开展对这个流派的研究，力图对它做出实事求是的科学评价。最近20年来，这方面的研究取得巨大进展，不仅对杜威等老一辈的实用主义者发表了不少论文和专著，而且开展了对新实用主义代表人物奎因、戴维森、普特南、罗蒂等人的专题研究，出版了不少重要的研究成果。目前这方面的研究已成为国内哲学研究的一个焦点。我们编辑这套《美国实用主义文库》的宗旨，正是为了给这项研究提供一些较为丰富、充实、准确的原始资料，以推动这项研究向更加深入、更加广泛的方向发展，对这个有重大影响的哲学流派做出更加公正、更加符合实际的科学评价。

实用主义诞生于19世纪70年代，迄今已有100多年的历史，其发展历程大致可分为三个阶段，19世纪70年代至20世纪30年代，是它的创立和繁荣时期，皮尔斯、詹姆斯、杜威和米德通常被看作实用主义的创始人，他们的观点被称为"古典的实用主义"或"正统的实用主义"，以区别于其后那些在不同程度上汲取其他哲学流派观点的实用主义者。20世纪40年代至50年代，它进入萧条时期，因受当时从欧洲大陆传播到美国的分析哲学（主要是逻辑实证主义）的排挤，它在美国哲学舞台上降到次要地位。这个时期的代表人物有布里奇曼、刘易斯、莫里斯、胡克等人，其中除胡克坚持杜威的正统观点外，其他三人在不同程度上汲取分析哲学的部分观点，与实用主义的传统观点相结合，形成布里奇曼的"操作主义"、刘易斯的"概念论实用主义"，以及莫里斯的"科学的经验主义"。从20世纪60年代起，实用主义的发展又进入一个新的时期，即"新实用主义"时期，这是实用主义摆脱萧条状态、逐渐复兴的时期。新实用主义这种思潮的基本特征，是以不同的方式或在不同的程度上把实用主义的某些传统观点与其他哲学流派的某些观点结合到一起。这种结合目前主要采取两种形式：其一是把实用主义的某些观点与分析哲学的某些观点结合到一起，例如奎因、塞拉斯、古德曼、戴维森、普特南等人的哲学，在不同程度上都是这种结合的表现。其二是把实用主义的某些观点与欧洲大陆某些哲学流派（主要是后现代主义）的某些观点结合到一起，罗蒂、伯恩斯坦等人的哲学是这种结合的表现。不过，"新实用主义"是一个含义十分模糊的概念，目前正式以"新实用主义者"自称的，只有罗蒂、普特南等少数哲学家，奎因、戴维森等人虽被西方哲学界称为新实用主义者，但他们本人拒绝这个称号。塞拉斯、古德曼等人被划入这个思潮，只是因为他们的哲学观点中含有分析哲学和实用主义这两种成分。

　　本《文库》所选译的论著以美国实用主义者的论著为限，英、法、意等国实用主义者的论著未包括在内。由于购买原著版权有一定困难，本《文库》目前暂编9卷，等将来有关版权问题解决后，再适当增补。奎因是美国新实用主义创始人，影响甚大，本应收入，只因他的原著版权已被

总　序

其他出版社购买，无法收入。我们已委托中国人民大学出版社编辑出版六卷本的《蒯因著作集》，可弥补本《文库》缺欠。

本《文库》在选译有关论著时遵循以下三个原则：（1）注意选译能反映作者在主要哲学领域内的基本观点的论著；（2）尽量选译目前尚无中译本的论著；（3）对新选入的已有中译本的论著，必要时重译以保证译文质量。由于可选译的论著甚多，而本《文库》篇幅有限，不可能一一收入。若有重大遗漏或译错之处，敬希读者指正。

为保证本《文库》译文质量，我们特意邀请北京大学、清华大学、中央党校、南开大学、南京大学、中国公安大学、北京市社会科学院以及中国社会科学院哲学研究所十多位教授、研究员担任本书各卷的编辑和译校工作。译稿完成后，中国社会科学文献出版社陆象淦先生、王静女士以及杨雁斌先生，又对译稿做了仔细的编辑加工。对以上这些编者、译者和出版者的鼎力协助，我们在此表示衷心的谢意。

涂纪亮　陈　波
2005 年 7 月于北京

目 录

编者前言 ··· 1

第一部分　一般评论

逻辑与实用主义（1930） ·· 3
实用主义与当代思潮（1930） ·· 20
逻辑实证主义与实用主义（1941） ···································· 30
实在主义还是现象主义？（1955） ···································· 52

第二部分　形而上学与认识论

概念论的实用主义（1929） ·· 67
泛论一般哲学，专论形而上学哲学的固有方法（1929） ········· 70
经验中的所予要素（1929） ·· 90
纯概念（1929） ··· 107
先天真理的性质及知识中的实用要素（1929） ···················· 120
经验与意义（1934） ·· 142
证实与真理的类型（1936） ··· 161
知识、行动和评价（1946） ··· 178
知识、经验和意义（1946） ··· 199

实用主义关于先天的概念（1949）……………………… 207
经验知识中的所予要素（1952）……………………… 217
唯名论悖论（1953）…………………………………… 225

第三部分 伦理学与美学

价值判断和事实判断（1936）………………………… 229
价值判断的客观性（1941）…………………………… 240
伦理学的基本问题（1946）…………………………… 253
审美客观性
　　——一个本体论范畴（1946）…………………… 257
论审美判断（1946）…………………………………… 266
价值判断的经验基础（1950）………………………… 278
伦理学理论的转折点（1954）………………………… 294
价值和事实（1969）…………………………………… 308
实用主义和道德根源（1969）………………………… 322

附　录

　　刘易斯主要著作………………………………………… 341

CONTENTS

1. General Commentory

1. Logic and Pragmatism (1930) 3
2. Pragmatism and Current Thought (1930) 20
3. Logical Positivism and Pragmatism (1941) 30
4. Realism or Phenomenalism? (1955) 52

2. Metaphysics and Epistemology

5. Conceptualistic Pragmatism (1929) 67
6. About Philosophy in General and Metaphysics in Particular. The Proper Method of Philosophy (1929) 70
7. The Given Element in Experience (1929) 90
8. The Pure Concept (1929) 107
9. The Nature of the A priori, and the Pragmatic Element in Knowledge (1929) 120
10. Experience and Meaning (1934) 142
11. Verification and the Types of Truth (1936) 161
12. Knowledge, Action and Valuation (1946) 178
13. Knowledge, Experience and Meaning (1946) 199

14. The Pragmatic Concept of A priori (1949) 207
15. The Given Element in Empirical Knowledge (1952) 217
16. A Paradox of Nominalism (1953) 225

3. Ethics and Aesthetics

17. Judgments of Value and Judgments of fact (1936) 229
18. The Objectivity of Value Judgments (1941) 240
19. The Basic Problems of Ethics (1946) 253
20. The Aesthetic Objectivity (1946) 257
21. On Aesthetic Judgments (1946) 266
22. The Empirical Basis of Value Judgments (1950) 278
23. Turning Points of Ethical Theory (1954) 294
24. Values and Facts (1969) 308
25. Pragmatism and the Roots of the Moral (1969) 322

Appendix:
The Main Writings of C. I. Lewis 341

编 者 前 言

克拉伦斯·欧文·刘易斯（Clarence Irving Lewis，1883~1964）是美国实用主义的早期代表人物之一。他出生于马萨诸塞州，就读于哈佛大学，1910年获哲学博士学位。1911~1920年在加州大学任教，后回到哈佛大学哲学系工作，直到1953年退休。1964年于加利福尼亚州去世。

刘易斯的一生是在平静中度过的。但是，从少年时代起，他便为高深的哲学问题所吸引，甚至到了痴迷的程度。就是这种痴迷使他偶然结识了一位来自家乡的姑娘，并进而促成了一桩美满姻缘。像许多伟人的哲学家一样，刘易斯也主要生活在自己的思想中。他为人谦和，处事谨慎，但他的哲学思想却于缜密严谨之中透露出咄咄逼人的气势。他坦言自己的思想受到了康德、罗伊斯、皮尔斯、詹姆斯、杜威等人的极大影响。但我们同时看到，他的概念论实用主义是非常有创见的思想，绝难归诸于任何一位先贤。

刘易斯的主要著作有：《符号逻辑概论》（1918）、《心灵与世界次序》（1929）、《符号逻辑》（与朗福德合著，1932）、《对知识与评价的分析》（1946）、《正当的基础与性质》（1955）、《我们的社会遗产》（1957）、《价值与命令》（1969）、《刘易斯文选》（高亨和马热思海编，1970）等。

这本集子从刘易斯的著述中选取了25个篇章，分成"一般评论"、"形而上学与认识论"和"伦理学与美学"三部分。每一部分的篇章按撰写年代顺序排列。考虑到本文库的总体构想，这里没有收入刘易斯的纯逻辑著述。下面分别介绍每一部分所选文章的出处及简要内容。

第一部分的4篇文章是刘易斯在不同时期写下的关于实用主义及其他

哲学流派的一般性评论。其中的第一篇"逻辑与实用主义"是了解刘易斯本人思想发展过程的一条捷径。在该文中，他回顾了自己理智生涯所经历的重要事件、他的哲学思想形成的过程以及他所受到的来自其他哲学家的影响。他还重点阐述了早年的逻辑学研究对其思想形成所产生的重要影响。

第二部分是本选集的核心内容，共有12个篇章。其中有的篇章摘自刘易斯的两部最有影响的著作：《心灵与世界次序》和《对知识与评价的分析》，其余的是他的单篇论文或讲稿。这些篇章基本涵盖了刘易斯的形而上学和认识论见解。

第三部分的9篇文章中，有两篇出自《对知识与评价的分析》，还有两篇出自《价值与命令》，其余各篇为单独的论文（有些是刘易斯生前没有发表的）。这些文章集中表达了刘易斯关于伦理学与美学基本问题的观点。

除了刘易斯的几本哲学著作外，本选集的主要文献来源是由高亨和马热思海合编的《刘易斯文选》（斯坦福大学出版社，1970年）。

本选集充分利用了国内现有的刘易斯文献资料。学界前辈洪潜、熊伟、秦麟征、关其侗、陈启伟、邓鹏等先生译校的文章（共10篇）均选入其中。对这些先生本人或其家属的慷慨大度，在此深表谢意！其余各篇中，选编者翻译了10篇，中国科学技术大学的方刚先生翻译了4篇，青岛科技大学的李霞女士翻译了一篇。

全部译文由本集选编者做了统一的校订，尽量做到术语的译法一致，而各人的翻译风格则原样保留。

这里要特别感谢涂纪亮先生，他对本选集的全部初稿做了仔细的审订和校改，付出了艰辛的劳动。我的妻子为我录入了部分译稿，这里也表示感谢。而编辑人员的辛勤工作则永远让我们心存敬意和感激！

由于选编者经验欠缺，再加上各方面的限制因素，本选集一定还有许多不尽如人意之处，恳请读者朋友批评、指正。

李国山

2003年10月

于南开大学哲学系

第一部分 一般评论

逻辑与实用主义[*]
(1930)

我的理智发展所受到的最深刻的一宗影响来自于一位老夫人。15岁那年，我认识了她。此前一两年，我开始了一段最最紧张热烈的思索。素朴的怀疑主义与正统古板的教育混合成了一包烈性炸药：我深陷进了没完没了的疑惑和问题中，直到有一天我怀着类似于初民的那种惊奇直面宇宙万物。这位老夫人满怀同情地承认她也是一个离经叛道者，而我们在取得共识之后马上便深入到了更具吸引力的问题上，而对这些问题，我们的看法是不一致的。我们之间的讨论断断续续地进行了大约两年时间。到这一时期结束的时候，我找到了那些一直困扰着我的问题的答案。我的这位导师一定觉得我的有些问题既出乎她的意料又有趣好玩，可她总愿意严肃认真地考虑它们。

到那时为止，我还没读过任何一本关于哲学的书籍。但大约就在这时不知是谁指点了我，因为我记得当时读了一本希腊哲学简史（我想大概是马歇尔的那本），随后又按参考书目读了策勒的著作。我沮丧到了极点：我的大部分哲学思想都已被两位叫赫拉克利特和阿那克萨哥拉的先生抢先据有了，而其余部分则完全可以通过把其他前苏格拉底哲学加以折中而复制出来。这是我的头一次职业挫折，而且完全可以称得上是最痛苦的一次。我还读了斯宾塞的《第一原理》，并从中获得了很多激励，眼界也

---

* 选自 *Contemporary American Philosophy*（New York，1930），ed. by G. P. Adams and W. P. Montague.，Vol. II.

随之大开——我从中受益如此之大,以至于我现在实际上已无法回想起当时有任何困惑不解的感觉。即便真的被它迷住了,我也很可能并没有完全读懂它。

打那以后,并没有什么更重大的事情发生,直到有一天我开始接触康德。此时,我正坐享学院奖学金,思考也不再是孤独的冒险了。康德的魅力难以抗拒。我觉得,他把怀疑论带到了不可避免的最后阶段,并把自己立论的基础放在了不容动摇的位置上。无论是在当时还是在以后,我都对那些似乎不把怀疑论当回事的人没有太大的兴趣。康德之所以吸引我,还因为其理智的完整性以及其思想结构的宏大和清晰。自此以后,康德对我思想的影响是显而易见的,尽管我还远没有具备曾唤起我青春热情的那些优点和美德。

在哈佛大学的老师中,给我印象最深的是罗伊斯。他那冗长的说教令我着迷,尽管我从未接受他的形而上学结论。至于詹姆斯,我觉得他具备出口成章的能力,可他到底是如何得出他的结论的,恐怕只有他本人才清楚。事实上,罗伊斯是我心目中的哲学家典范,而我也倾向于把我与他在信念上的差异降到最低。可是,在审阅我的博士论文时,倒是罗伊斯本人最终道出了我们之间的差异有多大。他用惯常的幽默口吻总结说:"我认为你主要受了培里的影响,但我发现他认为你主要受了我的影响。咱俩嘛,一致认为这也许是一篇具有原创性的论文。"

我对逻辑学的兴趣也是由罗伊斯引发的,或者说,他至少影响了我钻研逻辑学的方向。1910~1911年,我在两门逻辑学课上担任他的助手。他亲手把第一批运到坎布里奇的《数学原理》(第一卷)中的一册交给了我。现在已难以说清这部著作当时给我们所有人带来的是怎样一种新奇了。它所采用的逻辑斯蒂方法决定性地推进了施罗德和皮亚诺的工作。该书只有逻辑上的假定,数学原理全部由定义演绎而来。我花了大半年的时间来阅读它。

然而,从一开始我便深感困惑的是,"一个假命题蕴涵任一命题"及"一个真命题为任一命题所蕴涵"这样一些为实质蕴涵所特有的定理为什

第一部分 一般评论

么会出现在《数学原理》的逻辑中。这些定理本身自然是为人熟知的,可将它们追溯到皮尔斯和施罗德。可是,尽管皮尔斯就这一问题做过评述,我却从未认真钻研过这些评述,因为它们的历史渊源是十分清楚的。

我受这一相对较小的问题的触动而展开的研究越做越大,占去了我随后 6 年的所有空余时间。此外,我关于其他哲学问题的思考也深受这些研究的影响。所以,我这里想尽量简略地叙述这一问题的要点。

最早对精确的逻辑运算感兴趣的逻辑学家一开始全都求助于概念或类之间的关系,这必然要求在内涵逻辑和外延逻辑之间做出区分。类名之间在内涵方面的关系是很松散的,难以为运算提供基础。布尔之所以在莱布尼兹及其欧陆追随者未能成功的地方建立起了逻辑代数,主要就是因为他只拿外延解释逻辑关系,这不是布尔本人所独具的优点;毋宁说,它导源于这样一个事实:他出生于英国,而且对其欧陆先驱者的工作一无所知。真正富于原创性的英国逻辑学家总是从外延方面着眼进行思考;而欧陆逻辑学家则总是从内涵方面着眼进行思考(有历史眼光的心理学家真该好好钻研这一现象)。因此,布尔认为"所有 a 是 b"这样一个全称命题的意思是,"a 类事物包含在 b 类中",而不是"概念 a 包含或蕴涵概念 b"(欧陆逻辑学家会主张后者)。外延观点假定了这样的特殊情况:如果 a 是一个空类,那么,不管 a 和 b 的含义如何,"所有 a 是 b"都是成立的。如果说布尔对这一悖论抱有什么担忧的话,那也可看作是他在构建其代数学时所运用的算术类比必然会引起的。空类之包含于每一个类,正如"0 < X"对于任一正数 X 都是成立的。这样的逆命题,即任何一个类都是包含于由"所有东西"组成的类的,显然也是成立的。

这些极限情况所导致的后果是:把对作为关于类术语的逻辑的代数的解释局限在外延关系中。假如不存在半人半马的怪物,则所有存在着的半人半马怪物都会是希腊人;不管"半人半马的怪物"和"希腊人"的含义或内涵是什么,上述断言都是真的。由此并不能推出,如果真的有任何半人半马怪物,那么它们就会是希腊人。

现在,布尔发现了他的代数在命题(更准确地说,是命题函项)中的第二种应用。为此,他用a,b,c……这样一些符号代表命题A,B,C……为真的时刻。在这里,与"所有a是b"对等的是:"无论什么时候A为真,B也为真"或者"A蕴涵B"。如果这种代数有这第二种应用的话,那么蕴涵的属性必定是可——类比于类的外延属性的。因此,假如A＝0——亦即,A总为假——那么A必定蕴涵任一命题B。而假如B永为真——亦即,B＝1——那么B必定为任一命题所蕴涵。布尔的主要追随者皮尔斯和施罗德认识到:一命题(区别于命题函项)一旦为真便永为真。因此,若应用于命题,"A＝0"可直接解释为"A为假","B＝1"可直接解释为"B为真"。

因此,代数在命题中的这种应用便要求这两条原理:"假命题蕴涵任一命题"及"真命题为任一命题所蕴涵"。就这种在代数中占据主要位置的"蕴涵"一词的意义而言,"A蕴涵B"在A为假或B为真的情况下成立,而只在A为真且B为假的情况下不成立。

正像与类的类比所表明的,情况之所以如此仅仅是因为代数必须限定在外延关系之内。在这里,由"蕴涵"一词指代的是那种使得一假命题蕴涵任一命题的关系,但这种关系并不能表明假如它为真它会蕴涵什么东西。

"蕴涵"这个词的下述含义当然是不常见的:一命题的蕴涵有赖于其真或假,而它所特有的属性既不是重要的逻辑发现也不是荒谬的笑谈;它们只不过是通过赋予一个常用的旧词以一种新的指谓而导致的必然结果而已。因此,从布尔那里一脉相承地传递下来的命题演算并不是一种对逻辑和推演一直关注的那些蕴涵形式所做的演算。这种新的意义上的"蕴涵"(现在被称作"实质蕴涵")在其定律被接受为演绎准则之前,必须经过某种审查,而这种审查在《数学原理》中是没有的。

摆在我面前的有两类问题。首先是这类最明显不过的问题:有没有一种可比之于外延演算、展现着类似的内涵关系的精确逻辑?实质蕴涵的这种内涵对应物就是演绎推理通常建基于其上的那种关系吗?其次是一些更大、更模糊的问题:可能存在不同的精确逻辑吗?如果我确定了我的内涵

第一部分 一般评论

演算并将它应用于推理，它和实质蕴涵就会在某些地方出现不一致。在这种情况下，从何种意义上说存在着一个要在它们二者之间加以确定的、关于有效性或真理性的问题？既然逻辑本身提供了用在别处的有效性标准，那么什么样的标准可确定逻辑的有效性呢？而若把这样一些标准应用于逻辑自身会不会是一种丐辞呢？

即使第一种类型下的两个问题也无法在脱离开这些更一般问题的情况下得到真正的解决。不过，我还是选择从它们开始讨论。从关于符号系统的行为的准确事实过渡到关于更一般问题的结论，比反其道而行之似乎更有前景。从"第一原理"过渡到逻辑斯蒂发展的有效性或无效性的逻辑学家之所以处在不利位置，是由于他们对于一个他们要么未进行探讨要么带着一种导致了上述丐辞的偏见加以探讨的问题采取了独断的态度。

我们就先把更大的问题放在一边来讨论一下内涵逻辑的逻辑斯蒂发展。这种探讨的结果可在这里做个简单的总结，因为我已在《符号逻辑概论》第五章对它进行了概括。

内涵蕴涵关系（或者我们称的"严格蕴涵"）导致了一种像旧逻辑斯蒂系统一样精确的演算。它还更具包容性：当外延关系被通过定义引入之后，它便把先前发展起来的命题演算作为一个子系统纳入进来。尽管"蕴涵"的通常意义尚有些模糊，最终的问题也很少有人问津，但是，被大致接受下来的演绎程序和通常的逻辑直觉还是与严格蕴涵符合一致的，并且在实质蕴涵出岔子的地方是与之不一致的。

由于显而易见的原因，推理可能建立于其上的惟一一种蕴涵关系就是这种内涵的或严格的蕴涵。"命题 A 实质地蕴涵命题 B"恰恰意味着"并非 A 为真且 B 为假"。这对于通常的演绎推理是必要的，因为否则的话错误的结论就可以从真实的前提推出来了。但是，它却不是充分的。为看清这一点，我们来探讨一下这种关系如何可能被证明是成立的。在某一特定情形下，可仅仅通过发现 A 为假而证实它，但这意味着发现我们的前提为假，从而结论 B 通常不会被推出。然而，我们有时会对从假前提推出结论感兴趣，但我们之所以不应该基于实质蕴涵做这种推演，恰恰是因为一个假前提实质地蕴涵任何东西和所有东西。"因为 A 为假所以 A 实质地蕴涵 B",这种情况对于回答如果 A 为真 A 会蕴涵什么这一问题毫无帮助。

我们也可以在一具体事例中通过发现 B 为真而证实"A 实质地蕴涵 B"。但这意味着发现我们的结论为真。在这样一些情形中,我们通常不应该"做出推论",因为这样做会流于表面。然而,我们有时对发现什么东西蕴涵某个已知事实、什么东西不蕴涵它感兴趣——例如,在对假说进行检验时。但是,一已知事实是被任一假说实质地蕴涵的。对于已知事实而言,所有假说的实质蕴涵都是同一的。

因此,在推出有效结论方面,实质蕴涵是一无所用的,除非是在这样一些情形中:在这里这种蕴涵可被获知是由于除前提为假或结论为真之外的其他原因而成立的。当我们询问在不知道 A 为假,不知道 B 为真的情况下我们是如何知道并非 A 为真且 B 为假时,答案只能是:通过获知假如 A 为真则 B 必定为真;通过获知 A 的真与 B 的假是不相容的;通过获知 A 在其中为真且 B 在其中为假的情境是一个不可能的情境。也就是说,任何推理可在其中基于实质蕴涵被做出的情形恰恰就是它在其中应该符合于(并且被获知符合于)由 A 到 B 的内涵的或严格的蕴涵的情形。这就等于说这一推理的真正基础是严格蕴涵。"A 严格蕴涵 B"正意味着"A 的真与 B 的假是不相容的"。

假如"对于每一 x"被解释为"对于每一可能的或可设想的 x",那么"对于每一 x,Φx 蕴涵 ψx"这样一个所谓的"形式蕴涵",就其一般演绎意义而言,就是与严格蕴涵符合一致的。显然,"对于每一可设想的 x,并非 Φx 为真且 ψx 为假"乃是一个用不同术语表达出的严格蕴涵。但是,如果"对于每一 x"意指"对于每一存在着的 x",则这一形式蕴涵所代表的就是如下这种平常的类关系:"每一存在着的具有性质 Φ 的事物也具有性质 ψ。"《数学原理》所选择的是对形式蕴涵的上述第二种解释。

考虑到一般读者的兴趣,我这里将略去在研究过程中出现的各种技术问题。不过,其中有一个问题还是应当提一提,因为它影响了我在精确逻

第一部分 一般评论

辑之外的领域所做的思考。在进行这些研究的早期阶段，我确立了这样的信念：作为一个关乎内涵的问题，有效推理完全是建立在意义分析之上的。从以上叙述中当可明显看出我做如此主张的缘由。可是，我所处理的符号关系却具有一些始料不及的属性，其中有一些让我颇感迟疑。尤其是在严格蕴涵系统中，一方面，并非一个假命题蕴涵任何东西和所有东西，一个真命题为任何东西所蕴涵；可另一方面，以下这种情况又是成立的：一个"必然"命题（定义为：为其自身的否定所蕴涵的命题）为任一命题所蕴涵，而一个自相矛盾的命题（蕴涵其自身的否定的命题）则蕴涵任一命题。

是不是我在做假定时犯了错误，以至于所构造的系统与分析推理的属性不相一致？抑或平常推理的蕴涵关系具有这些属性？后者被证明是真实的选项。如果不丢开许多被普遍接受的定律以对我们能否拥有任何形式逻辑持怀疑态度，我们便无法避开由这些始料不及的定理所陈述出的原则。

可列举的证据很多很多。如下是最简单的一个：假定命题 A（如"今天是星期一"）蕴涵另一命题 B（"明天是星期二"）。这样一来，前提 A 加上任一命题 C（如"火星上没有人"），也同样会蕴涵 B——亦即，"今天是星期一，并且火星上没有人'蕴涵'明天是星期二"。而根据另外一条普遍原则：如果两个前提推出一个结论，但这一结论是假的，而其中的一个前提是真的，那么，另一前提必定是假的。"所有人都是要死的"并且"苏格拉底是一个人"，蕴涵"苏格拉底是要死的"。因此，假如所有人都是要死的，但苏格拉底是不死的，那么便可推出苏格拉底不是一个人——也就是说，我们拥有这样一条规则：如果"A 和 C"蕴涵 B，则"A 但并非 B"蕴涵"并非 C"。把这条规则应用于我们的第一个例子中，就得到"今天是星期一并且火星上没有人'蕴涵'明天是星期二"；因此，"今天是星期一但明天不是星期二'蕴涵'火星上有人"。根据这种阐释，最后提到的那一命题可以是随便什么东西，而其余的东西保持不变。因此，平常的逻辑构想要求：对一前提的肯定，连同对其结论的否定，将蕴涵任何东西及所有东西。

这样一来，假如我没弄错的话，将仅凭逻辑便可确证的那类命题（必然命题）同经验真理，以及将仅凭逻辑便可加以驳斥的不可能的或荒谬的东西同经验谬误区别开来的那种区分具有根本的重要性。可能与不可能、偶然与必然、一致与不一致——这样一些内涵范畴是独立于实质真理的，而它们的独特性质是在逻辑本身之内得以确定的。此外，所有逻辑命题显然都是内涵真理，从而是可以在不参照纯事实或纯经验的东西的情况下加以确认的。

不过，我仍对一些问题心存疑虑。尤其不清楚的是：如果某人漫不经心地从一些互不相容的假定出发，他是否可以凭分析推理而推出任何一种结论？同样不清楚的是：是否所有必然命题都可从随便什么假定分析推导出来？符号系统的事实是无法回避的，而且日常实践也确证了它们。但是，这些事实到底意味着什么呢？

局部地看，答案可能像预料中的那样简单。蕴涵所具备的这些始料未及的属性并不意味着所有必然命题都可从任意选定的假定中分析推导出来。它们确实表明了这样的事实：蕴涵并不是这样一些孤立的命题的一种属性，而是系统的属性。所有必然真理都是逻辑原则，或者都是可仅依据逻辑基础加以确认的。如果没有逻辑，就没有什么东西可以从任何东西中推出来；每一演绎系统的逻辑都是隐含在自身之中的。因此，所有必然命题都是或暗或明地存在于每一系统中的，而且事实上是存在于每一可视为具有逻辑结论的断言中的。说推理是分析的，是相对于系统而不是相对于系统的组成部分而言。假如说有某种在别的什么意义上可将推理表现为分析的精确逻辑的话，我可是从未得其门而入。要是有朝一日真的出现了这样的系统，定会令我倍感吃惊，只是我虽倾尽全力，却仍然一无所获。

假如推理是对系统而不是对孤立的命题而言是分析的，那么是否意味着逻辑强制要求接受真理融贯论或者为"现代"或黑格尔派逻辑学家所主张的那种世界统一性呢？我之所以想简单考虑一下这种可能性——尽管必须承认我并非坚信有这样做的必要——是因为，一方面我已清楚地意识到逻辑要求必然命题的存在，可另一方面，我仍不清楚它是否要求非必然

第一部分 一般评论

真理的存在。现代逻辑学家们所主张的正是：由于推理依赖于系统统一性，所以必然与偶然之间的区分终归会流产，而所有真理都将自我显示为必然的。我就此得到的结论表达在一篇名为"事实、系统与世界的统一性"的短文中。只消列述数学系统中的某些人所不疑（当然除了现代逻辑学家本人之外）的事实，便可证明主张所有真理都是必然的、不可分割的论点是站不住脚的。例如，假如他们是正确的，现代几何学的整个发展就必定从某种意义上是无效的。

最具一般性，也是最重要的问题依然摆在我的面前。我本是想解决两个符号系统——即实质蕴涵与一种关于内涵蕴涵的逻辑——之间的真理问题。这一问题引发了这样一个进一步的问题：在这种情形下可能会存在什么样的真理问题？可用什么标准来确定它？我在通常被接受的做法和原则中找到了严格蕴涵之特征的确凿证据——必然真理与偶然真理的区分，逻辑原则本身被归为必然真理以及随之而来的逻辑作为自我确证、自我批判的系统（其原则由其自身的否定所蕴涵）的地位。那么，这种必然性或自我确证可否作为逻辑真理的最后标准呢？

有确凿的证据表明，情况并非如此。首先，实质蕴涵和严格蕴涵均具备这种特征，却并不都能被当作陈述了关于什么可从什么有效地推出来的真理——亦即逻辑的真理。另外我也发现，还可设计出其他一些颇为类似的系统，其中的每一个均具备同样的数学精确性和方法完整性。这些系统可称之为"准逻辑"或"元逻辑"。尽管我并没有做系统的研究，可这种系统的数量显然只是受某种关于"逻辑斯蒂系统"或所容许的推导原则的标准的限制的。这样一种标准本身便是一条限制"逻辑"真理的原则。这样一个系统可能完全不能作为一种"真正的逻辑"被接受，然而却仍然是完全一致的，甚至是自我确证的——之所以会出现这种情况完全是由于逻辑真理所必然带有的那种奇特的复杂性。"一致性"是"蕴涵"的缺失：当两个命题中没有哪一个蕴涵另一个的否定时，这两个命题就是一致的。因此，假如"蕴涵"的意义——从而推导的方法——是可变的，一种"古怪的"逻辑就可能以其自身的"古怪"方式成为"一致的"或

"自我批判的"。

因此，我们又回到了原来那个问题，只是它现在是以更复杂的形式出现的。如果形式逻辑是可以精确地发展起来的，则我们所面临的便是这样的任务：在各种可能的和实际的逻辑系统中确定出到底哪一个系统的原则表达了关于有效推理的真理。内在一致性和"自我批判"并不是确定一个独立于其本身便具有逻辑性质的初始假定的真理的充分标准。因此，逻辑无法检验自身——或者更确切地说，这种检验并不能证明逻辑中的真理。

显然，这一问题是不可能在逻辑中找到答案的；我被从逻辑学领域带到了认识论领域。当然，我的思考中已掺入了许许多多这里未曾提及的因素。尤其是，我一直觉得符号程序既可能被看得过重又可能被看得过轻。套用霍布斯的话说便是：符号是我们的筹码，是愚人的钱币。但另一方面，符号系统的行为恰恰就是将其作为最具特色的工具的人类心灵所做出的行为：它们中的所有东西都是存放在我们的心灵中的，但它们让我们认识到了我们所做承诺的意义。

而且，正是在这个时候我有幸拜读了查尔斯·皮尔斯大量未发表的论文。这可能就是激起我在听詹姆斯的课时所产生的那些旧思想并使我忆起罗伊斯的"绝对实用主义"的事件，尽管我当时并没有特别地意识到这一点。我也一直为杜威的某些逻辑观点所吸引——要是他没有把对建构性思想过程的分析这样一个实际上更宽泛的东西误称为"逻辑"，那该有多好啊！对精确逻辑本身的研究清楚地表明了，在每一个推理过程中都必定存在着某种逻辑之外的因素。事情只能如此，因为从任何一个或一套前提均可推出无限多的有效结论（这是波瑞特斯基定律的一个直接推论）。被称作"结论"的东西必定是依据心理学明晰性或依据某种目的或旨趣而从无限多的结论中选出的；逻辑本身当然决定不了它。如此一来，思想的方向必然从属于这种逻辑之外的因素。最后，皮尔斯的依赖于概念的工具的和经验的意义、而非真理的任何非绝对特征的"概念论实用主义"在某些方面是与我本人的思想相一致的，但詹姆斯和杜威的理论则不然。

第一部分　一般评论

　　且不管促使我采纳这种思考方向的东西是什么，总之我已开始认识到：逻辑原则将服从于那类可称为实用的一般标准，而在经验证实派不上用场、逻辑"必然性"本身又不够用的情况下，我再也找不到除此之外的任何意义上的终极标准了。

　　从我所做的关于古怪"逻辑"的小试验中可明显看出，遵循不同系统的推理模式的两个心灵不一定互不理解——事实上，它们可能是如此紧密地相互联系着的，以至于当它们拥有共同的前提时，谁也不会（在逻辑本身之外）得出一定会被另一心灵斥为虚假的结论。不过，就二者由前提得出结论的过程而言，或许有直接与间接、顺畅与不顺畅之别。基本的心理倾向可能会于此间发挥关键作用。或者说，假如经验的一般过程是另外一种样子——例如，假如所有过程就其本质而言都是可逆的——那么，尽管这不会造成对推理模式的不同选择，但使用一种不同的"逻辑"会更简便些。因此，被接受下来的逻辑原则相对于其他自身一致的模式而具备的终极基础，或许就是便利标准（尽管这个词不尽如人意，但我想不出更好的了），也就是颇为类似于彭加勒认为决定了我们选择欧氏几何的那些东西的一种标准。

　　就其本身而言，这种论点似乎是不可信的、违背常理的：实用主义的据点建在经验上；而逻辑则是理性主义的堡垒。尽管如此，我却愈发确信这个论点是对的。通常所理解的实用主义似乎将本末倒置了：心灵贡献给真理和知识的那种要素才可能是实用的；而所予的原始经验事实则是绝对的材料。逻辑不包含任何实质真理；它之独立于所予物，恰恰是因为它不决定任何与经验内容有关的东西，而只决定心灵借以应对经验内容的模式。这一思想让人联想起其他一些思想，后者会随即伴之而来并减缓它因处于孤立无援状态而显示出的那种有悖常理的外观特征。

　　过去几年间，其他许多问题（主要是知识论方面的）一直萦绕在我的心头。其中的有些是同那些业已提到的、源自于逻辑的问题紧密相关的。我定下心来（这是1921年的事儿）开始做这方面的文章，当时规划的题目是"逻辑及认识论研究"。所写的那些东西永远也不会公之于众了。手稿的数量由一箱增加到两箱，又由两箱增加到数箱。但是，新唤起的实用主义构想的诱惑实在太大了。我的思想在我试图把它表达出来的过程中改变着、拓展着，而所取得的成果不是主题的趋同和文字表达的融贯一致，而是沿着巨大的圆圈散布于整个哲学领域。这是一段最令我满意的时期，因为在这一过程中我把我的解释与许多问题进行了协调，并让这些问题相互联系起来。对我而言，我将冒险称之为"概念论实用主义"的学说被证明是打开许多扇大门的钥匙。我把我所做的那些笔记放在一边，只留出很少的一部分，然后集中精力探讨那些紧密相连、而我又特别想加以发展的论题。本文的余下部分就是对其中的某些论题的概要说明。

　　逻辑，以及可仅凭逻辑基础加以确认的东西，构成了知识中的先天要素。随着数学和精确科学的发展，康德借以将先天综合判断确立为科学之基础的那种交叉归类法越来越被证明是没有根据的。已经表明，数学是可以仅凭分析而被纯逻辑地发展起来的，而无需借助于任何综合要素，譬如，试图借直觉完成纯粹构想的几何作图法。《数学原理》代表着这一运动方向的最后阶段：我们在这里看到了数学仅凭对数学概念的逻辑分析（定义）而实现的演绎发展。在关于数学的应用、关于真实空间或者关于具体事物的集合的判断中，有而且必定有某种综合要素。数学在成为纯逻辑的和分析的同时，也成了抽象的。把各种抽象的几何学系统中的哪一个应用于空间的问题成了一个独立的、超出数学之外的问题，一个——正如彭加勒和相对论所表明的——要么由经验基础——在这种情况下答案只能是或然的——要么由某个实用选择，再要么就是由这二者的相互作用所决定的问题。

　　休谟的关于数学真理表达了观念间的必然关联的不那么坚定的信念实际上是正确的，而他主张这种情况本身并不能证明事实间的必然关联，同样也是正确的。先天与后验的区分是同概念与经验之间的区分相一致的；它也同样是同心灵本身所贡献或确定的东西与作为感觉材料被给予的东西之间的区分相一致的。

　　先天真理之所以是独立于经验的，是因为它对于我们的概念意义而言

第一部分 一般评论

是纯粹分析的,而且不把任何东西强加给所予物。逻辑学、数学以及凡是有结构、有次序、有系统的东西均可脱开所有经验考虑而仅靠纯逻辑分析发展起来。它只消假借自身的概念完整性便可获致对于抽象系统而言是可能的那类真理。

这类先天真理不断言物质事实,而仅仅是定义性的。这乃是解决许多问题的一条线索。首先,它清晰地展示了我们可借以做出能应用于经验却又独立于其内容的设定的那样一种意义。如果没有定义性的标准,经验就成了不可理解的。这些标准尽管不是纯粹所予物的先决条件,却是真理和知识的先决条件。定义性的原则乃是"必然的"真理:它不可能是假的;它是可理解性的先决条件;它必须先于特殊经验被获得;它不决定任何与经验内容有关的东西。

其次,它解决了心灵贡献于真理与知识的东西与独立于心灵的东西之间的标准问题。假如心灵不能做出不同的事情,我们如何能知道心灵做了什么呢?我只有根据当我拒绝做或以不同的方式做时会造成什么差别才能弄清楚我做了什么。假如存在着永恒的、"不可克服的"直觉或思想模式的话,心灵永远也不可能发现这些模式是属于自身的而不是独立实在的特征。它们乃是直接于经验中被给予的绝对材料,个人发现它们是易如反掌的事。

如此一来,必定在某种意义上存在着先天真理的可设想的替代者。在由定义性原则所提供的标准中展现出来的那些有关我们自身的理智活动的模式中,存在着这样一些替代者。一则定义可用一种或另一种方式被给出;我们以我们自己所确立的方式进行归类、整理和理解。我们的精神概念一旦被接受下来,它们的展开便是一个绝对真理:这里是没有替代者的(除非我们进到一个关于演绎次序本身的可替代模式的更高的选择)。至于我们将构建什么样的概念,将应用什么样的概念,则是有选择空间的。心灵带着其自身的理智工具应对混沌未分的经验,而这些工具是独立于所予物的,正如所予物是独立于它们的一样。真理与知识所代表的是二者的会合。特定的真理和知识可能部分地反映了在这些工具之间所做的一种选择；理解之网可依据概念次序的某个参照系在所予物中铺展开来——只要罗列一些事例便可把这些问题说得很清楚，但即使不做例证它们也已经够明白的了。同样很清楚的是，尽管所予物的内容不是由这种定义性的概念次序的出现所决定的，但经验真理就某一方面而言是如此被决定的。精确科学的整个发展趋势极大地强化了某种先天因素在所有知识中的出现这一事实。这种先天因素是通过如下这个简单的事实进入其中的：经验从不提供其自身的概念解释，但概念系统（在它们之间可能存在着选择）却作为这种解释的标准发挥着作用，同时又没有给经验内容加上任何限制。以下这一点是不需要特别证明的：在假定了这样一些关于次序的可选择系统的情况下，一方面反映了人类的追求和旨趣，另一方面也反映了由所呈现的东西的一般特征决定的某种便利性的实用标准在确定经验真理方面是可以发挥其应有的作用的。

然而，假如所有可在它们应用于其上的经验之前被确立的真理都是纯分析、纯定义的，那么我们可能就会说：这种抽象的先天真理没有告诉我们任何关于处在我们自身心灵之外的实在的性质的东西，因此所表示的仅仅是我们自己的思想的一致性。这种结论是错误的；尽管听起来有些悖理，但我们还是可以在不规定未来经验的特征的情况下预言实在的性质。心灵在经验中遭遇的不是独立的实在，而是某种独立的所予物。所予物干脆就不是实在，它包含梦、幻觉及假象的所有内容。

事实上，实在的标准就是先天真理的一个特别能说明问题的例子。"实在的"一词具备某种意义，并表达了某种确定的构想，这种构想在被应用于经验内容时，会导致时而将这种内容解释为"实在的"，时而又将它解释为"非实在的"。对实在的标准的表述构成了一种仅仅是分析的或定义性的陈述，所表达出的是我们的解释态度。这样一些关于实在的标准既不能由经验提供，也不能被经验证伪。经验中不符合这些实在标准的东西一律会被自动排开。

我们可以而且必须规定实在的性质。我们无法规定所予物的性质。当我们认识到"实在的"一词是彻底地模糊不清时，这种悖论会得到缓解。

第一部分 一般评论

"实在"的种类繁多：物理的、精神的、数学的等等——容易列举的范畴并不涵盖容易识别的区分。例如，一个镜像是其自身那种独特的实在，既非"物理的"亦非"精神的"，海市蜃楼及一般所称的"现象"均如此。实在的每一范畴均有其自身特有的标准，而在某种意义上是非实在的东西，在另一种意义上又成了实在的。所予经验的任何内容都将在这种或那种范畴中是实在的——当它被"正确理解"时，将成为被归于它的那种实在。这些范畴既不是经验被强行推上的普罗克汝斯忒斯之床，也不是其可应用性有赖于所予物与心灵之间的某种前定和谐的那些概念。毋宁说，它们就像数学家的一个参照系，它将其散布于整个空间，无论什么样要加以描述的位置和运动参照它都必然可描述。范畴标准既不是无关紧要的、字面上的重言式，也不是经验预言，它们所展示的是关于理智归类和解释的定义性标准。

一种适当设想的形而上学的内容就是展示实在的基本标准及主要归类的那些分析真理；它是定义实在的，而不是描述整个宇宙的。事实上，哲学的任务之一便是提供这种关于先天真理的分析性描述——亦即定义善、正当、真、有效性及实在。

这样一些先天原则无论何时何地一旦被坚持便会获得的这种绝对性显然是与它们的历史变化完全一致的，就像可在定义性原则或初始假定中表达出来的那些归类模式或可选择参照系虽然一旦被坚持就成为绝对的却也会受制于实用考虑和历史变化一样。保证我们的范畴的持久性并不比保证不改变我们的基本人性和经验的总体轮廓显得更重要。关于我们的抽象概念，有这么一条永恒的真理——所予物是绝对的材料；但是，被选定用于解释所予物的概念系统则可能会发生变化。尤其是在形而上学概念这一领域内，这种变化似乎是既定的事实——看看"物质"、"心灵"、"原因"这样一些概念的发展史，就什么都清楚了。

范畴与一般概念之间除了在包容性程度与基本特征方面之外并没有什么不同。每一个概念都展示着其自身那小小一类实在的标准。就经验只有当它在某个概念解释框架内被把握时才是可理解、可表达的而言，这种定义性的先天因素是无孔不入的。

　　唯有经验的这种概念次序才是可交流的或可表达的。如果没有这种概念解释，所予物就是难以言表的。假如一种感觉性质可从它所处的关联网中抽离出来并被另一感觉性质所取代，那么经验的这种感觉特征就可能会发生变化，但与知识和行动有关的一切东西却依然如故。思想和知识的共通性要求概念或关系类型的共通性，但是，如果说存在着不影响辨识和关系的感性癖好的话，这些癖好对于我们的相互理解与合作也是无关紧要的。事实上，在面对所有那些由我们的不同的辨识能力体现出来的可证实的感性差别时，我们通过在共同范畴和概念方面的社会成就获得了一种共同的理解和一种共同的实在。如果考虑到庞大而威严的人类教育机构——就其更宽泛的意义而言——便可证明下述假定是肤浅的：这种共通性是与生俱来的或者现成的。我的世界是我的理智成就；我们的共同世界是一种社会成就。怀疑论者经常会抛出这样的反对意见：由于感觉带有主观性，所以知识是不大可能的，但这种看法不过是一种诡辩。

　　知识只把握概念结构或次序。正是贝克莱，在几乎毫无意识的情况下，首先描述出了我们的知识的这种性质。一个观念是自然次序中的另一观念的"符号"。如果它是一个靠得住的符号——亦即如果它担负着恒常有序的关系——那么，一个经验特性就像另一个经验特性一样发挥着这种认识功能。关于外部世界的知识是由一个经验项与另一个经验项之间的关系构成的，而不在于以某种方式与一个外在实在的性质相匹配的经验内容。观念与对象间的这种质的符合——如果这种说法是有意思的话——乃是外在于知识的。这一结论是完全独立于唯心主义的。

　　并非存在着两类知识——一类是关于原则或关系的、可用命题表达出来的知识，另一类是我们仅通过对象的呈现所获得的知识。对所予物的概念解释乃是对其他可能的经验的隐性预言。正如怀特海先生所指出的，没有任何对象是可以在不参照某种时间延展的情况下被认知的。我关于这一对象的知识不只是对这种呈现的拥有，而是对其他与之相连的经验的最终出现的隐性预言。被如此预言的东西当下并没有被证实，但是，如果这种

第一部分 一般评论

解释概念是切实可用的,那么它就一定是可证实的。一经把我所看见的这个东西命名为"课桌",便是预言了一类特殊事物的最终出现。而假如它们未能出现,便会导致把"课桌"这个概念(甚至"物理实在"这个概念)当作不可用于我们看见的这个东西而加以拒斥。关于任何对象的知识都超越了其呈现而把握了经验的一种结构。没有次序,便不可能有任何事物,也便不可能有任何关于实在的经验。简单地说,这便是范畴的演绎。

关于若这是一张课桌它便会如此这般的断言,乃是"课桌"这个概念的一个分析性的推论,它不会被任何经验所证伪。关于任何一个给予的"这个"确实是一张课桌的断言,从理论上说是不完全确定的。因此必定存在着某种先天因素,这种因素不仅在知识中是无所不在的,而且还对实在起着规范作用。尽管如此,所有经验真理仍然无一例外地只是或然的。

在结束这篇文章之前,我还想做最后一些说明。前文所用的"知识"一词的含义比其通常的含义要窄一些。它包含有时被称作的"关于描述的真理",而按本文的理解,这种真理是只依赖于概念次序的。它排除了"关于鉴赏的真理"、所予物的审美特性以及所有那些依赖于同情、依赖于要求直接经验的符合一致的那种心灵的共享的东西。对于所予物的特性而言,评价几乎不可能是无关紧要的。伦理学的基础也不可能在不参照另一心灵所感受到的经验特征的情况下被奠定。如果宗教情感把实在当作人类价值的母体的话,那么这种情感也同样是超越这种有限意义下的知识的旨趣的。如此看来,在这些旨趣与科学认知之间也是有一道分界线的。这表明,仅在知识中无法找到的这些旨趣的基础,可能是建立在某种公设之上的。

(李国山 译)

实用主义与当代思潮[*]

(1930)

要确定实用主义的基本论点是相当困难的。不过，有13种互相有别的实用主义，倒也不必大惊小怪，还有37种唯心主义和51种实在主义呢！有人听见威廉·詹姆斯这样说过：他很高兴发现实用主义有如此丰富的含义；他接受所有这13种。无论如何，这种多样性只表明了这样的事实：实用主义是一场运动，而不是一个体系。实用主义运动肇始于查尔斯·皮尔斯。但皮尔斯是美国哲学的一位传奇式人物。他的原创性和思想的丰富性在其已发表的著述中未能得到充分的展示。除了对少数几个人——其中包括詹姆斯和罗伊斯——之外，他的有些最重要的构想难以发挥巨大的影响，因为它们根本就没有面世。而且这些学说与随后的实用主义者的观点的符合一致显然是很有限的。詹姆斯对它们的热情应当部分地归因于他善于博采众长的鲜明个性。詹姆斯既称自己是实用主义者，又称自己是"彻底经验主义者"，而他的哲学的这两个方面或者其中的这两条线索之间到底是相互联系的还是彼此独立的，一直难以确定。当然，我们还得试着在杜威教授的著述中找寻实用主义的完整性和系统阐释。但是，有谁会像他那样对美国思想产生了无与伦比的影响而又不会引起大量让人不得要领的观点呢？因此，如果那些深受其影响的人由于不想让人觉得他们之间有太多的共识而倾向于不援用统一的

---

[*] 选自 The journal of philosophy, Vol. XXVII (1930), No. 9.

第一部分 一般评论

幡号，而我们中间那些仍冒险用它的人又怀疑我们是否有资格拥有这一名号，那么也没有什么稀奇。

如果说我仍想指出实用主义的核心内容是什么以及它对于哲学和其他学科的主要意义是什么的话，我希望能得到读者的理解，因为我本不想在这一问题上表现得太自以为是。本文的观点有待最懂得如何纠正我的错误的人去评判。

正如詹姆斯所指出的，实用主义不是一种学说，而是一种方法：从逻辑的观点看，可将它视为一条程序原则的推论。但是，尽管这条原则本身并没有说出任何在形而上学或认识论领域内具有实质意义的东西，尽管其应用也绝不仅仅局限于哲学，可它仍然有大量的哲学推论。它至少蕴涵着一种知识理论的纲要。而如果说它并没有强加任何形而上学论点的话，它至少剔除了在此名号下所提出的许多东西，而且它也作为一条定向原则在对确定性结论的追求中发挥着作用。

我们指的当然就是对意义的实用检验。詹姆斯是这样描述这种检验的："假如这种观念而不是那种观念是真的，实践上会对任何人造成什么样的差别呢？假如找不出什么实际的差别，那么这些可选项实际上意味的是同一个东西，而所有与此有关的争论就都是毫无益处的了。"① 皮尔斯是就实质概念而不是命题观念表述这种检验的——尽管二者说的是同一个东西："我们关于任何东西的观念就是我们关于其可感效果的观念。……看一看我们设想我们的概念的对象所具备的那些可能具有实践关联的效果吧。我们关于这些效果的概念也就是我们关于这一对象的全部概念。"② 这种实用检验之所以重要就在于它显然是有效的和终极的：它一旦被表达出来，随后便不可能再违背它了，除非是有意隐瞒真相。因此，由它而得出的任何结论均分享这种强制性特征。皮尔斯的格言引导我们注意这样一个事实，即存在着一种暗含于实用检验之中的经验主义：在经验中你可以

---

① 《实用主义》，纽约，1925 年，第 45 页。
② "怎样把我们的观念弄明白？"，载于《机会、爱和逻辑》（伦敦，1923）。

举出什么样的东西来表明你的这种概念是否可应用于某个具体场合呢？在实践中，什么东西可作为检验你的概念是否正确的标准呢？假如没有这种决定性的经验项，你的概念就不成其为一个概念，而不过是一个无意义的词。

如果说我们在杜威教授的著述中找不到任何类似的简明表述的话（我对此不敢肯定），那只是因为在这里实用检验被由它推出的结论包裹住了。它无所不在，而且最明显地体现在关于概念的功能论中。观念就是行动计划；概念就是某些操作事先假定下的东西，这些操作的经验结果决定它们的意义。行动的这种含义当然不是什么新玩意儿，它出现在皮尔斯对行为和试验的强调中，也出现在詹姆斯关于观念的"引导"特性的学说中。这种关于概念的功能论是否也像经验主义一样，是暗含于实用检验中的呢？

就杜威教授本人而言，这种学说似乎是先于他明确主张的实用主义的，而且还可能是它的根源呢（或许他会告诉我们）。它出现于他的题为"心理学中的反射弧概念"论文中，该文发表于1896年，① 是"功能心理学"的第一份重要文献。他在该文中批评时下的心理学理论尚未充分摆脱感觉主义的虚假抽象。"感觉或意识到的刺激并不是独立自在的事物或存在；它是一个协同共济的片段"。"（一种协同作用乃是）一种对相对于一个全面的结果的手段的配置"。"刺激是形成中的协同共济的这样一个片段，它所代表的是为使这种协同作用获得成功所必须满足的那些条件；反应则是同一种形成中的协同共济的这样一个片段，它提供了满足这些条件的办法，并作为导致成功的协同作用的工具发挥着作用。……刺激是某种有待发现的东西。……帮助发现和构建这种刺激的正是运动神经反应。"只要用"感觉"或"感觉材料"替换"刺激"，用"操作"或"行动"替换"运动神经反应"，便可发现，以上所引内容在杜威教授随后对其实用主义学说的阐发中占据了中心位置。三年后他这样写道："我认

---

① 《心理学评论》，第三卷，第 1 期，第 357~370 页。

第一部分 一般评论

为,在心理学家开始工作之前,意识状态……是没有这样的存在的……","认知活动、意志活动、感觉活动等并不是依据它们自身而是依据所得到的结果、依据被带入经验的各类价值来命名意识状态的"。①

如果我这里所做的溯源工作没错的话,杜威教授关于知识的功能论便可看作应用于心理学的一条总方法论原则的必然推论;也就是说,所使用的概念应当指称可在经验中具体地加以辨识的东西,而不应当指称抽象的东西,(当然,那些服务于其经验发现的抽象物除外)。感觉或感觉材料,若脱离开它们所导致的反应及这种行动所服务的目的,便不能被看作是可如此加以辨识的。

正如我在别处试图表明的,关于概念的功能论还具备其他纯逻辑的基础。然而,如果从这一观点看并排除一切心理学考虑,这种理论就不止是实用检验的一个简单推论了,而是有一个可设想的替代者的,这便是直接主义或关于知识的表象理论。依据这种逻辑方法,人们不得不列举出拒斥把经验知识——或某些经验知识——看作直接所予物的观点的理由,以便得出这样的观点:活动及其所要解决的问题乃是经验认知的不可或缺的、标志性的因素。主张意义包含行动、真理包含预言的理论是隐含在下述看法中的:真理和意义是某种要加以检验的东西;从而它们并未在被给予时获得自身的确证。

我认为这里是实用理论的一个转折点。一方面,实用原则似乎强调直接经验。如果足够重视这一点,人们便会可理解地——尽管并不是有效地——得出一种将知识看作直接所予物的高度主观主义理论。而另一方面,它又强调要把意义限定在造成了可证实的差别的东西中,把真理限定在可加以客观检验的东西中。在弄清楚了它的结果以及它所蕴涵的知识功能论之后,我相信人们一定会被引导到这样的学说上:概念是抽象物,直接所予物在其中恰恰是必须排除的东西。就这一点我想举出一些得自当代科学的例证。

---

① "心理学与哲学方法",载于《加州大学编年史》第二卷(1899),第 159~179 页。

新物理学大都建立在实用检验的某些应用上。在新物理学家们看来，这一方法论原则的有效性与关于概念意义的功能解释似乎没有什么两样。物理相对论的一个主要前提就是：不可能确定处于相对运动中的两个物体中的哪一个在绝对空间中是静止不动的。（我们可能提醒自己说，詹姆斯对实用检验的阐释——即那个关于人和松鼠的例子——简直就是一个相对于参照系的运动的相对性的事例）在详细阐述这种运动的相对性的后果时，必须摒弃像长度、时间、同时性等这样一些绝对物：而要这样做就必须把它们等同于它们借以被检验的那些实际模式——而这恰恰又是实用检验。由此而得的方法论可用布里奇曼所称的"概念的操作特征"加以概括："如果我们能说出任一及每一对象的长度，我们显然便知道了一种长度指的是什么，而对于物理学家来说，这便足够了。为得到一对象的长度，我们必须做某些物理操作。因此，一旦长度借以被测定的操作得以确定下来，长度概念也便确定了。就是说，长度概念不多不少正好就是长度借以被确定的那一套操作。一般而言，我们借任一概念所意指的正是一套操作；概念与相应的一套操作是同义的。"①

物理学家为什么要把他的概念等同于检验操作呢？难道是因为他关注的性质都是些难以或不可能直接把握的性质吗？完全不是。设想一位批评者这样说道："但是，你的长度概念肯定是要追溯到某种直接给予的东西的。你检验的是某个特定的长度与标尺之间的关系，但是，除非你所用的标尺是某种被直接把握的长度，否则，你关于长度的概念就完全是空洞的。"他会回答说，这种直接的长度与物理学无关，因为它无法被检验。而标尺是可以被检验的；对它的测量对于不同的相对运动而言是不同的。但是，它的任何一种直接的长度乃是某种不会对物理学造成什么影响的东西：假如它对于 A 具有一种长度而对于 B 具有另一种长度，这种情况就是不可证实的和无以言表的。将这样一些无以言表的东西排除在物理学之外，恰恰就是概念的操作特征的意义之所在。主观地看，A 和 B 似乎都处

---

① "心理学与哲学方法"，载于《加州大学编年史》第二卷（1899），第 159~179 页。

第一部分　一般评论

在宇宙的中心，直接把握着某些长度、重、事物的绵延等等。但是，物理位置和运动只是相对于一个参照系的关系，物理时间只是相对于时钟的一种关系。一般来说，物理性质就是它们借以被赋予物体、借以被检验的那些操作和关系。标准就是标准——也就是说，它们是武断的——但是，它们并不在任何别的意义上是绝对的。标尺或时钟或别的什么东西都是在同其他事物的一系列完全类似的和可证实的关系中而具有长度或秒度量等等的。概念的任何直接内容都是为实用检验原则所不容的。假如你感觉到的一小时比我感觉到的长一倍，你感觉到的一磅比我感觉到的重一倍，这不会在我们赋予事物以物理性质时造成任何可检验的影响。假如这种情况真的影响到了我们对于事物性质的预言，那么我们就该当即做出决定说，我们二人中必定有谁错了。这种决定揭示出了我们之间所默认的共识，那便是：我们关于预期性质的概念排斥这种主观因素，而只包含客观可证实的关系。①

物理概念并未因为排除了所予物而成为没有意义的。正如布里奇曼所言，它们的意义存在于证实操作及其结果中；它被包含在由科学中的定律、等式及物理预言组成的复杂关系网络中。因此，概念不过是一种配置或关系范型。不管被这张网捕获的是什么直接的、不可言表的内容——不管是约翰·琼斯的，还是玛丽·多尔的，还是别的什么人的——它都进入不了物理科学。爱丁顿对由此导致的关于科学内容的构想做了精彩的表述："我们拿关系和关系项做建筑材料。关系把关系项联系起来；关系项是关系的交点。"② 知识中的概念因素就是纯结构的或操作建构的因素。

如此一来，实用检验便成了一条理智节省律，从而在科学中引起了所谓的"飞离主观性"。物理学绝非一个孤立的事例，类似的事情业已或行将在每一门科学中发生，因为这不过就是排除科学所无法最终检验的东

---

① 布里奇曼：《现代物理学的逻辑》（纽约，1927），第5页。
② 爱丁顿：《物理世界的本性》（剑桥，1929），第230页。

西。作为最古老的科学,数学率先做到了这一点。几何学始于绳索丈量,最终发展成了关于纯抽象概念的演绎系统,而关于空间之本质的问题则转给了物理学和哲学。算术始于计数,最终发展成了《数学原理》的逻辑结构。对于这种结构而言,数字的存在是需要某种额外假定的。眼下,数学怕会走得更远,直到把自己局限为记号操作系统。心理学的第一步是摆脱了说不清的心灵,跟着便有实用主义心理学家这样发问:"意识(区别于其内容)存在吗?";眼下则有了基于仅限于客观可证实物的方法论原则的行为主义。如果说其中的有些运动是不必要或无效的话,那么,它们至少展现了心理学的发展趋向及基础。

杜威教授似乎把科学中的这种抽象主义看作了一种缺陷——有时是必要的但总会留下遗憾,亦即看作科学对经验把握的不足。在他看来,这种情况会以各种不同的方式威胁到知识与生活的关系。爱丁顿教授的著作表明,作为一名物理科学家,当他发现自己不得不对哲学意义做出评估时,对于这一点的疑虑同样也困扰着他。不消说,所经验到的世界与所经历的生活是抛撒不开的。依我看,尤其是对杜威教授而言,这种疑虑是犯不着的,因为他本人业已指出了对于解决所引起的那一问题——亦即抽象概念与具体而直接的经验物之间的关系问题——至关重要的主要考虑。时间不允许我们逐一涉及所有的相关考虑。不过,我倒是想用最后一个同样取自物理学的事例来表明一个重要的考虑。

作为亚原子和量子现象的一个重大结果,新物理学彻底根除了可想像物质。对物理对象的分析最终出现在某种类似于薛定谔 φ 函数的东西中,出现在关于概率的数学表达式中,而对这些表达式的具体表征只能根据可变维度中的某种虚拟的亚以太才可望得到。直接可领悟的物质消融在了数学中。关于物理终极物的这种抽象性的另外两种表达出现在爱丁顿的著作的后面几章里:一个是前面已提到的关于关系及关系项的那个陈述;另一个大意是说:物理学把具体对象还原成指针读数。[①] 沿草坡滑下的大象既

[①] 爱丁顿:《物理世界的本性》(剑桥,1929),第 251 页及以后。

第一部分 一般评论

是整个一头由 φ 函数构成的庞然大物，又是一连串指针读数。这两种解释看来并不是可互换的。我们集中看一下指针读数这一解释。为什么要把这头大象还原成指针读数？首先，因为物理学无法把这头大象作为一个整体来研究。它可以把握这头大象的许多——或大多数——性质，但是，物理学肯定不会考虑到，例如，他是一个非常聪明又极好相处的伙计。我们且把物理学能够处理的那组性质称作"物理学家的大象"。为什么物理学家的大象要被还原为指针读数呢？第一，因为当我们把测量装置用于这头大象时，是它**决定了**指针读数。第二，因为这些指针读数乃是一种便当的混成实在：测量装置和指针是物理的，它们的读数与大象的性质互为关联；而作为数字的读数则把那些性质转译成了数值。这些指针读数只是因为这种转译才显得重要。物理学家的大象的最后状态，就像电子的最后状态一样，是存在于数学函数中的。但是，物理学家的这最后一步只是有关这头大象的一系列操作中的一个中间步骤。由指针读数给出的这些数值在表达物理定律的某个数学方程式中被变项所取代，它们因此决定了另一数学函数的数值。后者又可转译成某种指针读数序列的东西，从而再转译为这头大象的另外一种先前未确定的性质——或许最终会导致这样的结果：我们得以把这头大象安全地弄上大货车。这一重大结果本身就是之所以要进行这一系列操作的原因。因此，如果有人问："为什么要把这头大象还原为数学函数？"那么答案便是：这乃是人类所知道的将他弄上大货车的最好办法。

物理学家的大象自然是一种抽象，不过是一种相当可感知的抽象。物理学家最终探究的所有关于这头大象的东西乃是为这头大象和指针读数所共有的东西，亦即一种更抽象、一种**非常**抽象的关系配置。这种关系结构就是物理学的数学方程式以一般性术语表达出的东西。

因此，假如这头大象——以及一般的物理对象——的最后概念阶段存在于数学或一系列关系项间的关系中，那么便没有必要试着把大象或物质想像得那么滑稽可笑了。同样，也不该指责物理学家为了这样一些无法想像的抽象物而抛开可感大象的做法。物理学家的概念所代表的只不过是一个始于并终于大象——甚至不是物理学家的大象，而是滑下坡去并被弄上大卡车的那头大象——的过程的一个中间阶段而已。

正像杜威教授所指出的，物理学家和数学家只是把这一直接阶段抽离出来并单独加以处理。① 因此，如果我们反观一下关于知识的功能理论，我想我们就会得出这样的结论：它丝毫也不与主张概念乃是抽象物的观念相冲突。因为概念的功能并不是去生动地描绘大象，而是把它们弄上大卡车。概念所代表的只是认知的这种操作功能，借助这些概念，认知将它所由始的某种给予的东西转变为它所由终的某种被预期或被做出的东西。它们或许会失去或丢开那些表征直接知觉和想像的具体而直接的因素——这并不重要。一概念的好坏并不在于它逼近所予物的程度，而在于它作为一种控制工具的效用有多大。或许杜威教授更没有多少理由为相对不发达的关于人类事务的科学所表现出的效仿这种抽象性的倾向感到懊恼。一旦社会科学达到了业已为物理学和数学所具备的那种抽象程度及相应的精确性，或许它们在将它们的社会大象弄上它们的社会大卡车时就会省去许多麻烦了。经济学是最发达的社会科学，同时也是一个很好的例证。

结论：实用检验一方面似乎要求整个意义最终都要在经验中去寻找，另一方面又似乎导致了由直接可把握的东西向抽象物的飞跃——这确实是事实，但并不包含任何矛盾或困难。在一种意义上——亦即就其含义而言——一种概念严格上只包含一种抽象的关系配置。在另一种意义上——亦即就其指称或经验应用而言——这种意义是被赋予一个典型地始于某种所予物并且终于某种做出的事情的过程的——亦即是被赋予将一种所予材料转译成一种预言和控制工具的操作的。

杜威的回应②：我很赞同刘易斯先生的文章中所表达的观点，这里只

---

① 参见《确定性的追求》（纽约，1930），第156页及以后。
② 原载于《哲学杂志》第27卷（1930），第10期，第276~277页。

第一部分 一般评论

想就其中一个细小的论点发表一点评论。他写道:"杜威教授似乎把科学中的这种抽象主义看作了一种缺陷——有时是必要的但总会留下遗憾;亦即看作科学对经验把握的不足。"我想可能是我在某个场合这样写过以致给人留下了这种印象。因此,我很高兴能有这个机会指出这并不是我的真实立场。抽象乃思想之核心;除了通过思想借概念、关系和抽象物而完成的直接飞跃之外,再没有别的办法来控制和丰富具体经验了。让我感到痛惜的是企图把抽象物上升为独立自存的事物或某种优越的存在物的倾向。我也赞同刘易斯先生的下述观点:当前社会科学需要的恰恰就是这样一些抽象,以便将它们的笨重的大象弄进大货车,并让这些车辆在由其他抽象所达到的道路上行驶。让我深感痛惜的是,许多人类事务领域的探究者都被物理科学中的抽象物所吓倒,从而未能发展出适合于他们自己的课题的概念或抽象物。

(李国山 译)

逻辑实证主义与实用主义[*]
(1941)

　　试图对任何一场哲学运动进行刻画都是一件相当没有把握的事情，而要把两场哲学运动加以比较就倍加困难了。一定程度上说，一场运动乃是被虚构出来的东西：只存在单个的思想家，他们在某些或许是根本性的方面意见一致，而在另一些方面意见不一致。倘若不随时参照他们的意见分歧，要想就他们之间的相互一致说出某种重要的东西难免会带上某种程度的不准确性，这尤其适用于实用主义。皮尔斯、詹姆斯和杜威这几位最杰出的实用主义者全都以他们的创造性思维特征及他们的天才的个性而闻名。一方面，他们之间的相互影响是显而易见的；另一方面，同样显而易见的是，不管是历史地看还是从他们各自著述的内在证据看，他们中的任何一位都没有从根本上受制于这种影响。而且，虽然詹姆斯和杜威（如果不把皮尔斯算在内的话）对美国的其他哲学家产生了巨大的影响，但这种影响更多地体现在它所造成的后果的广度上，而不是体现在它集中影响到了任何一种特定的传统。再者，尽管我们没有任何确凿的理由说实用主义是一种方法而不是一种理论，但仍可以说，实用主义的中心论点并没有涵盖整个哲学领域。尤其在皮尔斯那里，实用主义不过是他那错综复杂的思想模式的一个部分而已。

　　逻辑实证主义受这种困难的制约较少，一方面是因为它源自于维也纳

---

[*] 选自 Collected Papers of Clarence Irving Lewis, ed. by J. L. Goheen and J. L. Mothershead, Jr, 1970.

第一部分 一般评论

小组，另一方面是因为它的倡导者们总保持着进行合作的意向。不过我们在这里却遇到了另外一个困难：这一运动的活力体现在一种勇于进行修正的习惯中；它的解释者们时不时地会在细节方面转向受到更好评价的立场并采用更为审慎的表述方式——或者明确转向颇为不同的立场。这种进行修正的倾向固然值得嘉许，但它却让试图对这样一些立场加以刻画的人不得不去瞄准一个移动的靶子，从而让他对自己能否命中靶心毫无把握。

最后，我还面临着如下这种纯粹个人方面的障碍：我试图在这两场运动之间做出的任何比较都必定会由于我身上所带有的派性而成为可疑的。

我无意回避这些困难；必须把它们看作我下面要说的内容的限制因素。窃以为，即便有这样一些限制因素，把在某些重要方面相近却在另一些同样重要的方面相异的观点加以比较仍然是有益的。我必须假定——尽管读者不必假定——我有能力找出实用主义中的根本一致点。对单个实用主义者的学说做出阐释并对自己的阐释做出辩护，则是另外一回事。我将力图减轻一个局外人由于心中特别想到卡尔纳普教授的某些最新著述[①]而在理解逻辑实证主义方面一定会遇到的困难。所做比较将涉及经验主义、科学的范围、形而上学的意义以及评价及道德判断的地位等 4 个主题——当然还会涉及到这些主题之下那些简单的、也更易于处理的考虑。

一

这两场运动都是以经验主义的面目出现的。它们都认为，这种经验主义的根本关切是关于经验意义或经验"含义"的概念。它们都拒斥任何不能最终由可辨明的经验结果所证实或确证的缺乏这种意义的陈述。不具备这种经验意义的陈述通常并不一定就是无意义的，例如，它们可能是逻辑的或纯数学的分析陈述。但是，一个断言客观事实或事态的综合陈述，

[①] 《哲学与逻辑句法》（伦敦，1935），《科学的统一》（伦敦，1934），以及论文"可检验性与意义"，载于《科学哲学》第 3 卷，第 419~471 页及第 4 卷，第 1~40 页。

要么具有这种经验意义,要么就没有做出真正的断言。

在实用主义者中间,经验意义与分析陈述的意义之间的区分大都未被注意到。除了皮尔斯之外,他们并不怎么关注我们这里称之为"分析陈述"的东西。而且,杜威到底是否把这些分析陈述看作实际出现在人们的思维或谈话中的,还说不定呢。不过,撇开关于分析陈述的话题,我们就会发现,实用主义者与逻辑实证主义者在上述关于经验主义的概念方面具有根本的相似性。这也是实用主义者内部最为清楚明白的一致之处:詹姆斯的"实用检验"、杜威把意义当作展现在解决问题的探究过程的结果中的观念以及皮尔斯所意想的"实用主义"一词的意义①都体现了这一点。

人们注意到,在实用主义的概念中,除了对经验后果的强调之外,还包含着意义可在其中得到满足的其他因素,其中也有对行为、对作为行动的实验的强调——实用主义文献中一再出现的"实践的"这个术语便是明证——而且还有"可设想的"这样一个条件。皮尔斯至少在涉及与某一种意义相关的一组现象时特别加进了这个限定条件。"实践的"和"可设想的"这两个形容词在这里或许会被认为是在含义上相对立的,但是,那并不是实用主义所使用的"实践的"这一术语的含义。其本义是关乎行动的意义的,而不是关乎与在现存条件下不可实行的东西相对的可实行的东西。所预想的限制是关乎适切性(relevance)的,而不是关乎可能性的。因此,实用主义会把意义看作是受到对某种主动的意向造成差别的东西限制的,会把任何具备这种适切性的可设想的后果——不只是那些现存条件允许被实现的东西——都看作是在所探讨的这种意义下被理解的。

实用主义这种对某种主动意向的适切性的强调在逻辑实证主义那里几乎完全被忽略了。不过,就我们目前所关注的问题而言,这一点或许是次

---

① "……由于任何不是得自于实验的东西显然都与行为没有直接的关系,所以,如果人们可以准确地定义由对一个概念的肯定或否定所蕴涵的所有可设想的实验现象的话,那么他们就将由此得到关于这一概念的完整定义,而且,除此之外就别无他物了。他(作者皮尔斯)为这一学说发明了'实用主义'这个称号"(《一元论者》,第15卷,1905,第162~163页)。

第一部分 一般评论

要的。一般来说，逻辑实证主义者解决另外一个问题——亦即意义所涉及到的是所有那些可设想的、只要出现便是适切的经验后果呢，还是仅仅由现存条件所许可的经验后果呢——的方式同实用主义者所采取的方式是一样的，也就是说赞同第一种选择。①

因此，关于经验意义的实用主义概念可以表述如下：在关于客观事实的陈述以及要被用于其中的术语这个范围之内，非感性的便是无意义的。一种经验术语具有意义，仅当关于其可应用性的一个决定可借助于感官表象或可设想的东西加以说明；一个客观陈述是有意义的，仅当证明其可靠性的经验对质可被确定下来。相反，无法决定其可应用性或可靠性的术语和陈述便是无意义的。这乃是同逻辑实证主义关于"含义"的概念相近似的一个论点。

然而，在这两个概念之间还有一个相异点。这种差异与理论的精密性无关，而与意义借以被确定的根本方式有关。逻辑实证主义者倾向于以"作为这一句子的推论的是哪样一些观察句？"这样一个不同的问题取代"什么样的经验对质会确证这一陈述？"这样一个问题；以"这一术语可还原为什么样一类观察谓词？"取代"证明这一术语的可应用性的标准是什么？"；以"与这一术语同义的有哪些别的术语？"取代"这一术语的经验意义或内容是什么？"。一个句子的内容被等同于它的非预含的（non-valid）推论（亦即它的那些不是同等地作为任何句子的推论的推论），而满足以下条件的两个表达式被说成是同义的：我们用其中的一个替换另外一个不会使任何含有它们的句子的内容发生改变。② 这种替代之所以被当作可取的，是因为它有利于把意义的问题限定在逻辑含义问题的范围之内，从而避开模糊不清的心理学问题。这样一来，任何关于句子或表达式

---

① 这里无法考虑到卡尔纳普在"可检验性与意义"一文中对"可确证的"和"可检验的"所做的那种费力而复杂的分析。不过，我尽力避免任何由于这种疏忽而令人误解的陈述。那里所引入的"可实现的"这个概念是同与实用工具主义或活力主义所做对比相关的。

② 见卡尔纳普《哲学与逻辑句法》，第57~58页；以及《语言的逻辑句法》（伦敦，1937），第42页。

的感性意义的问题都被排除了。"人们有时用'含义'意指同一给定句子联系在一起的思维和影像的类型。可是,这样一来问题便成了心理学的问题,从而必须借助于心理学的实验方法对之加以检视。在逻辑(句法)分析中,我们并不关注于这样一些问题。"① "但是,(在刻画一种语言时)为理解句子的'含义',指出语词的'意义'难道不也是必要的吗?不,以实质的方式提出的这种要求通过指明构成其句法的形式规则而得到了满足。"②

没有哪一个实用主义者会对这样一种看法表示满意。它必然会导致这样一种对意义的说明,在那里恰恰是被实用主义者当成经验主义的东西丢掉了。只有在观察句本身具有某种意义并且这种意义业已被理解的情况下,辨别作为一给定句子的推论的观察句才能表明或有助于表明该句子的意义。只有在观察谓词业已具有了一种对特定的经验性质的被理解了的指称的情况下,指出一个术语可还原成的那些观察谓词或知觉谓词才能表明该术语的经验意义。任何对于句子之间或术语之间的逻辑关系的指称本身都无法传达关于任何东西的经验意义。从理论上说,总是存在着这样的可能性:一个人完全懂得一种语言的形成规则及变形规则——其句法及其词典中的所有同义词,却仍然完全不知道这一语言中的任何术语或句子的经验意义。这种经验意义恰恰存在于卡尔纳普在这里所排除的东西之中,亦即存在于与之相连的影像或者可借以对呈现于经验中的意义加以识别的感觉标准中。要是没有这些与之相连的影像,语词和句子就成了毫无意义的记号或声音。若没有与之相连的影像,记号串或声音串甚至就不成其为语词和句子了——甚至连废话也不是。逻辑实证主义理论未能区分开句法的或语言的意义——亦即一个表达式与其他表达式之间的一种关系——与涉及表达式与经验中所给予的东西之间的关系的经验意义。

逻辑实证主义与实用主义在处理意义问题的方式上最终产生了巨大的

---

① 卡尔纳普:《哲学与逻辑句法》,第57页。
② 卡尔纳普:《科学的统一》,第39页。我想卡尔纳普现在可能会对这一陈述做些修改了。

第一部分 一般评论

差异，因为这种将所有问题逻辑化并把它们看作只有以"形式的方式"——根据语言的句法——才能正确而又无歧义地表达出来的企图是同逻辑实证主义所坚持的如下看法联系在一起的：哲学的惟一合法任务就是逻辑分析，而那些以"实质的方式"表达出的哲学问题以及（例如）涉及所陈述的东西与所给予的经验之间或者与真实对象之间的关系问题都是"似是而非的问题"。

这其中尤显重要的一点是陈述得以被确证的可能性问题——亦即经验认识的有效性问题。实用主义者和逻辑实证主义者会一致同意：这种确证最终要涉及到"观察句"或早先被称作的"记录句"（在《科学的统一》中）所陈述的内容。但是，在实用主义谈及"经验的内容"的地方，逻辑实证主义则谈及"记录"或"观察句"，从而把对这一问题的陈述限定在"形式的方式"上，把对它的哲学阐释限定在逻辑分析上。实用主义者认为，这种局限于形式的方式的做法必然会在确证问题上导致失败，从而也就排除了对知识进行真正的经验阐释的可能性。这一问题很值得关注，因为它表明了实用主义和逻辑经验主义在阐释经验主义方面所存在的巨大差异。

在逻辑实证主义者更近一些的著述中，"观察句"的意义不再被等同于早先的"记录句"的意义了。"记录"通常被称作"经验报告"或"关于给予物的陈述"，尽管这样一些记录的意义被当成是"主体间的"，一个"观察句"或者一个"观察谓词"的属性被刻画为一个人就它"可以在适当的情境下借助于某些观察而做出一个决定的东西"。"在可观察的谓词与非可观察的谓词之间没有明确的界限，因为一个人或多或少总是有能力很快就某一句子做出决定，亦即他在做过一般观察之后会倾向于接受这个句子。"① 不过，这些表述上的区别不会影响到我们要探讨的问题。首要的一点是，当一个本身不是观察陈述（不管是"记录句"还是"观察句"）的陈述要被确证时，关于这一确证的问题最终要被还原为关于某

---

① "可检验性与意义"，载《科学哲学》第3卷，第455页。

些观察陈述的问题。就这样一个观察陈述所做出的肯定性决定就将是这样一个决定：要确证的那个陈述实际上是被这样确证的（尽管可能只是部分地或在一定程度上被确证）。要确证的陈述与观察陈述之间的关系是由对意义（在"意义"一词的适当的意义上）的分析所确立下来的一种关系。但是，并不是同观察陈述的这种关系确证了同它如此联系在一起的那一种陈述——如果它确实被确证了的话，而且也并不是这个观察陈述本身确证了它；确证要确证的那一陈述的乃是决定"接受"那一观察陈述为真的或可靠的那种东西。那么，这到底是什么样一种东西呢？逻辑实证主义者或许会认为答案是不言自明的，我们同意这一点。但是，进行哲学分析有时需要把浅显的东西也陈述出来。决定观察陈述为真的或可靠的，从而也（部分地）确证了要确证的陈述的东西，只能是一种经验表象的内容。如果经验表象与一"观察陈述"所断言的相一致，那么，这一观察陈述就被发现是"可接受的"。这不是同这里所探讨的任何别的陈述的逻辑关系；这是存在于感觉或影像识别标准与经验所给予或未能给予的东西之间的一种关系。关于确证的分析无法只在以形式的方式表述出的陈述中被给定，因为确证并非终结于观察陈述的意义，而是终结于根据经验决定它们是真的或可靠的。丢掉了这一明显的事实，关于证实或确证的经验主义理论就丧失了灵魂。

关于记录句或观察句与决定其为真的或可靠的东西之间的关系还有另外一点需要加以说明。一个观察报告可能具有两种意义，并且可用以下两种方式加以理解：（1）作为对一种直接呈现的经验内容或经验对质的表达；或者（2）作为一种关于客观事实的断言。前者可以"这看起来是红的"或"现在是红的"为例；后者可以"这一实体具有红这种颜色"为例。这两个选项是相互排斥的：这两个陈述具有十分不同的意味；在后者为假时前者可以为真，而在前者为假时后者可以为真。前一类型的陈述可权且称作"主观报告"；后一类型的陈述可称作"客观报告"。任何一个观察报告都将具有这两种意义中的一种。而且，任何报告都不可能同时具有这两种意义，除非由于表述上带有的模棱两可性，但这种模糊性是应当

第一部分 一般评论

加以排除的。我们很少有理由去表达主观报告，而日常语言也因此不适宜于对它们做出无歧义的表达。但是，每当我们去确定某种经验真理或可靠性之时，我们总是有理由对主观报告所表达的意义表示担忧，因为经验真理或可靠性只有参照给定的经验才是最终可决定的。主观报告的真对于做出这一报告的人来说是确定的——除非他存心说谎。相反，客观报告则是不确定的。任何关于客观事实（如一个被看见的客体的实际颜色）的陈述，都不可能被任何单个的观察弄成确定的，它最多只能被一组有限的观察弄成高度可靠的（"实际上确定的"）。一个客观报告所肯定的东西可以被当下在经验中给予的东西——以及由相应的主观报告所表达出的东西——部分地证实，但无论在什么情况下它都是可被进一步证实，同时也需要进一步证实的东西，而进一步证实的方法可为任何理解这种证实之意义的人所把握。而且，对于任何陈述的部分确证都不可能终止于客观报告，因为这些报告本身尚需进一步的确证。

在逻辑实证主义那里，"观察句"被描述为既非明确等同于主观报告，又非明确等同于客观报告。因此，援用这一表达式反倒是为了将那些对于任何经验主义知识论都至关重要的问题都弄得模糊些。下述情况不能不说有些离奇：恰恰在一种确证应当被最终保证的节骨眼上，我们却被告知：这种保证的方式是一个人"可以在适当的情境下借助于某些观察做出决定"[①]。再说，逻辑实证主义者们也只有靠在这些问题上蒙混过关才得以仅仅依据形式的陈述——关于语言表达式之间关系的陈述——来表达他们对于确证的解释，从而得以避而不谈陈述与所呈现的经验、陈述与客体以及经验与它所证明的客观事实之间的关系。他们告诉我们说："通过使用形式的说话方式，这些似是而非的问题就会自动被排除了。"[②] 问题是，它们到底是被排除了还是仅仅被忽略了。

我不敢说其他具有实用主义倾向的人也会对逻辑实证主义提出类似的

[①] "可检验性与意义"，载《科学哲学》第3卷，第455页。
[②] 《科学的统一》，第83页。

反对意见。不过我确信，这些反对意见涉及到的乃是这样一些根本性的论点，就它们而言，实用主义关于证实、关于"真理"和"知识"的意义的看法是与逻辑实证主义的看法迥然不同的。

二

实用主义和逻辑实证主义均倾向于对那些得自于自然科学并将科学一般当成知识的范例的态度加以普遍化。但是，实用主义从未主张过作为实证主义的突出特征的那种物理主义的泛科学主义，它实际上也从未主张过下述意义上的泛科学主义：其他非"科学的"表述类型都缺乏与科学同等的意义。说科学的表述方式总是恰当的和可能的，是一回事；而说任何非科学的表述方式都是无意义的，则完全是另一回事。

再者，就"科学"主要意指什么，两家也各有不同的理解。逻辑实证主义所注重的是以精确的物理术语表达出来的科学的内容；而实用主义所强调的则是科学的方法及其实验的、工具的观点——亦即它将所有被接受下来的结论都看作是某种程度上是暂时的、看作是自身以其作为操作假设的价值及其在应用中的有效性来证明自身的那样一种态度。

詹姆斯的实用主义一经提出，便常常受到这样一种傲慢唐突的评论：它只不过表达出了对于科学的实际过程的一种概括；而詹姆斯在"实用主义的意义"[①]一章中表明他采取这种做法从根本上说是正确的。对杜威则很难么看。他的观点大都得自于对科学真理的性质和意义的批判性考虑，而不是得自于对可被当作是从未经批判的科学那里直接拿过来的东西的概括。但是，在杜威那里甚至比在詹姆斯那里更明显地表明的一点是，实用主义意味着实验主义和工具主义。而与他们二人最格格不入的莫过于把物理主义概念当作真理的惟一有意义的载体的做法了。在上面提及的那一章里，詹姆斯写道：

---

① 见《实用主义》一书（纽约，1907），第 43~81 页。

第一部分 一般评论

人们发现数学、逻辑学和自然科学的最初表现出的各种一致性，即第一批定律时，为它们所带来的那种明确、优美和简单性迷住了，因而相信自己已经真正认识了上帝的永恒思想。

但当科学更向前发展时，认为部分和全部定律不过是些近似的东西的这种看法，就越来越得势了。……研究者们就习惯于这种看法——认为没有一种理论绝对是实在的副本；但是，从某一个观点来看，任何理论都是有用的。……它们只是人为的语言，有些人管它们叫做概念的速记，我们用它们来写出关于自然的报告，而语言，众所周知，是容许我们尽量选择词句和方言的。①

关于泛科学主义，他更是不惜笔墨地论述道：

我们的某些实证主义者不断在我们耳边唠叨说，其他的偶像一个一个地倒下了，惟独一座圣像屹立不倒——它的名字就是科学的真理。……这些忠心耿耿的绅士们认为，他们跳离了自己的双脚——把他们的精神运作过程从他们的主观倾向的控制中完完全全地解脱出来。但是，他们是受到了蒙骗的。他们只不过是从在他们控制之下的一整套倾向中选取了那些定会从给定的材料中构造出最贫乏、最低级、最枯燥的结论的倾向……

剃刀（奥卡姆剃刀）的拥护者在我们中间永远只不过是小小的一个派别。可是，当我看到他们的帮会在数量上不断增加时，更糟糕的是，当我看到他们的否定判断赢得了与他们的肯定判断所合法地要求于驯顺的大众的头脑的几乎同样多的声望时，我感觉到，将我们的精神导向野蛮化的那些影响正变得强大起来，对之采取积极的反动势在必行。②

---

① 见《实用主义》一书（纽约，1907），第 43～81 页，第 56～57 页。译文采自《实用主义》，陈羽纶、孙瑞禾译，商务印书馆，1979 年，第 31～32 页。
② "反射作用与一神论"，载《信仰的意志及其他论文集》（纽约，1897），第 131～133 页。

这篇文章写于 1881 年，其中所指的实证主义者当然不是逻辑实证主义者，而是早先的那个实证主义学派。逻辑实证主义者与这些将实在还原为"纯粹的分子世界"（詹姆斯语）的实证主义者划清了界限。很难说詹姆斯会在何种程度上对转而主张所有事态都可用物理主义语言表达出来的逻辑实证主义者做出这样一些责难。可以肯定的是，卡尔纳普这样说过："我们的观点经常被称作'实证主义的'；同样也可称之为'唯物主义的'。只要唯物主义的较早形式与方法论的唯物主义——以一种纯化了的形式出现的同一种理论——之间的差别不被忽略，对于这一头衔也就没有什么好辩驳的了。"① 一定会有人认为，这种表白比那套关于物理主义解释的复杂理论更能说明问题。然而，詹姆斯的反对意见显然是针对"否定判断"的，它所依托的乃是将关于实在与经验的科学解释看作惟一的真理的观点，而不是关于所有可观察事实都能获得如此解释的假定。

除了对形而上学及规范伦理学的拒斥之外，我没见到逻辑实证主义者在下述问题上表示过明确的态度：是否存在这样一些关于"事态"的有意义的陈述，它们不包含在普遍的物理语言之中，也不能被还原为这种语言？在早期的《科学的统一》一书中，卡尔纳普是这样表述物理主义论点的："我们现在做出这样一种进一步的断言：物理语言是一种普遍的语言，也就是说，任何一个陈述都可被翻译成这种语言（任何一个事态都可在其中得到表达）。"② 他后来在"可检验性与意义"一文中这样写道："所谓的物理主义论点断言，科学语言中的任何一个术语……都可还原为物理语言中的术语。……我们可以断言术语的可还原性，但不可以——像我们在以前的著述中所做的那样——断言术语的可定义性，从而也不可以断言句子的可翻译性。在先前对物理主义的说明中，我们通常把物理语言当作所有科学语言的基础。我现在觉得，我们当作这样一种基础的实际上是事物语言，或者更严格地说，是这种事物语言中的那些可观察的

---

① 《科学的统一》，第 94~95 页。
② 同上，第 55 页。

第一部分 一般评论

谓词。"

而且他更倾向于这种表达方式:"科学语言中的每一个描述性谓词都是可依据可观察的事物谓词加以确证的。"① 这里所做出的修改对于我们正试图予以回答的问题是关键性的。早先的表述方式断言,物理语言对于任何有意义的陈述所表达的东西来说,都是充分的。经过修改的表达方式则说,由可观察的事物谓词组成的语言对于表达所有科学断言的确证而言是充分的。可以假定,后者仍然是要断言,一切有意义的陈述都可还原为科学陈述,但这一点并没有被明确说出来。而且,即便被说了出来,那也不意味着——根据修改后的表述方式——一切有意义的陈述都可被还原为物理学的陈述,而只意味着它们都是可被观察所确证的。

我认为,不仅仅是实用主义者,所有反对一切有意义的陈述都可还原为物理学术语这一观念的经验论者,都必定会对这种修改表示满意。因为尽管"物理主义"这一术语被保留了下来,可似乎与之相等同的那种学说只不过是说:所有关于科学事实的陈述(或许还有所有关于事态的表述)都是可被观察所确证的。"可检验性与意义"一文乃是对经验主义分析所做出的一份杰出贡献。但是,就物理主义而言,这篇文章似乎标志着从这一名称所特别适用的任何一种论点的退却,并转向了一种就其要旨而非具体细节而言必定会被几乎每一种关于知识的经验主义理论的坚持者所接受的学说。

詹姆斯以及一般的实用主义者,当然不会乐意被等同于像在《科学的统一》以及逻辑实证主义者的早期著述中所宣称的那种形式的物理主义。就此而言,这两场运动之间的相似性问题将取决于在何种程度上我在"可检验性与意义"一文中所发现的那种修改的彻底性真正刻画出了逻辑实证主义者目前所持立场的特征。

假如说一般存在着某种实用主义者会表示赞同的对于综合陈述的

---

① 《科学哲学》,第 467~468 页。"事物语言"被等同于"我们日常在谈论周围的可感知物时所使用的那种语言"。见同上,第 466 页。

"翻译"或"还原"的话，那也不会是将它们"翻译"或"还原"为物理学的语言，而是"翻译"或"还原"为经验的语言。要是将实用主义的立场以可比之于逻辑实证主义解释的方式表达出来的话，我想可以大致罗列如下：

1. 一切有意义的事实陈述都可还原为其术语的那种普遍语言，乃是关于直接经验、关于实际的和可能的经验对质的语言。

2. 任何物理陈述或任何关于客观事实的断言之向经验术语的还原都是由关于其可能的确证的表述所给予的。

3. 组成客观事实陈述向经验术语的这种还原的单个成分，在形式上是假设性的，就一般的情形而言，这是因为（a）当这一陈述被做出或被接受时，一种可能的确证要求的条件可能并不存在；而就具体的情形而言，这是因为（b）可能的确证特别有赖于主体的、通常可应用于进行确证的事例中的一种活动，就像"实验"和"检验"这样一些词所意指的一样。

正是依据某种类似于表达于（b）中的思想，实用主义才被当成一种活动论的、工具论的观点。同样，正如本文第一部分所表明的，还存在着这样一个有待解决的问题：在一种实用主义解释中会被当成"关于直接经验的语言"的东西是否同逻辑实证主义借"观察句"所意指的那种东西相一致？

实用主义不赞成将具体科学出于思维经济性的考虑而为自身加上的那些限制一般性地加在有意义的陈述上。"科学"这一术语可以而且经常确实被赋予了一种宽泛的意义，根据这种意义，它所代表的只是可证实的东西，从而是一般地同"经验知识"相一致的。由于实用主义者倾向于把可有意义地作为客观事实加以断言的东西等同于其可设想的证实可被指明的东西，所以他们可被归在那些主张所有客观事实性的东西都属于广义的科学的人的阵营。可是，假如"科学"一词被限定在一种狭窄的意义上，用于意指某种特别的探究技术或者某种类如"物理语言"或"物理状态的一种共同作用的定量决定"的表述方式的话，那么，前面所引述的詹姆斯的那段话就表明，他们不允许科学的这种普遍化。相反，他们会把这种狭义上的科学看作是许许多多同样有意义的、同样忠实于所有关于客观事实的陈述最终都必须涉及的经验的内容及特征的解释方式之一。而且，如果他们承认科学代表着一种非常理想的知识形式的话，那么，他们这种认可便是基于像做出预言以及对环境加以控制等这样一些紧迫的人类利益而做出的。他们也会像詹姆斯所做的那样，倾向于强调：无论科学所服务的利益有多重要，也还存在着其他同等重要的利益；他们否认对真理的科学表达是惟一有意义的表达，甚至也不承认它有比任何其他表达方式的优越之处。

三

我们尚未涉及到形而上学陈述是否是有意义的这样一个特别的问题。不消说，实用主义者与逻辑实证主义者在这一问题上是有分歧的。皮尔斯持有一种作为泛心理主义或客观唯心主义的一种形式的形而上学立场。詹姆斯虽然批判绝对唯心主义，但却不是把它看作无意义的而是看作虚假的。他不仅为实在论和多元论，而且为各种更富思辨性的形而上学断言的意义及可能的真理做辩护——就像他在"信仰的意志"及"人的各种能量"中所做的那样。如果说杜威通常会避开形而上学问题并且对某些形而上学观点——如柏拉图主义的那些观点——表现出了一种颇为近似于逻辑实证主义者的态度的话，那么他至少肯定是一名实在论者，并且不大可能被当作是否认所有形而上学问题的意义的。

鉴于"形而上学"一词的模糊性和歧义性，就形而上学陈述是没有意义的这一论点在多大程度上能展开有益的讨论是有疑问的。我们也许可以大致区分出这一术语的两种通常含义。首先，它被用于涵盖这样一些关于实在或自然或经验的陈述：它们带有很高的普遍性，其可靠性可主要或全部由反省来确定而完全不依赖于任何本可充作它们的证实或确证的具体的和单个的事实陈述。其次，它被用于涵盖被当作是完全不能由经验发现所证明或否证并且同样不能借逻辑分析加以确证的那些陈述。适用于第一种情况的一个例子是:"存在着支配自然事件的各种因果律";适用于第二种情况的例子是:"除了这种生命之外还有另外一种生命。"

在第一种意义上使用"形而上学"一词的人们在论及那样一些陈述是如何可能获得支持的时候,相互之间产生了巨大的分歧。其中有些人认为,这样一些问题主要地或单纯地借助于对术语的定义进行分析便可解决。例如,一旦我们足够清楚地把握了"原因"及"自然事件"的大致意义,或者,一旦为支持这一陈述所需要的除逻辑原则之外的其他一些前提可以不加证明地信手拈来,例如,"事件在时间中接续发生"或者"我们具有关于对象的经验",则关于因果律的断言就可借助于逻辑原则确立下来了。这种观点的一个变种——仍然坚持我们所举出的例子为真——类似于康德的立场。后者认为,发生于时间中的事件的前提是综合的,却又是先天的,而我们关于对象的经验的前提又设定了这样一个条件,只有在这种条件之下才存在着可加以讨论的问题。这种一般看法的另外一个变种是这样一种观念:这种形而上学断言所必需的任何假定都是出于实用的考虑而不得不做出的。坚持这一立场的是这样一些人,他们把所谓的"自然的齐一性"看作关于因果律的断言所必需的一个假定,把它看作科学所不可或缺的一个综合的、无法证明的陈述。当然,还有怀疑论者的立场,他们把这样一些陈述看作是有意义的,甚至是非常重要的,但又是完全不可证明的。

另外一些坚持另一种意义上的形而上学论点的人干脆把它们看作这样一些优于其他假定的假定,它们对经验发现进行证明并一般地被这些发现所确证。批判实在论者是这一立场的代表。

我以为,对于这类被标示为"形而上学的"论点以及与之相应的立场的客观考察将表明,臆断它们可完全先天地被确立的相对稀少;而从某种意义上对经验的诉求通常暗含于其中。但是,我们从这里可以发现,对于"形而上学"论点与"物理学的"或"科学的"论点之间的区分所做的合理性辩护乃是出于以下考虑:就这样一些形而上学论点而言,诉诸于科学家所做的单个实验或观察,甚至一组实验或观察,都是没有用的——

第一部分　一般评论

这或者是因为所涉及的问题，就其是经验地可查明的而言，乃是尽人皆知的；或者是因为依据某些事例所做出的归纳对于这样一个涉及范围广大的问题来说是没有多少价值的；或者是因为同时考虑到了这两个方面的原因。

我相信，上述这种一般的意义乃是"形而上学"一词在哲学讨论中被使用的整个历史最好地证明了的意义。而且，十分明显的是，任何一个讨论关于知识或科学的一般问题的人都无法避开这些难题。因此我认为，表述"形而上学陈述是有意义的"所要表达的断言的最适当的方式是："存在着这样一些我们出于一般的科学或知识理论的利益，或者出于一般的经验的特征的利益而不得不加以决定的问题，对于这样一些问题，任何一组有限的实验或观察（如自然科学的实验和观察）都要么是不必要的，要么是无益的，要么是既无必要又没有益处的。"在这种意义上，形而上学乃是人类思考所无法避开的一个问题；而逻辑实证主义者显然没有回避它——例如，在物理主义的断言（至少就其早期形而上学而言是如此）中，以及在关于因果律的假定中，这样说或许是公正的：他们为这些论点所提供的那种确证的确切性质在他们的讨论中是有些模糊的，要是他们能就这一问题做出进一步的澄清的话，势必会赢得众多读者的赞赏。

有理由假定，并不是所有在我们所说的这种意义上被贴上"形而上学"标签的问题都属于同一类型。其中的一些可能具备逻辑实证主义者所指出的那种特征，亦即由思想和语言的不适当的表达方式所导致的那些虚假问题所具备的特征。很久以来，有些形而上学家就对别的形而上学家的这种咬文嚼字的做法提出了非难，而假如无火倒有烟，那就让人奇怪了。可是，假如这样一些问题仅仅是由这样一些错觉所引起的，岂不更让人奇怪吗？甚至逻辑实证主义的这种论点本身——亦即被贴上"形而上学"标签的这类问题都可仅仅借助于逻辑分析来解决——也是需要加以维护的，并且这正是所讨论的这类论点之一。这一陈述本身显然不是可借助逻辑分析确立下来的。这里隐含地提到了"要遭遇到的所有东西"（如果不是"所有实在"的话），而这似乎为确定这一论点的真限定了条件。

另外一类通常被当作"形而上学的"陈述也通常被描述为"思辨的"。其中的一类陈述——例如，由物理决定论者、活力论者及突生进化论者就生命现象所做出的那些陈述——试图对足以决定科学的未来发展的东西进行预测。由于就这种情况而言，标签相对来说是不重要的，我们或许会同意，把这样一些陈述称作"形而上学"是混乱而不足取的，因为这样做是同在形而上学与具体科学之间所做的任何有效区分不一致的。不过，包含在这样一些思辨陈述中的另一类陈述却由于下述事实而被区分出来：它们不能用科学的方法加以证明或否证。这类陈述的著名例子有关于另一类生命形式的断言，关于一种决定自然进化朝着令人类满意的方向进行的力量的断言，以及关于没有物理表现形式的意识的存在的断言。没有人会贸然否认这样一些陈述是有意义的。记得石里克曾说过，关于不朽的问题是一个经验问题——从而是有意义的。① 这一问题显然在一种意义上是经验地可证实的。而在另一种意义它又显然是不可证实的，从而是思辨的。但就其是不可证实的这种意义而言，它明显不属于任何自然科学领域。除了詹姆斯之外，实用主义者碰巧和逻辑实证主义者一样没有过多地去探讨这类问题。但是，如果承认它们是有意义的，就需要注意这样一类通常被视为"形而上学的"陈述的存在，它们尽管具有定义，但依据人类条件却又是不可证实的，从而不在科学的领域之内。

四

逻辑实证主义和实用主义在关于评价和伦理学的诸问题上的对立是最鲜明的。逻辑实证主义者对规范伦理学的拒斥并未一下子就标示出这样一种对立。这种拒斥是否标志着这种对立要看这里的"规范的"一词的含义。实用主义并不是一种关于伦理学的学说，也没有理由假定实用主义者在道德理论的方方面面是一致的。但是，假如"规范伦理学"只应用于

---

① 见"意义与证实"，载《哲学评论》第 XLV 卷，第 356~357 页。

第一部分 一般评论

这样的观点,即道德标准是先天地可决定的而无需参照经验事实,那么,由于实用主义者是经验主义者,所以便有理由假定他们在拒斥这种观点上是一致的。宁可说,二者间的对立所涉及的是被认为存在于价值判断与事实判断之间的那种关系。实用主义是一种行动论的、工具论的观点;可以把它描述为这样一种学说:所有问题从根本上说都是行为问题,所有判断都隐含着价值判断。而且,由于在理论性的东西与实践性的东西之间最终不存在任何有效的区别,所以在关于任何形式的真理的问题与关于行为的可辩护目的的问题之间就不可能存在最后的区分。

由于詹姆斯很少直接论及通常包含于理论伦理学中的论题,所以他的所有著述都浸透着一种关于美好生活及理想的有效性这样一些关乎人类的问题的色彩。在论及自己观点的发展时,杜威这样写道:

> 我越来越困惑于一种理智的耻辱,这种耻辱包藏于现行的(和传统的)逻辑观点和方法对被称作"科学"的东西与被称作"道德"的东西所做出的二元区分之中。长期以来,我一直觉得,一种可连续地应用于这两个词所指代的领域的逻辑(或称有效探究的方法)的建构,乃是我们急需的一种理论溶剂,同时也是对我们最大的实践需求的满足。比起所列举出的大多数原因,这种信念同我所提出的"工具主义"(我想不出其他更好的词了)的发展具有更多的关联。①

相反,卡尔纳普却这样写道:

> "伦理学"一词在两种不同的意义上被使用着。有时,一种经验研究被称为"伦理学",这便是关于人类行为的心理学和社会学研究。这种研究着重关注这些行为是如何起源于各种情感和意志的,以及它们对他人所造成的影响。这种意义上的伦理学是一种经验的、科

---

① 《当代美国哲学》(纽约,1930),第二卷,第23页。

学的研究，它属于经验科学而不属于哲学。与此完全不同的是第二种意义上的关于道德价值和道德准则的哲学的伦理学，也可称之为规范伦理学。它们不研究事实而妄自研究何为善，何为恶，以及何种行为是正确的，何种行为是错误的。

一项准则或规则具有命令的形式，例如，与"不要杀人！"相应的价值判断是："杀人是恶的。"……可是，尽管"杀人是恶的，"这个价值判断，就像规则一样，仅仅是一种愿望的表达，但它却具有断言命题的语法形式……而且必定是真的或假的。因此它们便为它们自己的价值判断提供了理由并试图否证它们的反对者的价值判断。但是，一个价值判断实际上不过是以一种引人误解的语法形式表达出的一种命令而已。……它并不断言任何东西，既不能被证实，也不能被否证。[①]

石里克在《伦理学问题》一书中对这一问题做了更详细的论述，他在那里以不同的方式使用了"准则"和"规范的"这两个术语。尽管如此，二人所得出的结论实质上是一致的："当我对某人说某一种行为是'善的'时，我所表达出的是这样的事实：我期待着它。"（第12页）得到正确考虑的一条规则或准则"所给予我的仅仅是这样一些条件，根据这些条件，一种行为或一种倾向或一种性格被实际地称作'善的'。"（第15页）"一个人在什么情况下被判定为善的？""他为什么被判定为善的？"这样一些问题允许有事实的和科学的回答。但是，"那个人有什么权利被判定为善的？""什么是有价值的东西？""应当加以评价的是什么？"这样一些自康德以来经常被当作规范伦理学所特有的问题并不是同样具有意义的（见第17页）。"相反，关于什么是由于自身的原因而实际上被期待的东西的问题当然是颇多感性内容的，而伦理学实际上只关注于对这一问题的回答"（第19页）。[②]

---

① 《哲学与逻辑句法》（伦敦，1935），第23~24页。
② 《伦理学问题》（纽约，1939）。

第一部分 一般评论

主张价值判断同形而上学判断一样只是表情的、既非真也非假的观点与主张它们可获得先天辩护的观点，绝没有穷尽所有的可能性。被遗漏掉的可选项之一是这样一种本质上经验主义的观点：价值判断就像其他各种性质的判断一样是可证实的。根据这第三种观点，我们必须承认，价值判断最终指向的是直接经验中所给予的或可以在直接经验中找到的价值属性，就像关于非价值属性的断言最终指向的是直接经验中所给予的或可以在直接经验中找到的属性一样。但是，承认对一价值判断的正确性的最终检验是经验的而非先天的，并不会影响到它们的客观意义，就像承认对物理判断的最终的检验所参照的是直接经验材料并不会影响物理学的客观性一样。这种经验主义的观点也并不意味着关于价值的一般性陈述只是心理学的或社会学的——除非物理学同样是心理学或社会学的一个分支。卡尔纳普本人早年曾表明这样一种经验主义观点是可能的：

> 从某种经验即"价值经验"来构造价值在许多方面类似于从"知觉经验"（更确切地说是从官觉性质）来构造物理的事物。……这并不意味着价值的心理化，正如从官觉性质构造物理的对象并不意味着物理对象的心理化一样。①

这样一种关于价值判断之地位的经验主义观点也并没有消除关于什么是有价值的东西的决定与关于什么是事实上被认定为有价值的东西，或者关于什么是被令人满意地经验到了的东西的（心理学或社会学的）决定之间的区别。可以既承认对于一种价值判断的正确性的最终检验所参照的是事物借以被（或可被）经验到的那种属性，又丝毫不带有认为价值判断只是主观的或"表情的"意思。这显然是同关于除价值以外的其他属性的客观断言相类似的。关于某物大或某物红的陈述的正确性最终只能参照它被经验或可能被经验的方式加以检验。尽管如此，关于某物大或某物

---

① 《世界的逻辑构造》，卡尔纳普著，陈启伟译，上海译文出版社，1999，第263页。

红的判断仍然是真的或假的，而对这种真或假的决定并不是心理学的或社会学的问题——除非所有关于真或假的问题都是如此。根据经验主义的观点，一物是有价值的或理想的，并不意味着它当下正被某人视为有价值的，或者正被某人感觉到是令人满意的，正如关于一物是红色的陈述并不意味着某人当下判定它是红的或把它看作是红的一样。我们无法就对所呈现出的东西的直接观察进行争论，但这一事实绝对消除不了这样的问题：它是否具有"是有价值的"这样一种性质。

关于道德评价——涉及行为、性格和人——的问题属于另外一个类型，也更复杂得多。就这些问题而言，实用主义者可能会同意石里克的下述看法：标准或准则的确认从属于先前对行为所指向的善的决定，而且可以从这种决定中推导出来。就是说，他们会同意，对任何一种行为原则或标准的检验最终都要参照与那一标准相一致的行为后果，而且所根据的是实际被感到或可能被感到的满足。不过，这种认同同样也消除不了关于这样一些准则有效性的问题。与此相应的是，关于做出一个物理决定的正确程度的那些标准，最终要参照的是与这些标准相一致的实验操作结果以及这样一些结果是好的还是坏的。但是，这样一个远没有把科学程序的正确性问题变为关于科学家的心理学或关于他们的社会关系的问题的事实，正是将这一问题同心理学或社会学问题区分开来并使之成为客观的那种东西。

任何一种类型的客观真理都具有对于行为的命令意义（imperative significance）。大致说来，这种意义便是奉行它的人力图使之获得成功，而不奉行它的人希望能奉行的东西。如果说我们应该看到隐含于事实判断中的这种命令意义仅仅是假定性的（而非绝对的）的话，那么，我们还应该看到，一旦关于这样一个命令的假设被满足，它便成了绝对的。而且，要是有这么一个命令，关于它的假设从来没有或从来不可能被满足，那么它实际上就是没有意义的。

准则就是（或者应当被设想为）关于正确性的标准或原则。所有的正确性和不正确性都同行为有关，同行为的后果有关，同这些后果的某种

第一部分 一般评论

价值有关。下述看法是不能允许的：关于正确性和不正确性的决定是主观的，关于它们的陈述仅仅是"表情的"，或者，它们只属于心理学和社会学描述的领域。因为如果允许这种看法，就会抹杀掉有效与无效、真理与非真理之间的区分。当我们决定真理时，我们决定相信什么是正确的以及奉行什么是理想的（不只是被期待的）。信念有正确与不正确之分，因为相信本身是一种决定，而且是这样一种决定：其意义存在于它对其他行为方式的控制之中。而且，要是有谁说"当我说相信和奉行某种东西是正确的时，我只不过表达了这样的愿望：你和其他人都应当相信它、奉行它"，那么，他所采取就是一种促使他人不把他所说的话当回事的态度——除非是把它当作一种对手头正做的事情的妨碍。

在实用主义者看来，在"规范的"和"描述的"之间不可能有最终的区分。任何一种关于正确性的标准的有效性都要参照"描述性事实"的某种次序，而关于事实的每一种决定都反映某种价值判断并构成一种行动命令。认识本身的有效性都是与对它的最后检验分不开的，这种检验便是它所指导的行为所产生的某种有价值的结果。实用主义者认为，获取知识的目的就是做出行动，而行动的目的是实现有价值的东西。假如没有有效的价值判断，行动便成了无目标的或反复无常的，而认识则会完全失去意义。

（李国山 译）

实在主义还是现象主义？*
（1955）

哲学始于惊奇，而这种最初的惊奇的内容是形而上学的。这一学科的发展史表明，这种说法对于整个人类而言是真实无误的，而人们也可推想它对从事哲学研究的个人来讲也同样是真实无误的。但是，对形而上学问题的无论什么样的回答一旦被冒险提了出来，我们能否为这些回答提供保证便成为可疑的了。疑问一开始或许是随着那些被提出来作为形而上学问题的解答的具体猜测而来的。然而，这种疑问总会很快扩展到每一种可能的猜测上。哲学家重整旗鼓，投入到新的探讨中去，不过这次是从认识论问题开始的：且不管事物的终极本质是什么，我们到底能不能找出这种本质呢？如果能，该如何去找呢？这其中或许有这样的考虑：一旦解决了第二类问题，我们便可回到形而上学问题并一并解决之。笛卡儿开创了这种新的哲学探讨方法，并在其6篇沉思集中澄清了所有基本原理。

然而，我们却没能赶上那个时代。尽管认知过程比起世界及世界中所发生的事情更能为我们充分加以考察，但认识论问题并未比形而上学问题取得更大、更好的进展。我们在寻求关于我们每一个人都耳熟能详的问题的普遍一致时所遇到的这种困难，可能会引起这样的怀疑：这些问题本身的提法就是有问题的。无法弄清楚的是，什么东西可资作为对它们的适当回答，甚至到底有没有哪一种回答可以提出来并被证明是最终的。对于问

---

* 选自 *The Philosophical Review*，Vol. LXIV（1955），NO. 2.

第一部分 一般评论

题本身的这种考察把我们带回到了第三种类型的问题:"这种讨论的意义何在? 它可能是无意义的吗?"我们都知道,即使这类问题也不是最后的。意义是个人在内心深处接纳下来的东西,而要把它们传达出来则有赖于语言。我们大都也是借助于语词来思考的,而主要出于实践目的而非理论目的发展起来的语言可能会背叛所提出来的某个哲学问题或者破坏预期的回答。识破语言的模糊性的要求被提了出来,而对语言工具进行的某种设计或许具有更高的精确性。于是我们再一次做出了退让,这回退到了句法学和语义学。而在这里我们最终又发现了这样一个进一步的问题:"'意义'一词到底是什么意思?"我们遇到了这样的复杂情况:语言所能表达的不只是一种含义,而思想本身的意义也不只包含一个维度。

我们可能会觉得,这里出现的情况所表明的正是哲学本身固有的一种特征:在心灵的反思能力中,或者在它们引起的问题的性质或在它要接受某种必须得到保证的回答的性质中,存在着某种东西,由于这种东西的存在,它注定会发现,无论所探究的是何种论题,总会遇到必须首先予以回答的其他类型的问题;而且在追求并不存在的支点的过程中,它又注定会从每一个另类的、被假定为先前就有的问题那里撤回来。不过,从另一方面看,我们也必须承认,哲学问题的这种拓展和深化是不可避免的,它们之间的相互缠绕是情理之中的。对于其中任何一个问题的阐明都有助于澄清代表哲学固有旨趣的那些重大问题。我们所希望的只是,这些具有根本性的重要论题不要被永久地埋没在次要问题的丛林中了。

我这里要重提的便是这些由来已久的问题中的一个,亦即让唯心主义、现象主义和实在主义争论不休的问题。要在这样一篇短文中展开充分的讨论是不可能的。不过我们希望能概括地提出我认为是最有前景的一种回答。不过,我也深知会面临上面所说的这种困境,由于这种困境,所提出的每一种回答都必定会引出更多其他类型的问题,而且这种回答也是依据其本身就是有问题的假设而提出来的。对此,我也找不出什么好的解决办法。只好怀着这样的希望:即使你们发现我的前提是成问题的——当然会这样,在这些问题的相互关联中仍然存在某种值得探究的东西。我本人会像关注其他任何对这些问题产生影响的考虑一样关注这样一些相互关联,以及关注这些问题在何种程度上是可以分离开来的。

关于实在主义、唯心主义或现象主义的问题,既是认识论的,同时又是形而上学的。因为它所涉及的是主客关系,而不是其关系项均处在认知经验之内的任何一种关系。它不同于纯属认识论的另一类问题,亦即对认识是有效的还是无效的,得到辩护的还是未得到辩护的,正确的还是错误的所进行的批判性考察。有关这种批判的问题业已隐藏在下述事实之中:认识只有在假定了其为真的情况下才被称作知识。这些批判问题涉及的是可由这样一些标准的应用所确定下来的东西:这些标准的被满足乃是经验信念的有效性得到辩护的充分必要条件,而且,正是参照着这些标准,对经验的任何一种揭示才被当作是证实或否证了某一特定的信念。这类问题之所以要求可根据经验本身及可应用于经验的标准表述出来的回答,是因为一方面,并不存在任何可在我们的探究中加以引证的,这样一些标准可应用于其上的超出经验之外的东西,另一方面,除经验的已被揭示或可被揭示的特征之外,也不存在它们在做出决定时可以依赖的任何别的东西。

这并不是说,知识——经验知识——可以被剥夺掉客观的指称。就像我们只是在假定了其有效性的前提下才把认识称作知识一样,我们也只是在假定了某种意义上与之对应的客观现实性的前提下才把经验认识称作知识。但是这种现实性只有借助于经验领悟才能传达给我们,而惟一能保证如此被传达给我们的东西是现实的便是对它的这种领悟是有效的。经验领悟的正确性至少从某种程度上说是可以通过参照存在于认知经验本身之内的特征和关系加以确定的。否则的话,经验认识呈现给我们的那种现实性便根本得不到保证,认识的内容即是信念。被相信的是某种客观事实,亦即某物或某些事物或某一类事物存在或不存在。此外,被隐含地相信的还有:某些经验,在为证实这一信念为客观现实的而必需的那些条件被满足的情况下,是可以实现的。可是,对于这种信念的正确性的任何一种批判性的判断都只能在参照于将对之进行检验的经验中已被揭示出或将被揭示

第一部分 一般评论

出某种内容的情况下才能被做出。这种认知批判的任何一条原则都必须以反映这一问题的性质的术语表述出来。如果根据超出经验所呈现或可能呈现的东西之外的东西把它们表述出来，势必会导致混淆。

我们也姑且提出下述论点：认知领悟和经验结论在被判定为正当的或不那么正当的所参照的那些原则和标准，必须可从对经验知识一般或某一特定类型的经验知识所做的批判性反思中引申出来。从某种意义上说，它们是自己强加的或者仅仅是被认可的，并且是先于任何认知计划的。对它们只能做出反思性的确证：对有效性的检验本身无法被任何进一步的、并非隐含于它们之中的东西证明为有效的。对于它们的可接受性的任何一种论证都必定是循环的。就此而言，认识论批判的任何原则都类似于逻辑原则。事实上人们可以质询，对经验知识的批判是否就是逻辑的一部分，或者逻辑是否就是对经验知识的批判的一部分。这种批判与被称作归纳逻辑的东西本质上确实是相互缠绕在一起的。

我觉得，当贝克莱着力强调一个观念无法同超出经验之外的客观实体相比较而只能同另外一个观念或经验内容相比较时，必然就会出现以这样一种方式表达对经验知识的批判的企图，它把经验知识限定在只能根据经验陈述出来的东西的范围之内。一个观念是另一个将会出现的观念的记号。在把一个记号的引入归为当下经验时，我们所依据的只能是它所具备的一些可探查的特征——贝克莱本人认为这些特征包括：清晰性或生动性、相对于意志的独立性以及它同其他内容之间依据自然规律而建立起来的相互关联性。而对所赋予它的认知定义加以证实或否证的是它们表示的经验现实性，而不是任何一种跳出经验表层之外并把有意识的内容加在一个独立存在的对象之上以判明这二者是一致的观念化作用。把表示关系作为可预言的加以处理的过程以及对这种预言进行证实的过程都完全只能在经验本身的范围之内进行。

我希望所提出的这种认识论程序中没有根本性的错误——只要它把自己限定于同认知有效性与认知错误之间的区分有关的东西之内，便不会出现这种错误。将这类问题从关涉到主客关系的那些问题中分离出来，对于这两类问题都是有益的。对于认识的批判性评估依赖于，也只能依赖于内在于认知经验本身的东西。一旦承认了它的这种限定性，我们就在某种程度上从关于知识与独立存在的现实之间关系的形而上学假定中独立了出来。同样，任何一个由这种认识论思考所隐含地假定下来的形而上学结论，细究下来，都会被表明是从某种谬误中得来的。下述观点似乎很盛行：把关于对经验信念的批判性评估的问题分离出来，并仅以只有借助于它们才能把这些问题确定下来的那些术语陈述出来的这种方式，只是因为它的这种表述方式才成为现象主义的。这要么是一种思想混乱，要么就是对"现象主义"一词的误用。

以贝克莱本人的方式把前面述及的贝克莱思想贯彻下去，可能会不可避免地导致一种同样被局限于关于有意识的经验及其内容的术语的形而上学。可是，除非我们一以贯之地奉行唯我论，否则，对独立存在的现实的指称势必会扰乱经验的这种自娱自乐的独白并破坏其方法论戒条。思考自身的思想其实什么也没有思考。如果没有除了它所指的自身的内容之外的别的东西，便没有事实与想像之分，从而思想也就成了不可能为真也不可能为假的东西。对于客观真理的批判不外乎就是对可靠性及经验信念的确证的批判。但是，无论是一个信念的可靠性还是它被确证的地位，都不是关于它的真理。真理涉及到主客关系："雪是白的"为真仅当雪是白的。认识论的问题是，我们是如何知道雪是白的：它被经验证实到何种程度以及它在经验中将如何被进一步确证或否证。剩下来的便是一个形而上学的问题，亦即雪是白的是怎么一回事。

独立存在的现实并不是某种可以被证明的东西，而是所有人在面对生活事实时所做出的一种最初的承诺。我们面对着如其所是地存在着，必须照我们所发现它的原样接受下来的东西。企图将它模塑得更接近我们的要求，则是后来的事。它表现出并不服从我们的希望和意志的样子。不过，当我们开始意识到它在哪些方面、以何种方式服从于我们的控制时，还是可以对它进行某种程度的改变的。假如我们所面对的东西并不是在有对它进行修改的愿望之前就被固定下来的，假如它不具备我们乐意加以改变的

第一部分 一般评论

特征，那么所有希望和意志作用都将是毫无意义的。正是那被独立于我们的领悟固定下来的东西是我们必须了解的。思考——亦即完全不同于白日梦般的自娱自乐的严肃的思考和认知——就是假定下存在着的不同于对它的领悟的东西，不是由对它的领悟而生的，而是预先假定了另外一个基础的东西。假如独立存在的现实并不是强加给我们的，那么，我们若要作为进行着思考并希望进行思考的存在物生存下去的话，就不得不把它虚构出来。就连费希特式的唯心主义也是建立在如下考虑上的：起初只有行为，而第一个行为就是自我认定。但是，自我在设定自身时，也设定了处在自我的对立面并抗拒着意志的非我。

当然，无论贝克莱式的唯心主义还是绝对主义都不否认独立自存的实在。贝克莱所假定的终极存在物是上帝的心灵，它乃是构成常识所认可的近似实在的那些呈现于人的意识中的表象之内容和序列的原因。无论对于他的这种观点还是对于任何别的观点来说，这种常识实在与梦想和幻觉的非实在之间的区别都是很重要的。绝对唯心主义同样也承认，由常识客体组成的外部世界就像任何一种哲学构想所设定的世界一样是独立于我们的有限而又易谬的认知活动的。尽管做出任何宽泛的概括都是不严谨的，但我们仍然可以说，唯心主义的首要旨趣从来都没有放在关于共同知识的独特论题上，而是放在了价值的有效性上。它旨在支持这样的信条：人类关于善与正当的理想在一个比由平常思维与行动组成的日常世界更终极的实在中得到了承认。像现象主义一样，唯心主义也把我们日常知识的对象解释为独立的现实，只是将它们看成了一个更终极的实在的表象而不是独立自存的实在。唯心主义将这种平常而被普遍认可的实在降归为现象界，而这种构想同康德的现象主义的根本差别在于：它设想现象界背后的终极实在也是可知的，而且是可知地精神的——尽管这种关于终极实在的知识即便是在这种唯心主义的解释之下也只能是反思的而不是知觉的。我这里要强调的一点是，就像现象主义一样，唯心主义也认为，我们平常感知到的外部世界尽管是表面的而不是终极实在的，却仍然是一个独立的现实世界。同现象主义和实在主义一样，唯心主义也认为，只要存在着通过经验而被认知地发现的东西,就一定存在着一个在先确定下来的事实,而正是这种独立存在的现实决定了如是存在着的世界中的真和假。不管这个外部世界是照其本性显现给我们的实在界还是由更终极的实在所决定的现象界,也不管这个更终极的实在是否也是可知的,它都是一个是其所是的世界,一个正如经验知识所领悟的那样的世界。

把经验知识的对象看作是如我们所知晓的那样——无论是看作呈现于人的现象,还是看作带有当经验认知正确时我们所领悟到的那些特征的实在的组成部分,我们便有了由被假定下来的经验现实性(相对于经验非现实性)的地位所提示出的问题。依照传统,我们这里所面临的是涉及到实体类型的问题。我觉得,关于实体的讨论大都已被当作无益的而放弃了。在下述问题中可以看到这种讨论的残余:一个对象是否就是一个属性束?

在这一点上,我同样要不加细究地引述一些与我的最终看法有关的思想。我把一种得自于怀特海的思想同这种关于实体的传统观点对立起来——尽管我的这种断章取义的做法会有损于他的思想方式。一个对象就是一个事件:时空中的连续的量。这类事件的变化过程永远不会是过于唐突的,也永远不会是过于普及的。而我们之所以把这样一种东西认作一个对象仅仅是因为某种特征的延续。在这一点上,我们可以同关于实体的传统讨论取得某种联系:人们要么必须在这一对象中找到某种保持不变的东西,要么必须深入了解到这种变化的有规律的或可预言的模式,而这些都是这一对象应有的特征。如果提出"任何一个任意指定的时空中的连续量都可当作一个对象吗?"这样的问题是正当的,那么,我认为可能的回答必定是这样的:事实上我们确实只把在其过程中表现出了某种可辨识的聚合模式的事件当成了对象。紧接着就要承认,在如此理解内在于一个对象的过程中,我们必须经常谈到这一对象的生命史中的构成事件与外在于它的,包含在与之相关联的其他对象的生命史中的事件之间的因果关联。也就是说,发生于这一对象中的某些过程是通过被解释为它与其他事物之间的有规律的相互作用而被理解的。无论是在同其他事物的相互作用中还

第一部分 一般评论

是在其内在过程中，我们都一定能找到表现于其时空行为方式中的某种"性质"。而只要这一对象存在着并且是可辨识的，那么其行为的某些性质或倾向，简单的也好，复杂的也好，都必定可作为持存的东西区别出来。

这种持存性的某些表现形式，或者一种特定类型的连续性，是非常珍贵的——例如，我们自身的记忆连续性或者我们的自我认识的其他方面。但是，若将某个精致的、珍贵无比的"物自体"归诸于它，照我看，这至少是难以言传的。

这样一来，关于存在物的属性束观念所遇到的麻烦似乎就在于它忽略了性质间的关系；而如果要说这种关系本身是另外一种性质的话，我想指出的一点是，它是一种不同于相互联系在一起的那些性质的性质——亦即性质的一种排列组合。

关于何物可被当作一个对象，还有两个与现象主义—实在主义之争有关的论点需要提及。第一，每一对象都是一个体。第二，可归于一对象的性质永远不可以仅仅等同于我们在对它的观察中所感知到的特征，而应被看作所展现出来的"行为方式"或倾向。

假如一个个体就是一个属性束的话，那么它至少是一个无限的束。它是一个个体实际存在的标记。关于它的全部真理，不管是存在于我们的认知活动之内的还是存在于其外的，都在它的现实性中被固定了下来。它服从排中律，而对关于它可有意义地提出的任何问题的回答都在关于其存在的事实中得到了确定。这类问题在数量上是无限的：无论有多少问题被提出又获得解答，总还存在着另外一个其答案尚不得而知的问题。且不管这种回答究竟如何，就连这个相对于可设想的存在物的实际存在的个体仍然是未经详细说明的。在通常被印制在教科书中的树图上，"存在"处于最顶端，而"苏格拉底、柏拉图等等"则处于最下端。唯心主义者的内在关系说是无懈可击的，甚至是先天的——除非他们由之而得出的那些结论是不成立的。我们关于一个个体可能知道的一切（亦即由性质所组成的某个有限的复合体），永远都可能包含所有那些在我们所知道的东西之内仍然是未决的,却在该个体的现实性中被固定下来的东西。我们设定了个体,尽管我们永远也不能通过充分的亲知来证实任何对象的个体性;而我们是在承认如下事实的情况下做出这种设定的:总是存在着另外一个关于某种存在物的未被解答的问题。我们关于一个被设定的个体所知道的一切只是由其属性所组成的束。

当然,对象的性质就是共相。但是共相有好几种判然有别的类型,它们同我们的知识相关联的方式以及它们的存在方式都是各不相同的。假如"共相存在吗?"这一古老问题要被回答的话,我们便既要区分开"to be"这个动词的不同含义,又要区分开共相的不同类别。不过,我们现在只消区分开一般意义上的对象的性质与感觉性质便行了。一个对象的任何一种性质都具有这种明显的存在方式,亦即作为一个个体的一个性质。在这些共相中,有些是实际的——有实例的,而另一些我们可以想像的共相,如百足的哺乳动物却没有实例。任何一种被正确判定的感觉性质都具有不同于其他任何类型的共相的特性:它的两个实例只是在参照它们出现的背景的情况下才是感觉上可区别的(我这里想表达出的意思有些难以理解。但我觉得,如果我们理解了下述情况,这种看法就是对的:同时出现的两种完全不同的性质——如一种形状和一种颜色——应被解释为互为背景的)。任何一种性质,就其实际上是由于被注意而从其给定的背景中被抽离出来的以及具有不止一个实例而言,乃是抽象的。但是,就三角性这样一种具体性质而言,它就不再是抽象的了,因为它的一些实例在不参照背景的情况下便立即可被作为不同的形状区别开来。正是上述最后一种类型的共相促使唯名论者对它们的现实性提出了质疑。它们无法立即被准确而充分地设想出来。我们可以准确地设想的任何东西都只是一种性质或者由这些性质构成的某个复合体。而假如被设想或被表现出来的性质并不是可比之于感觉性质的,那么便不可能从我们的感觉经验中得到任何知识,因为所陈述出的任何东西都不可能得到认可。

我们一而再再而三地混淆感觉性质与事物的客观性质,尽管可能作为一者的实例的永远不可能是另一者的实例。正是由于这种混淆,现象主

第一部分 一般评论

义—实在主义之争的一种早期表现形式出现了。洛克追问大海的蓝是不是存在于我们知觉到的大海中的,或者,关于蓝的视觉表象是否像人们所担心的疼痛一样仅仅是存在于我们的知觉或意识中的。大海或蓝布或蓝粉笔所具有的蓝这种性质绝不可等同于一种被直接感觉到的视觉性质。造成这一事实的原因并不是我们把"蓝色的"一词不仅用在了整个一个视觉性质领域,还用在了整个一个由对象的颜色性质组成的领域。即使我们参照色锥上某一最小的可观察区域来识别这一客观性质,或者把它当作波谱上的某个波长来识别它,并且以同样的方式来指定表象性质以便满足它的两个实例只有参照背景才是可区辨的这样一种要求,这种事实依然存在。即使把"蓝色"一词弄成像艺术家在买颜料时所使用的"洋红"一词一样精确,仍然可以正确地说,某一对象的这种特定的性质透过整个的视觉性质域把自己呈现在观察者的眼前。视觉性质与对象的客观颜色之所以无法等同起来,是因为它们属于不同的存在类型。我们使用同样的颜色词,是因为一种颜色性质的视觉表象通常是通向它的最有益的线索,尽管这只不过是它借以显示自己并借以被确证为客观真实的诸多方式之一。一个事物的客观颜色乃是内在于这一对象的本性之中的一种潜在的可能性或倾向性特征,这种特征以各种可观察的方式(包括许许多多在特定情境下到达人的眼睛的作用)被证实。它是植根于该对象的本性中的一种行为倾向。除非它的本性发生了某种客观变化,否则它将永远具备这种倾向。只有执迷于解决字面困惑的人才会对如下的问题感兴趣:从何种意义上说,假如没有眼睛,它便会是一种不同的潜在可能性;又从何种意义上说,它是独立于眼睛乃至心灵的,并且在眼睛没有得到进化的情况下是保持不变的。我们可以仅仅通过在合适的条件下观察一个对象,便知道它具有某种颜色性质,并且可以出于实际的目的充分地确信它;但是如此被知晓的只是某些视觉的及其他官觉的表象之可靠的可预言性,而产生出这些表象的潜在可能性则存在于这一对象的本性中。然而,就经验知识是可被确证的而言,我们如此知晓的乃是这一对象本身实际具有的一种特征——亦即将会以这些可预言的方式多样化地呈现出来的那种客观性质。

这种观点并非仅仅适用于传统的第二性质。譬如，关于对象的形状同样可以做如是观。贝克莱对此做过一些论述，尽管他所使用的是略嫌粗糙的心理学术语，但他的观点是深刻的。一个可辨识的客观形状不仅通过视野中由表象模式组成的整个领域呈现自身，而且也通过一个在表象性质上完全不同于客观形状的视觉线索却与之密切相关的、较小的触觉印象领域呈现自身。当我们知道一个事物所具有的客观形状时，我们所知道的是这样一种可归因于其本性的可靠性，这种可靠性体现在它呈现自身的各种不同的方式上：它要么是通过施于经验的直接作用，要么是通过它施于其他对象的可观察的作用（例如，当它被同它们一起引入同一个有限空间中时）而呈现自身的。

当我们说我们知道一对象时，我们可以知道的乃是它的某种或某些性质。我们永远也无法知道任何单个事物的一切性质，也永远无法得到关于任何事物的所有知识。我们关于它所知道的只能是它的属性（包括它同其他事物的关系及相互作用）。在费尽周折并假借一定的运气的情况下，我们可以就某些事物找到一些足以认定其为单个的个体的一些性质——尽管这仅仅是因为并非所有可被前后一贯地设想的事物都是存在于这个实际的世界中的。但是，即使这些我们冒着最小风险认定的单个对象也永远不能完全为我们所知，有时存在着某种由我们目前所知道的东西所蕴涵并且只要借助于令人信服的反思便可推导出来的东西。但是，在任何一种情形之下，均有如下的事实：存在着某种对于该对象为真的东西——亦即真实地存在于其本性中的一些性质，而这些性质既不是明确地为我们所知的，也不是潜藏于我们已知的东西之内的。

正是在最后这一点上，实在主义与唯心主义出现了分歧（这一问题需要进一步的探讨，可时间来不及了）。想必诸位一定在等着我给出我的小小的意见了——我不愿称之为结论，因为这里所做的讨论是有限而草率的，当然也就不能由此引出令人信服的结论了。

这种意见是：我们知道对象仅仅意味着我们知道它们的某些客观性质，这些性质是当它们客观存在时存在于它们的本性中的潜在可能性或可

第一部分　一般评论

靠的倾向特征，而它们的表现方式是可以通过不同的途径观察到的：要么可以直接在由它们引起的人类经验的表象内容中被观察到，要么可以间接地通过它们与别的对象间可观察的相互作用被观察到。我们永远不可能知道任何单个事物的全部性质，但我们确实知道或可以知道的东西却是形而上学地真实的；这些性质不仅存在于我们关于事物的知识中，而且也存在于这些事物本身之中——如果我们不至于在关于知识的性质的问题上陷入混乱的话，就能认识到这一点。

所有经验知识最终都是借助于表象性质以及它们在经验中所呈现出的模式传递给我们的。这些模式既包括瞬时的模式，也包括与同样直接可为我们观察到的我们自身行为的瞬时模式之间的相互关系。由于显而易见的生活事实，也由于这一问题的形而上学本性，所以，要实现这些性质与存在于对象之中的性质之间的契合一致是不可能的。关于对象的性质可为我们所知的乃是它们所呈现出来的可靠的倾向特征。我们不再可能对任何别的认知它们的方式抱有实际的兴趣——这种认知方式便足以应付我们在任何一个由独立于我们的认知而存在的事物所组成的世界中所可能完成的一切事务了（不过，我并不想说，这种知识对于每一种人类兴趣而言都是充分的——尤其是在考虑到人类好奇心乃是无止境的这种情况之后）。

显然，存在于对象之中的性质在我们的表象经验中呈现的方式不仅有赖于事物自身的本性，而且有赖于我们自己的本性。至于客观存在物所具有的性质在何种范围内由于人类的局限性而永远是无法被发现的，我们只能去猜测。这种猜测是没有根底的。我们甚至可以诘问，我们所区别出的对象是否并非是由同某种人所持有的东西的关系而被抽象出来的。太空中存在着恒星，但我们所看见的只是星群。同样，或许只是对于我们的官觉而言才存在着指向能量海洋中的量子的摩尔质量。但是，至少将这些东西以这种方式而不是以别的方式呈现给我们的这种潜在可能性是存在于独立于我们的能量海洋之中的。无论现象主义基于我们所无法超越的人类的无知而提出的安慰性考虑以什么样的形象出现，都是不严密的；尽管正如康德所指出的，如果没有除认知考虑之外的其他某种合理地推进的考虑，就不可能有任何正当的信念。不过，还是让我们去关注于科学援用间接方法逐步将其带进人们的观察所及范围之内的许许多多先前未被测度的实在领域吧！可知的东西比已知的东西在范围上要广得多，它足以为那些虽暂时无法被证明却并非不可能为真的猜想——这些猜想常常会被归为形而上学——提供一个可以考虑的领域。

我们所具有或渴望具有的这种关于存在物的知识必须借助于事物的表象传达给我们，但它并不是**关于**表象的。直接呈现出的东西本身从不是关于任何存在物的知识。我们确实知道或可以知道的东西——亦即事物的客观性质——乃是构成对象的可理解本性的某些可靠的特征。在知识的这种特征或任何与之相关的考虑中没有任何东西可以正当地表明，我们的知识并不是关于独立自在的事物的知识。

我不知道，如此考虑问题到底应被归为现象主义还是实在主义，我倾向于称之为"实在主义"。我回想起多年前我的同事雅可比·洛温伯格曾提出过与此略有些类似的构想。[①] 他给自己的观点贴上了"有问题的实在主义"的标签。可是，由于我同他有相当大的观点分歧，所以不能借用他的名号。再者，由于这种表达尚未充分展开，所以我也没有理由把任何一个人牵扯进来。

（李国山 译）

[①] 见 G. P. 亚当斯和 W. P. 蒙太古编《当代美国哲学》（纽约，1930），第 55~81 页。

第二部分

形而上学与认识论

概念论的实用主义[*]
(1929)

在精确逻辑的领域及其在数学上的应用中，先已开始了种种研究，本书中所呈述的思想即由这些研究产生。数学和精确科学对有关知识的思想之间存在着的历史联系，无需乎强调说明：从柏拉图到现在，一切主要的认识论理论，都是受当时的数学观所主宰，或在其观点下表述出来的。这种联系的理由也无需乎远求：在一切人类事务中，数学最明白地显示出确实性和精密性。如果我们找出这种理想性的基础，则认识论的关键概念便可以揭露出来。因此，理论数学中每一种大的发现，和数学观的方式中每一种根本变化，或迟或早，总会把它的结果表现在认识论中。凡曾追踪过近20余年来逻辑理论和数学理论的发展的人都不会不相信，这些发展的结果必然是革命性的。人们曾经以一种从来少达到的精密性和定局性程度证明，数学的确实性之所以产生是由于它的纯分析的性质，并由于它和经验的事实没有任何必然的联系。数学的最初前提既不是鼓舞大陆上理性主义者去模仿几何方法的那些自明的理性的真理，也不是直观的构造原则（那些原则对康德来说就确保了在一切可能经验上的应用的基础）；它们甚至也不是经验的概括，如穆勒和其他经验主义者所曾想的那样。毋宁说，它们是一些定义和设准，那些定义和设准展示出为数学体系的目的或多或少任意选定的抽象概念。它们与经验的内在联系或是微弱到难以捉摸

---

[*] 选自 *Mind and the World Order*, 1929, Preface.

的，或是完全没有的。

　　与此同时，物理科学的发展，如相对论已强调了这样一个事实，这就是，在这里，抽象性和系统的精密性也是携手并进的，而且精确的演释程序可以不产生有关经验界的相应的确实性。逻辑的完整性和具体的应用性是截然分开的两回事。几何学的经验真理，甚至也不是由其（作为一个演绎体系）绝对有效性（validity）所保证的，也不是被任何空间的直观所保证的，而是依靠于进一步的考虑的（这些考虑的性质不是完全明晰的，不过观察和实验的结果在决定它们方面显然一定有某种作用）。因此，精确体系的分析性和抽象性（这确保它们有它们所具有的那种确实性）就使它们有脱离经验真理的倾向——经验的真理是自然科学的对象，并且是人类有关自然的可能知识的内容。

　　现在，我们和这些发展极为靠近，所以它们的影响远及的结果或许不会引起我们的注意。它不单是与自然现象的研究天南地北的一、二门狭窄学科中的变化；凡影响基本学科（如数学和物理学）的东西，最后必然反映在全部科学中。事实上，这个观点的改变是迅速地推广到其他科学上的，而且概念的东西和经验的东西之各自独立也正在逐渐被人认为是一种常识。如果说，科学所建造的建筑是否牢固地建立在地球上，还是柏拉图天堂中的一所宫殿，或者只是一座空中楼阁，都已变得在疑问之列；我想，这句话并不算过分。至少，我们似乎必须接受一种双重真理：有些确实性，例如数学的确实性只是直接有关于抽象的东西；此外又有我们的感官—经验的直接呈现，我们企图把上面这些确实性应用到它们上面，不过由此所产生的经验的真理只不过是概然的。那样一种经验上的知识的性质和有效性成了关键性的论点。先验真理的传统的根据已经被迫放弃了。是否还可以有其他什么根据；是否没有先验的东西，也还毕竟能够有任何真理：这就成了我们的问题。

　　既是这种情形，所以突出的问题就牵涉到我们抽象概念的性质（例如在数学中和理论物理学中出现的那些概念）和那些概念与具体经验及实在的关系。在这些点上，现代科学发展的含义完全不是那样明白的。如

第二部分　形而上学与认识论

果我能够希望，我把这些含义理解正确，并且稍尽我的绵薄之力使这些含义显得明显而一贯些，那么我自然就喜出望外了。

这里所企图建立的看法，主要关键就在下列三个论点：（1）先验真理的性质是定义性的，并且专由概念的分析产生。**实在**之所以可以先验地加以定界，那并不是由于限制着经验内容的直观形式或范畴，而只是由于下面这个事实，即凡称为"实在"的东西，必然是依先前所决定的标准在经验中所辨别出来的某种东西。（2）概念的划定是先验的，而任何特殊概念在特殊的既定经验上的应用，则是假设性的；为了那样一类应用所进行的概念系统的选择是工具性的，或实用性的，而经验的真理永远只是概然的。（3）一般经验要能够用概念加以解释这件事，并不要求关于经验之契合于心灵（或其范畴）的任何特殊的和形而上学的假定；经验不能被人设想为另一个样子。如果说最后这个陈述是一个同义反复，那么它至少必须是真的，而一个同义反复的论断也是有意义的，如果假定它能够有意义地被人否定的话。这三个论点，主要将在第Ⅲ，Ⅷ和Ⅺ各章加以发挥。

这个观点既然无论如何似乎总要获得某种名称，所以我大胆自己给它命名，而称它为"概念论的实用主义"（conceptualistic pragmatism）。如果没有皮尔斯、詹姆斯和杜威——尤其是皮尔斯——的先前思想，这个主义可能不会发展出来。不过我们并不能使这些更为正统的实用主义者，对这个见解全部，尤其是对于其中所包括的先验真理的学说负责。

在写这部书的过程中，我在阐述我的思想方面碰到很大困难，即我不论从这些论点中哪一个开始，而总归或多或少先要提到其他论点。鉴于这个困难，所以我力求在保持明白无误并作适当强调的范围内，使行文简洁敏捷。关于争论的问题，若非讨论起来，有助于主要的发展，一概略而不论。有些问题虽然和中心论题无关，可是仍然过分重要，不容漠视，所以我在附录中对它们略加论述。

（关其侗　译）

泛论一般哲学，专论形而上学哲学的固有方法[*]

(1929)

任何哲学的一般性质，大概是由其最初的假设及其方法来决定。当笛卡儿提议借着怀疑一切可怀疑的事物来扫清舞台，并且声言，人类理性的内在光亮就是确定性的最初标准时，他这样就确定了继之而来的哲学运动的显著特征。同样，由洛克到休谟的发展大部分也是主张心灵是经验在其上写字的一张白纸的那个学说的合乎逻辑的结果。当康德提议探索科学如何可能（不是其是否可能），并把科学的可能性认为就是先验综合判断的有效性时，于是就注定了19世纪层出不穷的企图——即把重要的哲学真理当作经验的前提条件加以演绎。

由于方法在哲学中有这种特殊重要性，所以我相信，任何哲学书的读者都有权利预先知道什么是作者所据以出发的这种基本确信。所以，人们的正确而适当的做法就是先陈述一番纲领和方法。

依我所见，哲学的显著特征就是：它是每个人的事情。一个人如果自己当自己的律师或医生，那么他一定会弄不好；但是人人既能够是，也必然是他自己的哲学家。他所以必然是，正是因为哲学所研讨的是目的，而非手段。它包括着这样一些问题，如说什么是善的？什么是正当的？什么是有效的？各人对自己的生活所负的责任最后既然完全落到各人的肩上，

---

[*] 选自 Mind and the World Order, 1929, Chapter 1.

第二部分　形而上学与认识论

所以没有人能够把答复这类问题的任务推到别人身上。说到达成人生的有效目标的方法，那么，我们就可以请专家指教。自然科学及其所产生的各种技术，虽然也服务于其他某些利益，而其主要目的却是来发现那类手段。不过说到被服务的那个最后有效的目的问题，那么它既是一切问题中最属于个人的，也是最为一般的问题。

人人之所以**能够**成为他自己的哲学家，那是因为在哲学中，我们是研究我们所已经知道的事情。哲学的任务并不是给人们所已熟知的现象总体上加添什么，这是自然科学的任务。哲学所研讨的是人们已经熟悉的东西。熟知一事和以明白观念理解一事，自然是十分不同的事情。行动先于反省，甚至行为的准确性往往也跑在思想的准确性前面——这对我们是一种幸事。如果不是这样，朴素的常识就会和哲学合二为一，那就没有问题了。把我们处理熟悉现象时默默中所遵循的原则加以明白意识和连贯表达，这种职务是专系哲学的事业。

例如，人人都知道是非的区别；如果我们没有道德感，则哲学不会给予我们这样一种感觉。不过谁能够陈述出道德判断的恰当而一贯的根据，使自己完全满意呢？同样，人人也知道确凿的推理和错误的区别。逻辑的研究也并不诉诸不在学者心中预先存在的标准。逻辑上的错误归根到底是一种疏漏：这是逻辑研究的一个不可缺少的假定。这个假定纵然有几分是一种未经证明的假定，可是我们也避免不了它，因为通过反省或讨论而进行学习的这件事本身，就把我们的逻辑感假定为一个可靠的指导。

因此，人们通常已经承认，伦理学中和逻辑学中所寻求的知识，是已经隐含在我们与熟悉事物的交接中的。不过这个说法也同样适用于形而上学一事，则不是为人所同样明白认识到的。形而上学研究一般实在的本性。人们大抵认为实在是独立于我们自己的任何原则以外的，这里所谓独立的意义，正如说正当和有效不是这样独立的一样。至少说，与此相反的最初假设可能是有害到令人失望的程度的。此外，实在永远逸出惯熟经验的有限园地以外。我们怎能希望，宇宙之谜能够借自我考问解决了呢！我们所寻求的秘密或许处在尚未妥善发掘出，甚至处在尚未开发以供人考察的园地中。或者，它也许永远超出人类感官所能及的范围以外。

不过哲学的任务也不是到时间和空间以外去冒险。如果有关实在的本性的真正知识依靠于尚未确定的现象事实的问题的决定，那么哲学家并没有特殊的洞见，使他能以先知的姿态出现。我们只好等待特殊科学的进步。纵然我们必须凭空玄想，而那一类玄想至少在任何特殊意义下说都不是哲学家的事情。形而上学诚然一向是堆放仅仅部分地是哲学的问题的垃圾场。例如，有关生命和心灵的本性的问题就属于这种混杂问题之例。这类问题一部分必须等待从科学，从生物学、物理—化学和心理学得到更进一步的材料；另一部分，它们是真正哲学的问题，因为它们是依有关分类的基本标准和解释原则的问题为转移的。科学材料不论堆积多少，也不能决定这些问题。

举例来说，如果心理学中的极端行为主义者由于对"心灵现象"进行分析时，终于采用身体行为的名词，因而否认意识的存在，那么，哲学的任务就是改正他们的错误，因为那种错误只在于一种逻辑分析的谬误。对于任何直接呈现出的 X 所做的分析必然得以它和其他事物（Y 和 Z）的恒定关系的名词来说明。分析中用的这些端—名词（end-terms）——Y 和 Z——一般来说，不能是 X 的时间的或空间的组成分子，而可以是与它有一种经常的相互关联的东西。这就好像人们由于为了精确研究的目的，不得不把颜色定义为波动的频率，而就否认颜色的存在一样。一般来说，如果那类分析做出结论说，"X 是某种 Y—Z 复合物，因而 X 并不作为一个独立的实在存在"，那么，这种错误就在于忽略了逻辑分析的一般特征——它不曾发现了现象（现象的性质是被分析的）的"实体"或宇宙要素（cosmic constituents），而只是发现了它所出现于其中的经验的恒常的周围联系。

因此，各种心理学派（由以物理行为解释心灵的行为主义到把许多生理活动吸收于心灵中的下意识的学说）虽有差异，而就这种差异并不代表有关实验事实的争执，只代表定义和方法论标准的差异而言，心理学和形而上学是有共同基础的。划定"心灵"和"心灵的"两个基本概念

第二部分　形而上学与认识论

的工作，是一种真正哲学的事业。在其他科学方面，也可以发现类似的事情。

新发现的科学资料或许能够使有关基本概念和分类的问题显得容易些——或更困难些，不过科学资料本身并不能解决这些问题，因为就情形的性质而论，那些问题是在研究之前就存在的。这一类概念不单纯是被实验室内的发现所促成的，或被任何感官经验所促成的。它们的来源是社会的和历史的，并表现着某种经久的人类兴趣。正是人类心灵本身把它们带给经验，虽然心灵并不是在一个真空中发明它们，也并不是从整块布上把它们切下来。人们常易忘掉，原始的概念永远不单是由经验上的发现所促成的，这个倾向正好说明主张科学"只是事实的报告"的那个谬见——这个谬见幸而已经逐渐被废弃了。这也有助于说明下面一个事实，即一般人们都不曾分辨那些完全非哲学的宇宙论的思辨（因为它们只是对于将来的观察或经验所可能揭露的事物的一种猜测）和有关一整套基本范畴的合法的、必然的哲学问题——这些基本范畴，就如"生命"、"心灵"和"物质"，而经验是可以一贯地、方便地用这些概念得到解释的。

自然，如果我们把这个原始概念的问题专给哲学家保留下来，那么就未免有些不讲道理。纵然我们记得，每个人既然可以成为他自己的哲学家，这只意味着把它们当作**一般**问题保留下来。科学界的专家当然有处理这些问题的特殊本领，不过这些问题不是他的专有财产，因为这些问题不单可以借经验的考察来解决，而且也可以借批评和反省来解决。反过来说，如果我们禁止哲学家对于尚未确定的事实进行思辨，那也未免迂腐。甚至对于那些具有这种半思辨、半批判（或反省的）性的宇宙论的和本体论的问题，如不给予"形而上学"一名，那也是有问题的。从历史上说，它们有相当充足的理由，配得上称为形而上学。我所想指出的仅仅是说，在这里的思辨的和反省的成分之间有一种实在的区别；这种区别和用以解决问题的方法上的差异是一致的；而且只有这一类"形而上学"问题中的反省成分，在其性质方面，并在其解决方法方面，与伦理学和逻辑问题相互一致。

经过这番解释以后，我希望我下面的说法不至于引起混淆，这就是：本体论和宇宙论的问题只有在它们是批判的和反省的范围以内，才是真正哲学的问题；而且形而上学作为一个哲学科目，只限于在下述范围中处理实在的本性，这就是：那个问题必须可以用反省方法来解决，并且不能侵犯只有科学研究才能在其中有所成功的那个园地。在任何一个特殊科学中都有那一类反省问题，而且这些问题可以说是构成那个科学的哲学。此外，还有一切科学和一般的人生事务所共同的最初原则和标准的那些问题。后面这些问题是真正的哲学本身的问题。

形而上学还在另一个意义下往往是思辨的，并且离开了它的固有的哲学任务和方法。那就是说，它不是力求事先拟议将来的科学，而是企图单借理性反省的力量完全超越经验。自从康德以来，独断主义就过时了。①不过我们现在仍然有那种哲学的骗术，那种骗术虽然只以经验为其材料，可是竟然把这个经验斥为只有现象的地位，而要揭示一种更能启发人的实在。这种态度的动机其实是人性中生来就具有的，而我也不愿责难那曾给现在一代哲学家起过老祖宗巴门尼德那样的作用的唯心主义。不过，至少我们必须说，这样的形而上学离开了一类实在而可以解决的问题，转到另一类非实在而且不可以解决的问题上了。纵然一切经验都是现象，纵然一切日常的思想和真理都沾染上了矛盾的病毒，我们至少必须承认，某些现象比其他现象好些。关于经验**以内**实在和非实在的世俗区别也有其重要性，并要求把它的标准表述出来。以黑体字写出的（原文为以大写字母开头的——译者）那种**实在**，即超乎一切现象并为其基础的那个作为具体一共相的**实在**，可能是一种哲学的鬼火。或许"全体"观念只能应用于经验**以内**，而除了与其他某种东西对立并有具体界限的全体以外，再没有任何全体能够有效地被人设想。**实在**的全体，或许如康德所思想的，是

---

① 我也许应当说"曾经过时了"，因为正在现时就有种种新的独断主义形式摆在我们面前。不过，据我想，这一部分是铤而走险的主意，一部分是对于"唯心主义"和康德以后的"批判主义"的夸大妄图的一种反动——它们自命能够不参照于经验科学的特殊结果而先验地进行推论。

第二部分　形而上学与认识论

一个不可避免的观念，不过也是一个必然空虚的观念。它使我们永远想起还有更多的东西需要学习，并且和我们先前的知识联系起来。不过，不论究竟是否如此，这里有一个野心较小而却更为重要的问题，即是要决定正确使用"实在"这个形容词的标准问题，也就是**抽象的**共相问题。倘或有任何人倾向于以为这个问题对于哲学这样一种学问来说是过分简单，过分贫瘠，那么，我希望指出他的错误。

一种把这个问题作为它的问题的形而上学将严格地停留在反省方法的范围以内。它要对不超过平常经验以外的事物进行批判考察并企图单凭这样来决定实在的本性，正如伦理学企图决定善，逻辑企图决定有效性一样。那就是说，它要企图给实在**下定义**，而不是把宇宙分为三元（triangulate）。它将关注于表述原则，不过所表述的是已经内在于有理智的实践中的原则。一个没有实在感的人（如敬仰另一世界的哲学家）将不会借着考察和研究形而上学获得一种实在感。那样一种考察也不可能把实在作为一种神秘的、启发人的、超越平常经验的东西揭露出来。任何一种形而上学如果把实在描写成陌生的，或不容平常把握的东西，那么它就表明自己是魔术，因而显然是虚妄的。

一个正确设想的形而上学的问题，正如伦理学和逻辑学的问题一样，是借着达到明白而确凿的自我意识才能解决的问题。结果，形而上学的问题是"范畴的问题"[①]。这一点的理由就在于"实在"一词的意义有一种奇特的复杂性。逻辑的有效性毕竟是单一类型的。善和正当（right）就其最后性质而论或许也是相对单纯的。但是"实在的"这个形容词则始终是意义含混的，而且只有在一个特殊的意义下才能有单一的意义。人们在把实在性归于任何特殊经验的内容时，他们的说法总是有所省略的。某种限制——就如同物质的实在性、心灵的实在性、数学的实在性一样——总是被人省略了。凡在这样一种意义下为实在的事情，在其他意义下就是不

---

① 一套更合乎逻辑的术语得把范畴限制为"实在的范畴"，并把它们和"价值的范畴"区别开。

实在的。反过来说，每一种既定的经验内容总是或此或彼的一种实在，因此，区分实在与非实在的问题（形而上学就是设法表述有关此问题的原则的）永远是正确理解的问题，是把既定的经验参照于其固有范畴的问题。例如，海市蜃楼虽然不是实在的树和水，却是大气层和光的一个实在状态，把它驱逐到不存在事物的阴曹地府，那就是把客观世界的一个真正项目铲除掉了。幻梦之所以为幻，乃是因为做梦的人把梦中影像认为是物理的事物。但是，在一个喜爱对心灵现象做科学研究的心理学家看来，正是这些被经验到的影像（内容相同而环境不同）构成了一种可以纳在法则之下、并在事实领域中有其不可否认的地位的实在。每一种经验的内容在被人正确理解时都是实在的，并且正是所解释成的那种实在。形而上学所关心揭露的正是一套重要现象分类和有关有效理解的准确标准，借此来整理整套既定经验，而给每个项目（在观念上）派定明白无误地位的。

在这样理解之后，形而上学所寻求的那些范畴原则，一方面与经验处于密切关联之中，而一超出经验就无意义了。但是在另一方面——或者在另一个意义下，它们立于经验之上或以外，而且是有确定作用或规定作用的，并因而是先验的。

凡能应用于经验上的原则，其措辞必须本于经验。对任何感官表象做范畴的（categorial）① 解释（正确解释），必须以经验为线索。如果那些线索不包含在构成现象本身的那一段经验以内，那么它们必然可以在它和其他事实的关系中发现出来。如果梦或幻觉不曾被内在的证据所败露，那么，它的真正性质必然可以被它和前行事件或后继事件的结合所泄露。不过，任何特种实在的特异标记虽然因此是实验性的，可是解释或分类所依据的原则却是先于这种经验的。心灵天然倾向于依据幻梦之具有或不具有某些标记来判断它是实在的或不实在的，只是因为这样，它才能解释所予事实，才能理解经验。

---

① "范畴的"一词在全书中使用时，其意义是指"属于范畴"而言。这就避免了它与categorical 一词的混淆，后者的特种意义是"无条件的，非假设性的"。

第二部分　形而上学与认识论

　　通过对于经验（更仔细地说就是我们所有的一部分经验，或我们对于经验的态度）的反省的考察，我们才可以正确地表述出这些范畴的原则。因为这些原则就隐含在我们对于经验上所予材料的实际处理中。不过这些原则不是经验的概括，好像说，后来的某种经验可以成为一个例外，并因而使它们归于无效。它们表述一种解释（或区别）态度，而将凡是例外的东西立刻抛出去。例如，有关物理事物的经验都不能不有某些标记，而若没有那些标记就会阻止人们把所予的经验内容解释成为物理的实在。把我们有意采取并一贯坚持的解释态度表述出来，那就构成"物理事物"的范畴性的**定义**。这样一种范畴性的、定义性的原则并不禁止经验方面的任何事物。它既不阻止幻觉，也不阻止无意义的梦，因而这一类原则不是实质性的真理。它们之所以能够成为先验的——即在经验之前可以确实认识的，正是因为它们在所予事物上不加任何限制，而是作为解释的原则制约所予，使所予成为**实在界**的一个成分。以后的一章将有这样一个论题，即先验的成分一般都有定义性原则的这种特质。那就是说，它们都不限制所予材料的内容。在先验成分的这种特性中我们将发现许多传统的认识论问题的解决办法。

　　照这样设想，则表述各种实在类型的标准的那些原则都是先验的，正如伦理学和逻辑学的准则一样。经验本身并不决定什么是善，是恶，或善的本性，它也不决定什么是有效的，或无效的，或逻辑有效性的本性。同样，它也不决定什么是实在的或非实在的（在任何一种特殊的意义下），或实在性的性质。经验并不把它自己纳入范畴之中。解释的标准是属于心灵的；它们是由我们的活动态度加于所予的材料上的。

　　因而一个健全的形而上学的主要任务就是要解决范畴的问题，就是要规定各种类型的实在性的标准。这些问题就其本性而论是必然能够得到准确解决的，因为它们只要求始终顾及事实，并要求自觉考察我们自己的判断根据；而这些问题之居然被一般人所忽视，那就是哲学的奇耻了。对于可以证实的事实和对于有关实在的尘世标准，一般人们这样熟视无睹，那正是现在称为形而上学的那个不确定性的泥沼和支离含混的喧嚣大部分原因所在。有关范畴的诸问题也和有关逻辑的诸问题一样能够有真实的进步；事实上，它们是属于同样一般类型的问题。所幸现在哲学时期已有了这样一个特征，即人们对于这样一种研究，对于这种反省的，或现象主义的、或批判的精神越来越产生兴趣了，我想这是我们可以引以自慰的。①

关于一般实在的定义和对于整个实在的描绘是次要的事情，而且如前所提示的，第二项或许是不可能的。"实在的"一词当然具有一个单一的意义，和"有用的"或任何其他那一类省略语之有单一的意义一样。没有事物可以对于一切目的都有用，而每一种事物对于某个目的来说，或许都有用。关于"有用的"一词的**一般**定义不会把事物分为有用的和无用的两类。我们也不能把一切有用的事物归为一类并注意它们的共同特性，而企图借此来达到这样一个定义。因为这样一来，我们也许就必须说一切事物都在那个类以内，而再没有什么事物是在这个类之外可以代表无用之物的了。我们反而是必须首先考察不同类型的有用性或有用事物，然后再来发现（如果可能）在所有这些不同的情形下，什么是区别有用事物和无用事物的特征所在。我们当然会发现，有用性的普遍标记不是某种感觉一性质，而是对于一个目的的关系。同样，要想对于"实在的"达到一个一般的定义，那也不能单把一切种类的实在堆在一个类中，并直接寻找它们的共同特征。这样一来，这一类中的每件事物就都会是按某个范畴是实在的，而按其他范畴同时又是非实在的。而且任何东西都不会落在这一类以外。相反，我们从事概括的主题必须是各种不同范畴中的实在—非实在的区别。至于按照这样，我们会达到什么样的一般的实在的定义，我们无需乎停下来加以探索。显然，我们会发现它包含着对一般经验上的所予性的某种关系，或对我们的解释态度的某种关系，或者对包括两者在内的某种事物的某种关系，而不是任何特殊的、显著的经验上的特征。

无论如何，关于一般实在的一个成功的定义，不会使我们在探测宇宙

---

① 我心想的是，例如，怀特海的《自然的概念》和《自然知识原理》，罗素的《心灵的分析》和卜罗德（Broad）的《科学的思维》。

第二部分　形而上学与认识论

深渊的宇宙论的企图方面走得多远。这可以从下面这个事实看出来：它只在内涵方面给实在立界说，而在外延方面则使实在的特殊内容完全悬而不决。只有当最后一人的最后经验和科学的最后事实都总括起来以后，关于实在的整个画幅才可以画出来。我不明白，人们为什么假设这种意义下的宇宙论是哲学家或任何人的职务。就事情的性质而论，它必然是一种合作的事业，并且可能是永远不会完成的事业。

关于"实在的"意义，我们在这里所见到的各点，对于以后各章所讨论的某些论题都有其重要性。不过我们对它们的直接兴趣却在于下面一点，即那几点把形而上学——它将是一个例外——拉回来，使它与其他哲学部门在研究方法方面互相一致。我们只是在人类经验的一般历程中，并且通过这种进程，才有了哲学思想的内容，而哲学真理的意义也永远在于它能应用到经验上。不过我们所关心的是某个观点下所见的经验，或经验的某个方面。伦理学不能告诉我们生活有多大程度是善的，人们犯了什么特殊的罪，或有多少人是道德的；形而上学也不描写宇宙进程，或决定实在的范围和其中的特殊事情。哲学所可能希望表述的是善的逻辑本质、有效性的准则、美的标准，还有实在与非实在的区别原则。心灵本身在它解释、区别和评价所予的材料时，就把这些标准和原则带到经验中。由此可见，哲学就是心灵自己对活动中的心灵本身的一种研究；它的方法只是反省的。它所企图明显表述的一开始就是为我们自己所创造和所占有的东西。

不过我也不愿让人认为我是在为下面一个观念进行辩护，这就是：这样的分析是一种简单的事情，或者它只要求把常识的原则用准确的说法表达出来。如已经一再强调过的，常识本身是一种朴素的形而上学，一经考察，往往就崩溃了。正如朴素的道德在辩证法的攻击面前可以变得狼狈惶惑一样，常识上的实在性范畴在紧要关头也经不起一贯性的试验，并且也不合明智地实践。在形而上学中，也和在伦理学与逻辑学中一样，人们虽然必须假设，有效的原则以某种方式隐藏于心灵与实在的平常沟通中，可是说它们在那里存在，并不意味着它们是被人所始终固守的。如果它们是那样，哲学的事业就没有实践的价值了。自我意识可能本身是一个目的，不过它如果在人类行为上最后不产生影响，那么它就成了人类所供应不起的一种奢侈品了。我们的逻辑感虽然互相契合，可是这并不会使得逻辑成为一种分外功行（work of supererogation）。我们的最后的实在感和我们的范畴虽然彼此一致，那也不会使形而上学的讨论成为画蛇添足。正如对逻辑的研究可以使思想确切有力，正如伦理学有助于道德判断的较大的明确性和一贯性，同样，对于形而上学问题的说明，也有助于我们有关实在的解释的准确性和妥当性；它有时甚至可以使特殊科学的概念有所改进。哲学不能只是对于常识的一种更准确的文字上的说明，也不是对现实的实践所做的一种直接的概括。它虽然是由经验中所隐含的东西产生，可是它的程序必然是批判的，而不是描述的。哲学如果还想有一点用处，它就必须负担起一种职责，那就是它必须磨砺和改正那已进入经验（这是它的材料）的组织中的一种解释。逻辑的原则目的在于代替那种无批判的逻辑感（原作道德感，疑误。——译者），伦理学目的在于代替我们的朴素的道德学，形而上学目的在于代替我们的非反省性的本体论的判断。这样一种事业并不是把明显事实加以表述的一种简单事情。

反省法自然一定是辩证法的——苏格拉底—柏拉图意义下的辩证法，不是黑格尔意义下的辩证法。它和苏格拉底的假设相符，即所寻求的真理已经隐含在寻求它的心灵中，并且只需抽引出来，加以明白表达即可。反省法还和下面一种认识相符，即哲学的目标在于定义或"本质"。它也承认，我们所以能够希望借着哲学的讨论来达到各心灵之间的契合，那必然依据在这种以某种方式先已存在的假设上。

不过从历史上看来，辩证法上已经堆满了各种各样的附加物，并且受到了错误的、题外的假设的歪曲。所以我要选取"反省的"一名，因为人们比较不容易对它做无根据的解释。我们不能由辩证法推出下面的结论：比如说，诸心灵之间的契合代表着（离开我们生于其中的感官世界的）人类理性的某种普遍模型；比如说，心灵得以进入某种超验性概念的领域中，而且它可以在经验的暗示之下凭自己力量恢复这个领域；比如

第二部分 形而上学与认识论

说，诸心灵之间的契合以某些自明的最初原则作为前提。我们甚至不能根据辩证法推论说，我们所寻求的契合已经在一切方面都已隐含地圆满具备了。对于所有这些观念，都有一个和它相反的说法，来说明诸心灵之间的这种契合，而且这种说明是简单的，甚至是明显的。我们的基本标准和原则之所以互相符合，是人类这种动物及其根本利益都互相类似以及他们所处理的经验也互相类似的联合结果。更明显地说就是，它代表着这两者互相作用的一个结果：那就是人类行为方式的互相符合，特别是当那一类行为所服务的利益包含有合作在内时，更是如此。

我们的范畴是行为的指导。那些经得起实践的考验的态度，不但将反映活动的生物的本性，而且也反映他所遭逢的经验的一般特质。由此可以间接看到，甚至先验的东西也可以不是"理性"的惟一产物，或是在柏拉图的完全独立于我们所生活于其中的世界以外的天上造成的。不但如此，而且人类借其社会习惯生存和繁荣的这个事实，就足以使人类的基本态度的契合更加牢固、更加完善。我们的共同理解和我们的共同世界之所以创造出来，或许有一部分是和人类共同行动和互相理解的需要相符合的。我们都努力扩大成功的人类合作的界限，而批判的讨论只是那种努力的一个继续。我们无需假设，基本原则方面的契合是完全现成的，正如我们无需假设，婴儿恰恰已经具有他们后来才找到字眼加以表达的那些观念一样。其实，我们的范畴几乎和语言同样是一种社会的产物，而且在某种事物方面它们正好像同一个意义一样。我们所必须预先设定的只有契合的**可能性**。所谓"人类心灵"是诸个体心灵的符合，这种符合一部分无疑必然是天赋的，不过一部分本身也是被社会过程所创造的。甚至那种天赋的类似也似乎在于行动的能力和趋向，而不在于心灵的内容或明显的思想方式。要说范畴是基本的，并且基本到那样程度，以至于社会过程既不能创造它们，也不能改变它们，那是一种毫无根据的理性主义的偏见。在对于先验性的传统思想中，有许多深刻而真实的地方。不过同样明白的是，在那一类思想中也有许多东西有幻术和迷信胡说的味道。下面一种说法尤其难以置信，这就是：先验的东西植根于"人类的合理天性"，而那种天性有时是神秘的,超出心理分析和遗传学的解释界限以外的。

我们也可以指出,我们虽然承认批判的反省或辩证法是哲学中惟一有希望的方法,可是我们并不因此坚持连贯性或内在的一贯性是哲学真理的惟一标准或充分标准的那个假设。在哲学中,也和在任何别的地方一样,一贯性只是一个消极的真理检验标准;人们也可以在错误中始终一贯,虽然这事不大会有。只有当我们假设,在逻辑以外,没有东西是我们必须与之符合的时候,一贯性才是一个充足的检验标准。反省法并不认为当然地一切事实都是照黑格尔的方式由思想自身的逻辑结构得出。如先前已经提到的,它甚至不预先设定这样一个前提,即先验的和心灵的东西——我们的范畴的解释态度(categorial attitude of interpretation)——是完全独立于经验的一般性质以外的。

辩证法或反省法的本质就是:我们应当承认,哲学中的证明归根到底只不过是一种使人确信的办法。至于陈述的方式不论是根据最初假设进行演绎,或根据例证进行归纳,或者只是遵循明白的阐述所要求的秩序,那都没有什么差异。如果它是演绎的,那么最初的假设并不能强制心灵。任何命题孤立起来看都不是自明的。演绎的陈述希望使人信服先前不会被人相信的事理。在这种范围内,它或则必须找出它可由以进行的原始契合,或则(这是更常见的)必须使演绎上最初的命题成为有意义的,可被人接受的。其方法就是显示出这些命题的结论是确凿有据,与经验一般相符的。如果陈述方法是根据例证进行归纳的,那么所要证明的那些原则是暗含在下面这个假设中的,这就是:所引的例证是如实的、典型性的,并且真正归在所研究的那个范畴下面的。哲学家不能有阿基米德所要求的那个不动点。他所能提供的证明只有这样一种意义,这就是:把他的各项论点联系起来,表现出它们的互相支持,而且他只是要求其他心灵去反省他们的经验和他们的态度,以便看到他对它们所做的描写是正确的。如果有些心灵认为只有确实性(可以完全不求诉于先前的事实),或怀疑主义,再没有别的选择余地,那么,他们就是自暴自弃,只好陷于怀疑主义地步了。这或许对他们大有好处!作为哲学家,我们有一种我们所必须信守的

第二部分 形而上学与认识论

东西,纵然那种东西就是我们自己。如果我们刚愎自用,那么,我们的哲学就可能只是一派谎言。

关于方法的这种引论性的分析已经过分冗长了。不过这里所提到的对于先验性的概念是一个新的概念。把下文的内容预先简略述说一番,以便更进一步讨论这个概念,那可能是有价值的。

哲学虽然是关于先验性的研究,并因而是心灵关于它自己的活动态度的表述,可是作为那种研究对象的态度却仍然是对于一种经验内容所采取的态度。那种经验在某种意义下是独立于那种态度之外,并且必然反映到那种态度本身之中。我们主张,先验的东西之存在于经验之前,几乎与目的之为先验的,是一样意思。目的不是由所予的内容来吩咐的。目的是我们自己的目的。可是目的必须通过经验才能成型,才能实现;所予材料的内容并不是和目的无关。凡无法应用的目的必然烟消云散。与此相似,凡先验的、属于心灵的东西都是在所予的内容以前的,可是在另一个意义下又不是完全独立于一般的经验之外的。

理性主义和纯经验主义有一个共同的错误,这就是:两者都企图把所谓心灵的某种东西和所谓经验的某种东西分开,而这是不可能的。两者也都把知识看成个人心灵对外面对象的一种关系,好像他人心灵的存在是与此无关的;两者都不会充分认识到我们的真理是社会的那种意义。传统的理性主义[①]由于看到,凡作为最后标准或决定范畴的解释的任何原则,必然是在它所应用于其上的经验之前,并且独立于那种经验以外,所以它就假设,那样的原则必然是天赋的,并且可以凭某种直接的检查来发现。如果他们的真理需要一种标准,那么,这个标准必然由一种比经验较高一级的东西来供给,那种东西就如自明性或理性的自然光辉。这个观点有两个错误。第一,这个观点假设,心灵是直接呈现于它自己的,其意义有如说,经验的对象不是直接呈现于它的。但是除了外物也在其中呈现出的同

[①] 后康德时期的唯心主义的理性主义(如果这个名词是正确的)立足在另外一些假设上面,并借另外一些方法来进行。这不是这里所要讨论之点。

一经验以外，我们还有什么其他方法可以发现心灵呢？如果对象超越了关于它的经验，那么，关于心灵不是同样可以说这种话吗？单独的经验，并不能把两者中任何一种的实在性穷尽无遗。任何一个特殊经验都是一个全体。在这个全体中，那代表心灵的立法的、范畴的活动的部分或方面和那独立于心灵的解释之外而成为所予的内容的一部分或方面，只有借着分析才可以分离开。我们并没有更高的官能或更神秘的经验，使心灵通过它来发现自己。第二，理性主义谬误地假定，凡在特殊经验之前而为之立法的东西必然也是独立于一般经验之外的。范畴性的原则，依问题的本性而论，虽然必定先行于特殊的经验，可是它仍然代表着心灵在过去整个经验的观点之下所采取的一种态度。这个态度甚至能够经过改变，如果呈现于它面前的事物的一般性质有了某种普遍的变化。这里举一个例子来说明，或许可以有些帮助：物理的事物必然有质量，这是一个先验的原则。借着这个标准，它们就和镜中影像及幻觉有所区别。既是这种情形，所以就没有个别的经验能够推翻这个原则，因为凡破坏了这个原则的经验都会遭到排斥，被人认为是不如实的，或"不是正确地被理解的"。那就是说，就那个原则自身而论，那个现象必须被参证于物理范畴以外的其他范畴。在那种意义下，那个原则的真实性是独立于个别现象之外的。但是下面这样一个世界仍然是完全可以设想的：在这个世界中，我们经验到有的现象具有着想像所没有的持续性和独立性的特征，具有我们的幻梦所没有的连贯性的特征，可是这些现象仍然是不受引力规律所支配的事物。在那样一个世界中，我们的先验原则也不会弄成虚妄的——因为它是给物理事物下定义的；不过"物理的"这个范畴也就很可能成为无用的了（附带可以指出，关于"物理的"这个标准是一个历史的和社会的产物，亚里士多德和古人并不知道它）。

我们虽然把先验的原则作为标准，带到任何特殊的经验上，可是心灵的这种立法态度，分明是这样一种态度，即人们之采取它，原因是因为就我们的整个经验来说这个原则有助于它的可理解性。而且凡与这个原则相符合的行为在正常情形下总是成功的。心灵不得不把凡可以作为解释标准

第二部分　形而上学与认识论

的任何东西带给经验，不论这些标准是有关实在的，有关正义的，有关美的，或有效性的。经验的内容不能评价或解释它自己。但是这种解释的有效性必然反映出一般经验的特质，并且必须满足作为行为指南的实用的价值标准。

纯粹经验主义的错误正和理性主义所犯的错误相反。经验主义设法把实在和经验中的所予等同起来，不顾及心灵所做的构造或解释，并且由经验的内容中直接抽象出一般原则。它这样就使自己陷入一个恶性循环之中。就我们所得到的经验而论，它不但包括着实在，而且包括着幻觉、梦、错觉和错误的全部内容。当经验主义者假设，法则或原则能够单凭把经验加以概括而被推导出来时，他**意思**只是指**如实**的经验而言。他却忘了，如果没有立法的原则的标准，经验首先就不能分为如实的和幻觉的。

正是这个恶性循环使得休谟的怀疑主义不可避免地成为经验主义的历史的结局。贝克莱指出，不能凭心灵中的观念和一个独立对象之间的任何关系来区分实在与非实在，只能凭经验本身以内的某种关系来区分。他这种说法自然是对的，不论我们是否赞同他的唯心主义。心灵不能超越自己，不能发现经验中的东西与经验外的东西之间的关系。贝克莱于是力求指出我们的实际的经验标准。要分辨经验中的实在当依据下列三个标准：（1）知觉内容中呈现出的那种对意志的独立性，这与想像适成对比；（2）知觉的较大生动性；（3）各个如实的知觉依据"自然法则"而成立的相互关联。显而易见，只有最后一项在像幻觉和观察错误一类重要情形下才有充分力量。当休谟指出这样的"自然法则"不能由经验的概括推导出来时，他就把经验主义的建筑物破坏了。要想达到这一点，就需要区分必然的和偶然的。这种区别的基础不能在经验的内容中发现；它是属于心灵的。根据经验所做的概括永远设定，已经做了范畴性的解释。可以表示一切经验（有关实在的和非实在的）的特质的法则是不存在的，并且在任何情况下都是没有价值的。

显而易见，相似的考虑对于其他哲学问题也是有效的。只有当经验的内容首先分为善与恶，或较好与较坏的等级以后，人们才能在经验上明悉善的本性。这种分类分级已经包含了所寻求的那个原则的立法性的应用。在逻辑中，只有当首先借某种标准把有效推论的实例分离出来以后，才可以根据例证进行概括，从而得出原则。我们需要概括作用来揭露的，正是这个标准。在美学中，也只有当首先正确应用了美的标准之后，才可以根据经验得出美的法则来。

经验世界并不是在经验中被给予：它是由思想根据感觉材料构造出来的。人人所知道的这种实在性不但反映出独立给予的感觉内容的本性，也反映出人类智力的构造。它是一个整体，在其中，心灵和那被给予心灵的材料已经相遇而交织在一起了。哲学研究的材料不是婴儿初开眼时所见的那种"耳里营营、眼光缭乱的纷杂情形"，不是直接感觉的浅薄的经验，而是日常生活的深厚的经验。

这种对**实在性**的经验之所以存在，只是因为人的心灵采取态度，并做出解释。对于一个牡蛎，那种耳里营营、眼光缭乱的纷乱情形不能成为实在。一个纯粹被动的意识（如果它是可以设想的）用不着实在性的概念，因为它用不着关于非实在的观念；因为它不会采取可能受到挫败的态度，而且也不做可能有错误的解释。

另一方面，我们也只能借分析我们所有的这种经验，才能发现心灵和它的原则。我们如果不是独断主张，就不能根据一个在同样超出经验以外的材料上进行工作的假设的、超越的心灵来解释经验。我们只能借助经验本身以内的一种分析来发现心灵和独立地给予它的东西。只是因为心灵已经进入我们所认识的实在世界的结构中和日常经验中，分析（或所企图的**任何**知识），才能发现它。

我们既然这样发现哲学所力求表述的原则和标准必然同时对经验和我们的活动态度都是有意义的，所以反省法必然也是实用的。诸概念和原则把自己显现为解释的工具；它们的意义就在于那个活动态度的经验结果中。诸范畴是处理给予心灵的材料的一些途径，它们如果没有实用的结果，心灵就永远不会使用它们。哲学既然力求表述心灵的日常解释中隐含着的东西，所以我们如果想检验任何哲学原则的意义，并为决定它的真实

第二部分 形而上学与认识论

性准备好道路，就可以问下面这两个问题：（1）如果这个原则是正确的，而非虚妄的，经验当有什么不同？或则是（2）如果这个原则是这样，而不是另一个样子，那么，我们该如何不同地对待经验并处理经验？

凡被人假设为关于完全超越经验的事情的那些形而上学争论，结果必然是被人错认了的争论。举例来说，如果人们说（卜罗德先生新近这样说过①），继续存在的电子之类的科学实在性最多也只是一种或然的东西，因为它并不出现于我们的"感觉材料"（sensa）的直接经验中——如果人们这样说，那么我想我们可以照贝克莱反诘洛克的话来正当地反诘他：为什么不可以要一个背后**一无所有**的感觉世界呢？如果直接的经验离开"科学实在性"的存在仍然照旧，那么有什么东西使得"科学的实在性"甚至成为或然的呢？如果近代物理学家不是在毫无指望地欺骗自己，那么，电子的存在不是意味着某种可以在实验室中证实的东西吗？否则的话，他对于有关电子的任何问题不是如拉普拉斯（据说）答复拿破仑关于上帝的问题那样被迫答复说：他无需乎这个假设吗？但是如果"科学的实在性"的存在或不存在造成经验中某种可以证实的差异，那么这些经验上的标准就成为可以作为经验的属性的那种实在性的一些标记了。这些经验标准是那个范畴的"票面价值"，它们构成它所指的实在，正如电子之能够成为实在的那样。"科学的实在性"正是经验的某些部分和方面的解释，否则它便是一种喧声，没有丝毫含义。

证实任何解释的各种可能经验的全体（这里所谓证实是最完全的、可能的经验上的证实），就构成那种解释所具有的全部意义。把实在这个属性归于那完全地、并在任何意义下都超越经验的东西，那并不是有问题的；那简直是毫无意义的胡说。

再举一个例子，或许可以使这一点更加明白。哲学家们有时以一种假想自娱说，事物的存在是有间歇性的；当我们不注意它们时，它们就消灭了，而当我们再度发现它们时，它们就又发生了。我们无需乎参证于独立

---

① 《科学的思想》，特别参阅 268 页以下。

的对象或物质的守恒来答复这个问题，因为这种答复就是承认了未决的问题。我们需要探索的是，为什么这个恒常对象的观念毕竟发明出来了呢？如果事物的存在不论是间歇的或连续的，都不能在经验中造成任何差异，那么它们的"恒常性"又能够说明经验的什么特质呢？当我们解答了这样一些问题时，我们就已发现"恒常存在"的全部意义，而再没有留下任何东西（除了语言的悖论以外）可供讨论的了。对于经验和对于我们对所予事物的态度做一番反省，也并不能发现已不是在那里隐含地存在着的东西——而且也没有任何别的东西是哲学的反省所能够希望揭露出来的。

因此，总的来说，反省法就其承认一般经验为哲学的材料而言，是经验的、分析的。不过它之为经验的，并不意味着它把这种经验当作就是只给予心灵的感官材料。而它之为分析的，也并不意味着它假设经验是完全的、现成的。

毋宁说，这种方法发现哲学是有关心灵借其解释态度所贡献的那一部分经验或其一个方面。它承认所寻求的原则在某种意义上是先验的，就此点而论，它是理性主义的方法。

不过它之为理性主义的，并不意味着：它臆想心灵是把经验强加在其中的一架强盗的床（procrustean bed），或是一种能够被假设的最初材料，或者说它的种种发现能够离开感官—经验被人认识到。它也不擅想"有理性的人类心灵"在一切人类方面都是完全同一的和天赋的，或是一个超越的实有——那个实有纵然生活在其他某个感官世界中，也仍然恰好具有同样的智力范畴和模型。

反省法之为实用的，是就其为经验的和分析的这同一个意义来说的。它假定它所寻求的那些范畴和原则必然已经暗含在人类经验中和人类态度中。这样的基本概念必然永远具有实践的意义，因为思想和行动是连续的，并且因为除了把它们的意义反映到经验上的那个来源以外，说它们还有别的来源，也是难以置信的。还有一层，这个方法给哲学自身要求一种实用的根据，这就是，反省只是把我们对于我们自己的构造和解释所做的

第二部分　形而上学与认识论

那种批判考察进一步伸展开，使那些构造和解释摆脱不一贯之处，变得更为有用罢了。由于经验并不正是现现成成给予人的，而一部分也是心灵的产物，所以哲学就能把那种应付经验中的所予，并加以范畴的活动的态度加以某种改变。不过反省法之为实用的，并不意味着，也无需意味着要假设（现代的实用主义有时似乎如此假设），生物学和心理物理学的范畴对于解释思想的实践态度，有特殊的优胜之点。

反省法必然导致排斥任何被假定为完全超越经验的实在。一种真正的解释必然永远遵循实践理性的线索，才能有所断言。把人类思想的任何对象放逐到超越领域中去的一种哲学是不忠于创造那个思想的人类利益的，是不忠于那个给予它以意义的经验的。哲学的真理和一般的知识一样，是有关于经验的，而不是有关于某种奇特地超出人类认识之外，只对预言家和先知开放的东西的。我们大家都知道生活和实在的本性，虽然我们只有借着缜密细心，才能讲出关于它们的真理。

（关其侗　译）

经验中的所予要素[*]
(1929)

我们是从如下这个假定出发的：哲学的任务是对我们的日常经验进行分析和阐释，并通过反思将那些由于被心灵本身带入经验而隐昧不明的原则令人信服地彰显出来。哲学是对先天的东西的研究。它旨在揭示出心灵应用于呈现给它的东西之上的那些范畴标准，并通过正确描画这些标准来界定善、正当、有效性及真实性。

然而，如此探讨哲学问题，势必会马上面对知识的本性问题，必须先把这一问题解决了才好。于是，先天的东西与非先天的东西之间的区分便被假定了下来。同时被假定下来的还有与之相关的、在心灵或由心灵带入经验的东西与另外一个要素之间的区分，这后一要素被假定为独立于心灵的活动而存在并对经验的其余部分和方面负责。我们有没有权利做出这些区分呢？我们赖以做出这些区分的理由何在？知识和经验是如何由这些项构成的？本书以下要探讨的就是这样一些问题。

本书的主要论题有：(1) 知识中需区分开的两个要素分别是作为思想活动的产物的概念和独立于这种活动的感性所予物 (the sensuously given)。(2) 概念引致了先天之物；所有先天真理都是由概念来界定或说明的。(3) 纯概念和所予物的内容是相互独立的；井水不犯河水。(4) 经验真理或关于客观对象的知识源自于对所予物的概念性解释。(5) 由一概念指谓的经

---

[*] 选自 *Mind and World Order*，1929，chapter 2.

第二部分 形而上学与认识论

验对象绝不是一个瞬时所予物，而毋宁是实际的及可能的经验的某种历时延展的形态（temporally-extended pattern）。(6) 因此，将任何一个概念赋予瞬时所予物的过程（这是知觉知识所特有的）本质上都是论断式的并且只能获得部分的证实，仅凭直接意识而获得的知识是没有的。(7) 实际的经验绝对无法穷尽在对构成真实对象的所予物的解释中所投射（project）出来的那种形态。因此，所有经验知识都仅仅是或然的。(8) 概念与所予物的相互独立及经验真理仅仅具备的或然性特征，同认识的有效性是完全一致的。无需任何对独立于心灵而存在的东西的范畴次序的先定服从的形而上学假定，"范畴的推演"问题便可得到处理。(9) 更明白些说，任何可设想的经验都将是可归属于概念之下的，而且真正或然性的判断也将适合于它。

本章和下一章一方面要对经验中的这两个要素间的区分进行探讨，另一方面还要针对各种常见的误解对这种区分做出辩护。

我们的认知经验中存在着两种要素：一种是直接的材料，如感觉材料，它们是被呈现给或被赋予心灵的东西；另一种则是表现思想活动的某种形式、某种构造或某种解释。对这一事实的认识乃是最古老、最普遍的哲学洞见之一。然而，设想这些要素及其相互关系的方式可谓千差万别，而就此所产生的意见分歧则表明了各种知识论间的主要区别。因此，就连最为一般性的甄别这两种要素的企图——就像借助上述术语所做的那样——也会遭到反对。尽管如此，随便以哪些术语做出的这种区分几乎在每一种哲学中都是可以见到的。想要完全抑制它，无疑是对经验所表现出来的明显而带根本性的特征的背离。要是没有被赋予心灵的感觉材料的话，知识定然是无内容的、任意的；它就将没有任何必须与之适合的东西了。而假如没有心灵自身所加予的解释或构造的话，思想就成了肤浅表面的，错误出现的可能性就是无法理喻的，而真与假的区分恐怕要变得毫无意义了。如果知识的意义只在于未经解释的感觉材料的话，那么这种意义就将仅仅由这些材料在心灵中的呈现来保证了，而每一种认知经验都必定是真实可靠的了。

当然，只重其中的一个要素而几乎完全排斥另一要素的理论也是有的。这样一些理论兼有两种类型——只重所予物的和只重能动的心灵的。神秘主义者、柏格森以及美国新实在论者——只略举读者心中马上会想到的例子——强调直接性。相反，唯心主义者（贝克莱这样的经验唯心主义者除外）则似乎会既把知识的形式又把知识的内容包括进由思想活动创造出的东西中。然而，一旦对这两类理论做更为仔细的考察，通常便会发现，这种区分原先也是被假定了下来的；只是由于过多关注于其他方面的问题，我们才难以弄清其真实面目。

在上述第一种类型的诸理论——它们将知识等同于某种纯粹直接性的状态——中，对认知经验的描述或分析是从属于这样一种企图的：确立某一类型的经验相对于其他类型经验的优越价值。例如，神秘主义者把他最为看重的那种经验解释为由他所寻求的那个超验对象直接呈现给他的心灵并与他的心灵融为一体的东西。但是，他也欣然认可日常非神秘经验中概念解释的存在及其所具备的决定性特征。只不过他把这种经验的对象斥为幻觉或纯粹的表象。在他看来，日常世界不是终极真实的；或者，至少其真实本性并不是在日常经验中被揭示出来的。真实的洞见发生在这样的时刻：由散漫无居的思想所生造出的那些区分和关系被一扫而光，实在如其所是地闪亮登场。此时，所有人都将"知识"一词限定在对实在的领悟上。因此，神秘主义者所持的那种导致他以不同的方式使用"真实的"一词的形而上学构想，也同样促使他把"知识"一词限定为"实在"在其中被领悟的那种独特的经验。他充分肯定乃至坚持认为，在被其他人信以为真正认知性的日常经验中解释的因素是存在的，他也承认这种概念因素表现了由心灵本身的构造或态度所导致的某种东西。

柏格森同样是本着形而上学理论，而非本着对日常经验的任意读解，才把最真实的知识等同于"直觉"的。在他看来，终极的实在乃是生命，或者是被内在地把握的"真实的绵延"。对于每一个心灵来说，这种东西本身都是某种直接性的东西，而要在它的其他呈现形式中领悟它，则只有借助于移情才行。柏格森把科学和常识世界看作是由心灵加予直接性材料

第二部分　形而上学与认识论

之上的构造或解释。他同样也明白，这种构造是由行动及社会合作方面的旨趣所主导的。但是，他认为导源于这种解释的空间世界并不是终极实在，因此，包含这种解释因素的认知经验就不成其为理论上充分的知识。总之，正如在神秘主义者那里一样，在柏格森这里，将知识等同于对直接所予物的直觉领悟所反映出的并不是在日常经验分析方面的根本差异，而毋宁是由否认科学和常识所认知的，是终极实在的一种形而上学理论所引起的，在被赋予"真实知识"这一短语的指谓方面的差异。

在当今所有这些仅仅依据感受性（receptivity）来描画知识的理论中，恐怕只是在新实在主义那里，这种对于所予物的偏好才没有反映出形而上学方面的偏好。在这里，思想（或曰关注）活动只是被描述为有选择性的；它可能会决定什么东西要被包括进知觉中，什么东西要被排除在知觉之外，可它并不对所予材料进行增补或修改。就心灵此刻便是对于此对象的认知活动（knowing），而对象此时正被这一心灵认知而言，二者被描述成相互符合一致的。

任何这样的理论都必定会因为无法令人满意地解释错误出现的可能性而显出自身的不完备性。就知识是纯粹的感受性而言，心灵在认知中与之符合一致的那种东西无论在哪种情况下都必定具备同样的客观性。或者至少可以说，这里没有为真实的与虚幻的领悟之间的区分提供任何根据。于是，我们便面临着这样的问题：镜像是否真的处在它们被归于其中的那个空间中呢？还有这样的困难：我们现在所看到的恒星很可能在1000年之前就不再从那一点上发出光线了。类似的问题数不胜数。新实在主义者可能会像霍尔特先生那样走得更远，主张矛盾的和不相容的东西也可以是客观真实的。[①] 或者，新实主义者会像蒙太古先生所做的那样，引入某种关于产生同一种大脑状态的多重原因理论，从而借助所引入的这种模糊性来对错误进行解释。但是，恐怕得这么说：除了将大脑状态等同于知觉所可能引起的问题，或者将再现主义因素引入否则便是纯粹"表象"的知识

[①] 《意识概念》，1914。

论中是否合适的问题之外，根据这种解释，似乎不可避免地要承认认知中的解释因素。只要知识的内容仅仅是同所呈现的东西符合一致的，知识就必定永远是真实的，因为大脑状态（或知觉）在所有符合一致的情形下都将只包含恰好那样一种原因多重性。大脑状态只能等同于在原因多重性方面相等同的东西——除非我们想要放弃这样的原则：等同于一个东西的那些东西是相互等同的。假如某个大脑状态或知觉意识的某种改变所意味的东西被张冠李戴了，那么，超出这种给定状态本身的内容之外的某种解释便成了错误的惟一可设想的基础。

而且，还存在着这样一个无法回避的事实：知识或多或少都具有某种**预言**的意义。就像贝克莱所指出的，一个观念或表象乃是另一个被预期的观念或表象的记号。若真是这样的话，则认知经验便可**归属于**感觉材料，但又不能仅仅**与**这些给予的材料符合一致。所谓认知便是去发现所呈现的东西对于当下没有如此呈现的东西是有意义的。正因为贝克莱未能将其理论意蕴贯彻到底，未能对所予物与并未如此直接呈现的东西之间的关系的有效性进行审视，所以才让休谟的怀疑论钻了空子。

任何一种知识论都会因为未能甄别并考察这种由心灵加予的构造或解释因素而受到损坏。认识不到这一因素的存在，便不可能为错误提供解释。而如果寻求不到其有效性的根据，则必然会导致怀疑论。如果不会导致通常所称的那种怀疑论，也至少也会导致像神秘主义这样的直接性理论所包含的那种关于日常认知的怀疑论。

强调建构性的心灵并将任何类如感觉材料的独立所予物排除在外的相反类型的理论所给出的解释也同样是带有形而上学偏好的。柏拉图的理论明显就是这样的。在他看来，感觉材料是与真知识不相干的，原因是只有超验理念才是完全真实的。不过，他也认为，在外部物理世界借以被把握的那种混合型的领悟中，感觉材料所占据的地位是显而易见的。

康德以后的唯心主义似乎也竭力主张把知识等同于仅仅由思想活动所产生的东西。可是，很难说唯心主义是想否认如下的事实："我此刻看见的是一张白色的纸而不是一棵绿色的树"乃是一种无法被我的思想的力

第二部分 形而上学与认识论

量所改变的感觉材料。很难说它是想否认任何意义上的所予物。事实上，这派唯心主义者很少直接论及这样的问题："思维活动创造了通常被称作感觉材料的东西吗？"这一问题对他们而言似乎并不重要，因为他们的形而上学观点并不依赖于它，而依赖于两个颇为不同的问题："缺了心灵的主动构造，还能不能有关于**真实对象**的任何领悟呢？"，以及"如此这般的感觉材料的存在是否构成独立于心灵而存在的实在的证据呢？"①

要是可以表明真实物的**客观性**永远都需要心灵的构造的话，那么对第一个问题就会有一个令他们满意的答案了。这一论点并不意味着否认所予物在上述意义上乃是独立于思想活动的，它只要求否认感觉材料的呈现本身可以构成有效的知识。我之赋予这种呈现以客观性，乃是下了一个判断，从而也是做出了一种思想行为。（把这种呈现看作仅仅主观的，也同样是一种解释）这种解释性的许可就是费希特作为"非我"的设定而着力强调的东西。除了作为这种设定之外，感觉材料既不是外在实在也不是显明的自我。在直接性中是没有主体与客体之分的。直接材料的所予性于是便**不是实在**的所予性，不是知识。因此，唯心主义者便会坚持认为，没有思想的创造性活动，便没有（真实的）对象。不过，这一点也没有否认存在着先于其被设定为真实物的感觉材料，存在着被赋予判断的被判断内容。然而，唯心主义者由于急于想把通常可从他的形而上学论点中抽绎出的相反寓意蒙混过去，经常会对此置之不理。

而且，对于唯心主义者来说，指出所予材料业已**在心灵之中**，远比探讨这些材料是否是由思想创造出来显得重要。如果被解释的材料和加予其上的解释都属于心灵，那么，被认知的客体就可描述为从两个方面来说都是依赖于心灵的；而从对知识的分析中是得不到关于独立实在的论证的。因此，唯心主义者可能不会承认，甚至不能清晰地认识到，存在着既不能被思想所创造也不能被思想所改变的，并且既不作为客观实在也不作为非实在而仅仅作为其自身的所予经验材料。

---

① 参见格林《伦理学导论》，第一章第十二、十三节。

唯心主义者的典型做法还有：指出纯粹所予性的瞬间乃是一种幻象，其材料乃是一种"非真实的抽象"。他会坚持说，没有构造就没有领悟；从而主体与客体、行为与所予物之间的区分必定是存在于思想**之内**的，而不是存在于思想与某个被思想的独立存在的东西之间的。这种考虑对我们具有更为重要的意义，下一章将就此展开讨论，但它并不意味着否认感觉材料的所予性。它只是主张纯粹感受性的、同所予物符合一致的精神状态乃是一种幻象——认为这种看法难于接受的只有神秘主义者和其他倡导纯粹直觉的哲学家。至于在将"思想"这一术语加以扩展以涵盖整个认知经验时所遵循的错误推理过程是否有一个端始，我们这里没有必要再多费心思了。至少，对于唯心主义的任何一个有代表性的论点而言，对所予物的否定都不是必不可少的。事实上，对日常认识中的这种因素的全盘否定足以让任何一套理论变得不可信。

既然如此，我们就有充分理由把下述看法当作人所公认的：经验中存在着这样两种要素：所予物及附加其上的解释或构造。不过，由于对这种看法的认可既过于空泛又由来已久，所以对待这种区分需格外小心。不管是在历史上还是在当代思潮中，这种区分都被赋予了不同的意义。而且，成堆的形而上学问题随之而生：所予物与真实物之间是何种关系？心灵如何进行构造或解释？可进行解释的这种心灵为何物？它是超越经验的吗？如果是，它怎么可能被知晓呢？如果不是，它又怎么可能凭借其所做的解释来限制经验呢？面对这样一堆问题，要是能首先抓住关键，我们便可望做出最好的回答。假如能弄清要探讨的究竟是什么东西，则只需摆出事实，便可逐步澄清问题。

在所有经验中都存在着我们能意识到的，不是我们通过思维创造出来也不能一般地加以改变的因素。我们姑且称之为"可感物"（the sensuous）。

此时此刻，我手中握着一管自来水笔。我这样来描述我当下经验到的这一物项时，我使用的是我学会了其意义的一些词。我把这一物项从我当下意识的总体中抽离出来，并以我所掌握的并反映着我所习得的行为模式的那些方式把它同当下并未呈现的东西联系起来。或许我记起了我关于这

第二部分　形而上学与认识论

样一件东西的第一次经验。如果这样的话，我便会发现，这样一种呈现当时对我并不意味着"自来水笔"。我把我当时并未带着的某种东西带入了当下这一时刻。我所带入的还有这一经验同其他实际的或可能的经验之间的一种关系，以及把当下呈现的东西与我当时并未将其包括于同一类中的那些事物归在一起的一种归类方法。当下这种归类法依据于这种经验与其他可能经验以及我的行为之间的那种被习得的关系，而这一对象的形状、大小等在当时还不是这种关系的一个标志。住在新几内亚的一名土著人并不会这样把它归类，因为他不拥有属于我的某些旨趣和行为习惯。在作为感觉性质的组合的这一事物的特征中肯定存在着某种东西，对我而言这种东西乃是导向这种归类或意义的线索。但是，恰恰这种性质复合体应被归于该对象的一个"钢笔"特征这一事实乃是某种被习得的东西。尽管如此，即便我是一名婴儿或一个无知的土著人，我当作经验中的所予物的东西在性质上也不会有多大的区别。

设想我的当下旨趣发生了一点变化。我把手中的这个东西描述为"一个圆筒"或"一块硬橡胶"或"一件便宜货"。在每一种情形下，这种东西在我的心灵中都是以颇为不同的方式被联系起来的，而我的可能行为同它相联系的那些潜在模式以及我对于它的进一步经验都是不同的。被称作"所予物"的某种东西维持不变，但作为其标记的特征，其归类方法以及它同其他事物与行为的关系则各有不同。

无论我以什么样一些词语描述我经验到的这一物项，我都**不只是**把它当作所予物来转达，而是借助于同一些关系，尤其是同与其他我认为是可能的但当下并非实际的经验的关系有关的一种意义来对它进行增补。进行这种增补所用的方式反映了我的习惯性旨趣及行动模式，亦即我的心灵的本性。婴儿可能像我一样看见它，但它对他将并不意味任何我把它描述成的那样一些东西，而只意味着"玩具"或"可咬在嘴里的滑溜溜的东西"。但是，不管对哪一个心灵来说，它都不只是所予的那种东西。它的某种意义也将被包含在经验中。所有被归于"意义"这个含义宽泛的术语之下的东西（除非直接性价值或感觉性质的特点也被包括进来）都是由心灵带入经验中的，正如以下事实所表明的，经验是可以随我的旨趣和意志而改变的。

被加于所予物之上的这种意义或解释或构造在两个相关而又不同的方面是有意义的。其一是这种直接呈现的东西同进一步的实际的及可能的经验之间的关系；其二是它同我的旨趣及行为之间的关系。同其他经验的关系乃是某种由有选择的记忆带入当下经验的。然而，在被应用于当下所予物时，它所表示的不是过去，而是与当下时刻相连续的一种实际的或可能的未来。因此，这种所予物便被置入了一种同将被给予或可被给予的东西的关系中，而这种置入是对它的一种可被瞬时的经验过程所证实或证伪的解释。另一种关系——亦即所予物与当下旨趣或态度的关系——指的是进一步的可能经验的瞬时过程与我本人的目的和行为之间的相互作用。由于我不仅进行着思考，而且还做出身体上的行为，所以我便作为一个部分地决定着将要呈现的东西的因素进入了将来的瞬时过程。因此，我的解释便预示着我本人的由当下态度所决定的身体行为以及受这种行为影响的进一步的经验。在所有那些我的解释可借以被当作并不预示着实际的未来而只预示着**可能的**经验的方式中，这种解释都很可能同我知道我可以随意采纳的那些行为方式以及我当时**会**期待的将来经验有关。

我称这样东西为"钢笔"，反映的是我要用它来写字这样一个目的；称之为"圆筒"，反映了我想用几何学或力学来说明一个问题的愿望；称之为"便宜货"，则表明了我决心以后在开销方面要更加小心。这些各不相同的目的预示着某些不同的未来事件会发生，而无论在哪一种情况下，这类事件都部分地是我本人的行为的结果。

解释因素与所予物之间的区分被下述事实进一步强调了：不管我们的旨趣如何，也不管我们如何进行思考或想像，所予物是不会改变的。我可以把这件东西理解为钢笔或橡胶或圆筒，但我无论如何也不可能发觉它是纸做的，是软的或者是立方形的。

一方面，我们可以凭借其不可改变性、其作为可感性质的特征这样一

第二部分　形而上学与认识论

些标准来把所予要素析离出来，可另一方面，我们又不能**如此**描述任何特定的所予物。因为无论以何种方式对它加以描述，我们都是通过将它归于某一范畴来刻画它的。我们有选择地强调它的某些方面，并以特定的、并非不可替代的方式讲述它。要说真的有不受思想限制的、存在于激情或伟大艺术品中的纯粹审美状态的话，那么，也只有当它们经由思想而变得清晰可辨时，才可以把它们传达给别人——甚至才可以把它们保留在记忆里。因此，从某种意义上说，所予物是永远无法言表的。无论思想如何对它进行构造，它都依然是未被触及、未经改变的。尽管如此，也只有哲学家才会暂且否认这种在关于任何思想活动都无法创造或改变的东西的意识中的直接呈现。

如果说我们现在已经把关注的目光投向了我们对希望作为其中的所予因素加以探讨的关于经验的事实的话，那么接下来就该着手澄清这一概念并应对各种可能的误解了。

最初的困难源自于"所予"一词的模糊性。在哲学中，这一术语大都是在至少接近于这里所指的意义上使用的。但是，它偶尔也被赋予了远为不同的意思：指谓哲学一般在一开始时便发现或视为当然的那些材料。而且那些在第二种意义上使用这一术语的人有时还让它带上了某种方法论之争的色彩，这种争论的矛头所指是这样一类观念："直接所予物"或"感觉材料"乃是认识论中所允许的解释范畴。

我这里不得不说的至少部分地已在上一章里澄清了。事实上，构成哲学思考的材料的乃是关于世界的深厚经验（the thick experience），而不是浅薄的（thin）直接所予物。我们所看见的不是颜色斑块，而是树木和房屋；我们所听到的不是不可描述的响声，而是说话声和小提琴声。我们最确切地知道的乃是对象以及有关它们的重要事实，这些均可在命题中陈述出来。这样一些关于对象及事实的初始材料把哲学问题提了出来，并在某种意义上构成了判定其解答的标准。因为任何一种哲学理论要是不符合或者无法解释这种广义上的经验的话，就理当被当作不准确的或不充分的而加以拒斥。

可是，如果坚持把这种前分析的材料当作一种终极的认识论范畴接受下来的话，便会终结所有关于知识的性质的有价值的探讨——或者会终结任何别的理智事业。只有在没有任何问题要加以解释的情况下，浮在表面上的东西才能被当成是终极的，否则的话，要找出任何一种解决办法都是不可能的。没有分析，就不可能在理解方面取得进展。

这里所理解的所予物肯定是一种抽象。除非存在着纯粹的审美状态（我赞同对此表示质疑的评论家的意见），否则在任何经验或意识状态中所予物都绝不可能孤立地存在。任何一种作为心理材料或经验瞬间的康德意义上的"杂多"都可能是一种幻象，而将它如此假定下来乃是一个方法论的错误。所予物是**在**经验**之内**的，而不是在经验之前的。但是，责难抽象过程便是责难思想本身。思想所能包含的不外乎就是某种无法孤立存在的抽象过程。除了具体共相之外，任何可提及的东西都是一种抽象；而具体共相乃是一种神话。思想只能做两件事：它可以借助分析把在其时间或空间存在中浑然未分的实体分开；还可以借助综合把分立存在的实体结合起来。只有神秘主义者或者设想要是没有大脑会更好的那些人才有理由反对分析和抽象。惟一重要的问题是："所予物"这种经过抽象而来的要素是否真的要在经验中来寻找呢？在这一点上，我当然只好求助于读者了。我希望读者已暂且认同这个词所要表达的意思了。以下我就在假定这一点的基础上继续下去。

不过，假定下这种暂时的认同之后，仍需避免用语方面的模糊性。我到现在为止一直把"所予物"与"感觉材料"二词当作大致同义的来使用，但后一短语略带有一些不那么适当的寓意。首先，作为一个心理学范畴的"感觉材料"可依据它们与传入神经中所发生的过程的伴随关系而同其他精神内容区别开来。借助于这种同神经过程的伴随关系的标准而做出的区分在认识论上可能导致两种反对意见。第一，这种东西或精神状态本身必须在这种伴随关系得以确定之前首先成为可准确辨别的。假如它可以如此被辨认，则这种伴随关系就不再是本质性的了，从而在借反思和分析的方法所进行的认识论探讨中便成了肤浅表面的。

第二部分 形而上学与认识论

第二，存在着这样一种更为一般的反对意见：把知识论这样一个带根本性的课题建立在得自于具体科学的区分之上是不合适的。涉及知识这个范畴及其一般性质的那些基本问题是先于特殊科学的，因此不能建基于它们的具体发现。对于心理学而言，这一点尤为重要。因为如何为它寻求到一种有效的方法乃是一个切近而又严肃的问题。如下这些问题本身都至少在某一方面是要涉及认识论的：我本人的身体为我所知的方式问题、愉悦或情感状态的主观性或客观性问题，以及我只能自己知觉的心灵状态与我可以在其他生命体上观察到的神经过程之间的伴随关系的有效性问题。

再者，心理学家在对心灵状态进行分析时所怀有的那些具体目标在认识论中可能是不合适的。"感觉材料"可能会意指同具体的感官的关系（就如同在味觉和味道之间的区分中所表现出来的一样），从而指示出一种不能由直接知觉做出的区分。其他一些并非严格可感的性质也是可被真实地给予的；一事物的让人愉悦或让人恐惧也可能像它的明亮或响亮一样是直接呈现的——对于这样的问题，我们至少不能怀抱成见。因此，根据同神经过程的伴随关系加以定义的"感觉材料"在我们的研究计划中不应占据什么地位。我们意欲探讨的乃是知觉、幻象及梦中的纯事实因素（不假定任何在先的区分）。

然而，如果这可以理解为心理学范畴的方法寓意在这里是不切题的话，也不会导致什么混乱。我仍旧可以提到所予物的"可感"特征：所意指的这种经验因素很难用除了这些抢先占据了地盘且含有歧义的术语之外的其他术语来指代。即便要冒含义模糊的风险，我觉得还是用熟悉的言辞要好一些，因为生造出来的专业行话在其准确含义可从其使用中找寻到之前也同样是模糊不清的。

还必须避免另外一种与此不同的模糊性。我们显然必须把所予物同被给予的那个对象区分开来。所予物至少在通常的情形下，乃是某种真实的东西的呈现；而被给予的（部分地被给予的）东西就是这一真实的对象。但是这一对象的什么性（whatness）包含着其范畴解释；被知晓的这种真实对象乃是加予关于它的经验之上的一种构造,并且包含着很多此刻没有被呈现出来的东西。

由于当前还存在着一些以不同的方式探讨直接性的内容的理论,所以进一步的评论仍然是需要的。①

一旦想到,就连对我们所感兴趣的东西的区分以及把我们所面对的对象的呈现从其余伴随着它的意识中抽离出来的活动,也至少部分地是心灵所做出的删减或抽象工作,我们就会被诱使做出这样的评断:严格地说,只存在着一种所予物,亦即柏格森意义上的真实绵延或意识流。我觉得,这种说法至少是接近正确的。绝对的所予物乃是一种似是而非的呈现,它了无痕迹地消退为过去又了无痕迹地成长为将来。把这种绵延分割成事物的呈现业已表明有一个带有成见的心灵在活动了。另一方面,我们也应对将所予物设想为一种平滑无间的流的做法保持警戒,这可能完全是虚幻的。经验一出现时便包含着某些断裂(disjunctions),它们在经我们的注意明晰化后便标志着事件、"经验"和事物的界限。一个视域或一种绵延借以被分割为部分的方式反映了我们的带有偏向性的态度,但是,注意是不可能在一个平滑无间的区域内标示出断裂。

构成事件及事物的界限的断点和差别既是给予的又是由解释构造而成的。小地毯铺在地板上或者雷鸣随闪电而来这样的情况也像小地毯的色彩或云团碰击的响声一样是给予的。但是,我发觉小地毯与地板的这种断裂具有一种小地毯上的皱褶所不具有的意义,这一事实所反映出的乃是我过去对掀起和铺上小地毯的经验。这块小地毯的具有认知意义的在地板上性(on-the-floorness),既需要视域中给定的断裂,又需要把它当成可移动的对象与坚固的支撑物之间的界限的解释。

即便所予物总是一个整体,我们在对知识进行分析时也没有必要对其整体性耗费过多的心思。我们所感兴趣的毋宁是我们出于平常的理由区分

---

① 对这些理论的进一步探讨不能放在这里进行。这里所做的探讨只不过是为了澄清所采用的术语和程序。尽管以下仍要提出一些批评,但我深知这种讨论无法完全深入下去。

第二部分　形而上学与认识论

出的"一种经验"或"一个对象"中的所予性因素。关于一对象的某种经验中的所予因素乃是"一种呈现"。这种呈现显然是一个独一无二的历史性事件。但是，就分析知识所要达到的大部分目的而言，视线所及范围内的一枚 50 美分硬币的一次呈现同其另一次呈现并没有多大差别。故此，要是我论及此物或彼物的"**这种**呈现"的话，那一定是建立在这样的假定之上的：读者可以提出他本人的描述。这里并没有想到要把这一事件本身和其可重复的内容等同起来。

在任何一种呈现中，这种内容要么是一种特定的可感特性（如红或响亮的直接性），要么是某种可分析为这样一种复合体的东西。一事件的呈现当然是独一无二的，可构成它的那些可感特性则不是，它们在不同的经验中是各不相同的。时下有人把这样一些特定的可感特性及由它们所构成的可重复复合体指定为"本质"。这里将避免使用被赋予这种含义的这一术语，只有这样才不至于把这些可感特性与普遍概念混为一谈。

正是"批判实在论"的似真性及其所犯下的根本错误共同导致了把逻辑共相和所予感觉特性都名之为"本质"而在这二者之间造成的混淆。正如下文将指出的，任何概念——或者任何像"红色的"或"圆的"这样的形容词——所指谓的都是某种比一个可分辨的感觉特性更复杂的东西。尤其是概念所指谓的对象必须永远具备一种超出当下呈现的时间跨度，这对于概念的认知意义是至关重要的。作为所予物的感觉特性，就其本性而言，是不具备这种时间跨度的。而且，这些特性尽管是可在经验中重复的，而且是本质上可识别的，但却是没有名称的。它们同逻辑学及传统哲学问题所涉及的"共相"是根本不同的。对于这一点的阐释将在后文展开。

对于"感知物"（sensa）和"感觉材料"（sense-data）的颇为类似的使用也可能会被证明是有害的。尤其值得一提的是，布洛德先生以一种赋予了它们所指谓的东西以可疑的形而上学地位的方式来使用这两个术语。例如，他这样说道："我们都同意，如果它们（感知物）是心灵状态的话，它们就必定是呈现物。可是，我们找不到什么理由认定它们乃是心灵状态……我们看不出有什么根本性的原因,导致了色斑或声音无法在未被感知的情况下存在。"① 在另外一处他这样写道:"我们亲知的一个感觉材料完全可能具有我没有亲知到的组成部分。因此,如果我说一种给定的感觉材料只具有我们注意并提到的那些部分的话,那么我很可能是搞错了。同样,很可能也存在着我无法辨识的性质上的各种差异。如果我说:我们亲知的这种感觉材料是整个儿由一块红幕罩着的,那么这一陈述就可能是错的。"②

到此已十分清楚了:我可能会对所予物做出错误的报告,因为我只有通过使用语言才能做出报告,而语言的使用则引入了并非被给予的概念。像本质理论一样,感觉材料理论也未能足够地深入下去,从而未能将真正给予的东西同由解释引入的东西区分开来。把一枚硬币称作"圆形的"要涉及解释,同样,把一个感觉材料称作"椭圆形的"也要涉及解释。以下情形当然也是真的:如果我把所予物报告为"红色的",那么我可能由于对颜色意义漫不经心而传达出一种错误的印象,另一个对此具有本质上并无不同的经验的人可能会报告说它是"橘红色的"或"紫色的"。同样,当一个艺术家说某物是"椭圆形的"时,我可能说它是"圆形的",因为我不习惯于把物体投射到平面上去。心理学家在处理关于内省的报告时遇到的那些困难,可能就是导致关于所予物的报告发生错误的原因。要对一种所予经验做出充分而正确的说明,就必须进行仔细的自我发问或者接受他人的诘难。但是,布洛德先生这里所指出的似乎是导致错误发生的一种完全不同的原因。他似乎是想表明,对于呈现于我眼前的同一个感知物,我可能在某一时刻把它看成红色的,而在随后的一个时刻又把它看成杂色的或者中间部分颜色更深的,如此等等。

如果我眼盯着一张卡片,一开始看见它是统一颜色的,随后又看见它是杂色的,那么我将很可能并且十分正确地报告说:这一表面的颜色具有

---

① 《科学的思想》,第 265 页。
② 《亚里士多德学会论文汇编》增刊,第 2 卷,第 218 页。

一种我一开始没有看到的性质。但是，这一陈述的主词是这张**真实的**卡片的**真实的**颜色，而这一陈述本身却并不是关于这种感觉的内容的报告，而是加在我感觉经验序列上的一种解释。它引入了主体与客体间的一种区分，而这种区分是同所予性无关的。当然存在着像一枚硬币的形状或一张卡片的颜色这样一种在我看着它——或者没在看着它——时不被注意地存在着的东西。这是因为这枚硬币的形状具有像这枚硬币所具有的同样一种持存的实在性，而且这种实在性是完全不同于这枚硬币在我的意识中的那种断断续续的呈现的。不过，我认为感觉材料理论的起始点便是为相对于我所看的**东西**的我所**看到的**东西，亦即相对于硬币的真实的圆性的其表象的椭圆性提供一个名称——如果不是一个居所的话。如此一来，被感知对于感知物而言便是本质性的；一个既不是真实的硬币的真实形状又不是它在一个心灵中的表象的感知物就不伦不类了。一个未被感知的感知物，或者一种在关于它的意识发生变化了的情况下依然保持不变的感觉材料，只不过是一类新的物体，它们并不因为旨在表明其现象学特征的不恰当命名而更好把握些。

被给予的东西可存在于心灵之外——不应当对那样一个问题存有成见。但是，为了能有意义地断言这种存在，关键要保证对下述问题有一种回答：假如被给予的东西具有这种独立的存在，这意味着什么？假如经验一般不具有这种独立的实在，就哪一点而言它是不同的？对于一个未被感知的感知物来说，很难看出对这样的问题能有什么样的回答。对感知物理论的主要反对意见是：它不仅舍弃了经验分析的基础，而且还陷入了形而上学。它用本质上不可证实的并且极为可疑的东西来说明直接的、无可置疑的东西。

对于这里将用"所予物"来意指的东西而言，具有本质性的一点是，它应当被给予。我们不消说，被给予的东西是一种"精神状态"，甚至不需要在任何比寓于这种所予性之中的意义更明确的意义上说它是"在心灵中的"。也不应该假定，以这种方式存在于心灵中的东西只是精神的。我们借以知晓对象的那种解释或建构的性质表明，所予物必定在某种意义上也是客观实在的一个组成部分。所有这些问题都是后来的问题。假如说应当有关于"在心灵中"的东西可能具有的那种实在的形而上学问题的话，也不必在超出可在这样的发现即经验内容的某些方面满足了所予性的标准中加以证实的东西的范围之外去期待对这些问题的解答。这些标准首先是指它的特定的感性特征，其次是指思想模式既不能创生它也不能改变它——亦即它不受心灵态度或兴趣的变化的影响。第二项标准是决定性的。单有第一项标准是不够的，个中原因将在下文交代。

  这种所予要素想必永远也无法被孤立地发现。假如这种知觉内容是先被给予随后才被解释的，我们便没有任何关于这种不受思想限制的先在直觉状态的意识，尽管我们确实观察到了把所予内容作为一种瞬时的心理学过程的解释的变化和延展（alteration and extension）。完全不受制于思想的直觉状态乃是形而上学想像的虚构物，只有那些想以一种可疑的假设取代对如我们所发现的知识的分析的人才钟情于它。这种所予物当然是一种经过取舍的要素，或者说是一种抽象；这里要说的只是，它并非是一种"非真实的"抽象，而是经验中的一个可分辨的组成部分。

（李国山　译）

纯 概 念[*]
(1929)

到目前为止，我们一直关注的是知识的两个要素，即所予要素与加于其上的建构或解释之间的区分，尤其关注的是所予物的标准问题。我们现在来探讨概念的或解释的要素。

在哲学讨论中，"概念"一词在许多不同的意义上被使用着，区分出其中的如下三种意义显得尤为重要：（1）它可能指人们在用一个词或短语去指谓某个事物或由对象构成的某个类时，心灵所呈现的心理学状态。（2）它可能指贯穿于某个人思想的某个发展时期，或者一门科学、一种文化，甚至整个人类的某个发展时期的一个词或短语的意义。（3）它还可能指一个术语的逻辑内涵。第三种意义可用字典定义加以例示——从而也就是逻辑研究中的"概念"的通常含义。

任何一个实短语或术语的用法通常都要经历一个发展变化的过程，无论是在社会的发展史中，还是在使用它的任何个人的发展史中，都是如此。这一术语的指谓通常会在这一过程中保持不变，尽管并不总是这样；我们把它应用于同一类对象，但我们对这些对象的共同本质的意识却体现出了一种学习的过程。这种学习可能体现在我们关于这类事物的经验的不断拓展方面，或者，它可能偶然地体现了我们对于被如此归类的熟知对象的普遍性质和关系的更为准确的理解。但是，如果一个词或短语的意义经

---

[*] 选自 *Mind and World Order*，1929，chapter 3.

历了演变，那么，不管这一过程如何普通，如何不可避免，又如何值得嘉许，为清晰明白起见，我们都必须认识到，这种意义却只是在某种通常的发生学的意义上才是一个单一的实体。而且，从逻辑上说，我们所具有的乃是一个由不同意义构成的序列。这些意义彼此关联，而它们相互联系的方式可能是重要的。当然，切不可因为认可它们的历史连续性而掩盖了它们之间的逻辑区分。

关于思想的经过发展演化而来的充分性的问题乃是一个有趣而又重要的问题，它把关于这种历史的和心理学的连续性的观念当成了其自身的基本范畴之一；而选择"概念"一词来指代这一范畴是很自然的。我无意对这种发生学的研究或者这一术语的这种用法提出任何批判。但是，切不可把这种心理学的和教育学的范畴同（譬如）逻辑学所要求的那种意义上的"意义"混为一谈。在这里，一种意义必须是准确而清晰的，或者必须是可被弄得准确而清晰的，而且还必须在它出现于其中的任何一种讨论中保持不变。任何一种心理学的或历史的过程均不会因为加在这个词的用法上的这种限制而失去其存在的合法性。但是，如果存在着影响到一个术语的含义的发展或学习的话，则我们所拥有的便是另外一种意义了。

我们这里最感兴趣的并不是心理状态。如果一位持意义情境论立场的心理学家说："无限对我意味着关于深黑、厚密的苍穹的影像"[①]，我们就不得不说这位心理学家把意义的本质方面与非本质方面之间的区分弄模糊了。他既不会把一个谈论∞这一符号的指谓的人误解为是在指称天空，也不会在自己的思考中假定无限是深黑色的。用"概念"来指谓这样一种心理状态或关联复合体，就是未能指明意义的客观方面与纯个人方面之间的区别。实际上，在作为意义的载体的心理状态乃是分立的存在而且甚至在自身的质的内容方面仍不是同一的情况下，意义如何可能是客观的和共享的这一问题，是关于意义的重要问题之一。

由于我们这里主要是想析离出知识中的那种我们可以有把握地当成客

---

① 引文来自蒂希纳。

第二部分 形而上学与认识论

观的和非个人的要素,所以我们将把纯概念定义为"必定为两个借助于一个名词或其对等物的使用实现了相互理解的心灵所共有的那种意义"(为简便起见,在本章的剩余部分我将把"纯粹的"这个限定词略去)。

意义可能具有这类客观性——这乃是科学或其他任何理智事业的一个基本假定。假如命题和概念没有任何客观性可言,也就没有真理这种东西了,思考或讨论也就不可能有任何严肃的目的了。必定存在着为在科学活动甚或仅仅在实践活动中相互合作的心灵所共享的意义。否则,合作便无从谈起。而且人们也无法摆脱这样的问题:这种共同的意义如何同各种具有意义的心灵或心理状态联系在一起呢?人们可以效仿柏拉图的做法来个快刀斩乱麻,把这种精确的逻辑意义全都从世俗领域内移开,并把它们确立为超验观念或永恒实体。这反映出了一种关于它们的价值的判断,却让我们同它们的交流成为难以企及的;它用对一种神秘之物的崇拜取代了对一个事实的说明。同样的评述可应用于任何一种类似于新实在论的学说,这种学说把概念实在(如数学中的)实体化,不由分说地将它们设定为客观实在,然后把我们对它们的理解视作心灵与对象的符合。人们并未对由逻辑学中的唯名论者和概念论者所提出的无数反对意见做出回应。他们是通过首先确立他们声称可以只作为某种在心灵之外的东西存在于心灵中的东西,随后又把心灵与对象的符合作为对这些概念对象也存在于心灵中这一事实的说明提出来而给出这些反对意见的。新实在论者在这里显然是以关乎物理知识的常识观点做比附的。那里有一块砖;我们都看见这块砖了,于是我们具有了一个共同的概念。同样——新实在论者似乎会说——那里有一个数学实体;我们都理解这种数学实体,于是我们具有了一个共同的抽象数学概念。即使在物理对象的情形中,在知识的共有可被理解之前,也还存在着各种需加以克服的困难。而在纯抽象或纯概念的对象的情形中,又多了这样的困难:这样一个对象不可能引起感觉。概念对象无疑具有自身合适的实在类型;但是,那种实在类型到底是什么,恰恰就是问题之所在。不能通过引入"中性实体"或"永恒对象"或"本质"这样的术语来解决这一问题。我们必须假定概念意义的客观性。但是,如果为了能可感地进行哲学探讨，我们必须在不知某物如何可能是真实的情况下假定它是真的，那么，我们的哲学就此而言便是失败的。

另一方面，我看不出有什么必要把共同意义问题作为专门任务交给心理学家，这尤其是因为他和我们其余每个人一样，必须一开始就假定这些意义的存在。意义必须在它可被联系于行为或语境或其他任何东西之前被以某种方式辨识出来。而且，它必须在个体心理差异与之取得联系之前被看作是以某种方式为两个心灵所共有的；假如它们与之相联系的东西不是某种意义上同一的（亦即 A 的状态联系于 x，而 B 的状态联系于 y），要在个体差异之间展开对比就成了不可能的。

个体间的心理差异确实给人以深刻印象。早在科学的心理学出现之前，怀疑论者便诉诸于它们来证明知识或观念的交流的不可能性。对于意象和情感而言，甚至在某种程度上对于感觉而言，特异性就是准则。而且，就像古代怀疑论者乐于指出的那样，涉及这些方面的任何交流都不可能获致最终的证实。绿色的感觉性质无法传达给先天的盲人；而如果我假定了某种让我关于绿色的知觉具有独特的感觉特异性的话，只要它不损害我像他人一样进行区分和连接的能力，我就永远也不会发现这种特异性。总之，只要心灵间的交流涉及的是关乎经验的感觉方面的问题，这种交流就是不可证实的，尽管假定不存在这种交流像是痴人说梦。

然而，共同意义显然确实逾越了知觉和意象的个体性差异。我们用语言传达思想。如果语言真的传达了某种东西，则必定存在着某种当我们相互理解时在我的心灵及你的心灵中是同一的东西。而假如我们的思想是客观的而不只是关于内省的报告，那么在我们二人的心灵中是同一的那种东西必定也是以某种方式同我们所知晓的那一客观实在有密切关系的。

假定我们在用物理学术语谈论物理事物，而且我们的讨论涉及了物理度量，我们想必具备同样的关于英尺、磅和秒的观念。若不是这样，讨论便无从进行。但是，若用心理学术语来表达，我关于一英尺的观念就要回溯到关于视觉上的"这么长"的某种直接影像，或者当我把双手分开所做的比划动作，或者这二者间的一种关系。一般意义上的距离意味着这类

第二部分 形而上学与认识论

视觉影像、肌肉感觉及疲劳感觉之间的相当复杂的关系。重量要回溯到肌肉感觉，即东西的"重"，而我们对时间的直接理解是为人熟知又难以描述的关于绵延的感觉。

依据这样一些术语，你关于一英尺或一磅的感觉影像会与我关于它们的感觉影像符合一致吗？我眼睛近视；而你有一双好眼。我的臂长；而你的臂短。如果我们举起同样一个重物，我们所费的力气是有差别的。每件事情都是如此。如果用知觉的强烈程度和辨识能力的高低来衡量，在两个人的感觉之间几乎总存在着细小的差别，而这种差异通常是很显著的。只有借助粗放而现成的术语，才能合理地假定我们的直觉和直接影像是类似的。知识论如此经常地忽视实为准则而非例外情况的这些差异，或者如此经常地误以为我们共同拥有的真知识建基于这种感觉内容的符合一致之上，实乃奇耻大辱。

就算对那些宏大而粗放的区分来说，又何以能保证我们的印象符合一致呢？试设想这样的事情：每当我看着你称之为"绿色"的东西时，我都得到了你通过说"红色"来凸显的那种感觉，反之亦然。假定就直接感觉性质而言我的整个波谱完全和你的波谱倒了个儿。甚至假定，在你是借助于耳朵而得的关于音高的感觉是等同于我借助于眼睛而得的关于颜色性质的感觉的。既然没人能直接窥视他人的心灵，而关于红色的直接感觉是永远也无法传达的，我们又如何能得知这些个人的特异性是否存在呢？只要它们不损害我像他人一样进行区辨和连接的能力，我就永远也无法发现它们。

再者，这对我们的共同知识又会造成什么影响呢？这正是要加以强调的第一点：直觉的特异性除了在关于某物的经验的审美性质（在同关于另一物的试验的审美性质相比较时）方面之外不必造成什么差别。让我们理所当然地假定：当我们谈到同一个对象时，一个人的感觉材料很少恰恰是另一个人的感觉材料。这种情况本身绝不会妨碍我们的共同知识或者观念的传达。为什么呢？因为我们仍然会一致同意，一码等于三英尺；黄色比蓝色明亮等等。换句话说，如果我们要定义进入我们的思想表达中的任何观念或概念的话，我们会以同等的方式定义它，并且会把同样的名词和形容词应用于同样的对象上。如果我们在这两件事上失败，我们的知识就成了真正不同的，把我们的思想传达出去的希望也会落空。因此，这些东西便成了共同知识的惟一的实践的和可应用的标准，有了这些标准，我们便可以共同享用关于我们所用术语的定义，便可以把这些术语同一地应用于所呈现的东西之上。

我当然并不是想争辩说，个人感觉因此便成了独一无二的。主观经验的某些差异是以某个人不具备像其他人一样的区辨能力为凭据的。对其余人而言，关于这种认同的问题最终只不过是无聊的玄想，因为我们无法对它进行考察。我想指出的毋宁是，在共同概念的确定或观念的传达上，彼此关联的感觉中的这种可能的特异性是完全可以忽略过去的。如果你我都把"红色"定义为太阳光谱中的第一个频带，都断言同样那些对象为红色的，那么我们用"红色"所意指的便是同一种东西。只要我们二人各自都在我们一致同意描述为"红色的"的每一样东西中发现了同样的感觉性质，则即使红色小地毯及太阳光谱中的第一个频带给予我们的都不是完全一样的感觉，也没有关系。

而且，如下情况是再明显不过的：除非一个人具有某种不管是他本人还是别人都视为其感官知觉的一个缺陷的特异性，否则我们借以获知事物的名称的这种方式本身便足以确保在这些术语的归赋一事上的一致性，而不管纯内在感觉有什么样的特异性。

就连那些表现为分辨能力的缺乏、感知范围的有限等等的个体特异性也不会阻止我们分享和传达观念，尽管它们可能会对学习过程产生不利影响。我们可以一起谈论真空管中的每秒 1.9 万次的振动且可以就此展开成功的合作，尽管我们中的某位人士对这种振动了然在胸，而其余的人则完全不得要领。我们都知道紫外线，尽管谁也看不见它，就像我们都能很好地理解月球的另一面指的是什么一样。可以肯定的是，这样的概念具有某种意义的必要条件是：我们可借助于这种意义借以得到阐释的那些术语，追溯到在我们看来是同特定的可分辨感觉性质相关联的概念。我们就是这

第二部分 形而上学与认识论

样克服我们个人的局限性的。我是通过"每秒1.9万次的振动"这种不仅对我,而且对那些把它作为一种音调来听的人来说都是确定无疑的观念来理解那种在我的听力所及范围之外的音高的。我们借以理解我们无法直接感知的东西的这种回溯过程尽管可能很复杂,很漫长,却不至于让分享概念和传达思想的愿望落空。这便是我们所有人在理解我们用"紫外线"或"电子"所意指的东西时都必须经过的那类过程,其客观性并不会受到下述事实的影响:就知觉的有限性这种情况而言,这种理解的间接性只是对我们中的有些人才是必需的。

证实意义的共通性(community of meaning)的方法主要有两种,其中任何一种均不依赖于感觉或意象的假想的共通性。我们要么给出我们所用术语的定义,要么以我们的行为展示它们的指谓。第二种过程显然不那么具有终极性。再多的事例也不足以惟一地确定一术语的指谓——亦即不足以确定哪些尚未被考察的事例可包括进来,哪些则应排除在外。这一术语的意义就是被举出的各种事例所共有的东西。一般而言,被列举的事例的数目越大,这些事例共有的其他性质的机会就越小,除了为这一术语的概念意义所必需的性质之外,但这种可能性永远不会被彻底排除。而且,要想以这种方式成功地展示意义,得仰赖意义领受者做出如下分析的能力:这种分析将正确地把为这些被举出的事例所共有的性质无一遗漏地析离出来。这种考察很重要,因为需习得的概念将会是很难分析的。这种方法——通过举例展示一种意义——由于具有这些缺陷而几乎只能用于传达这样一个词的意义,在这里概念本身已经是某种被分享的东西了,就像,譬如,教授者和学习者没有任何共同语言的情形。

定义的方法直接给出一种意义。在进行定义时,我们把一个概念归为其他概念;典型的定义把被定义项等同于一个由处在确定关系中的项所组成的复合体。如果只是你和我都根据 B 和 C 来定义 A,肯定是不够的,因为 B 和 C 对于我们可能意味着不同的东西。但是,如果 B 也是由我们二人以同等的方式来定义的,还有 C 等等,那么,这便是以确保共同意义,而不管意象有多大差异,感觉有何种特异性。这种借定义的比较来对意义的共通性进行证实的过程显然是不完备的，但它所表明的正是两个心灵中的一种真正的意义等同的本质。

从逻辑的观点看，这样的事实可以通过说感觉和意象本质上是个人的，而并不在意义乃是共同的、可分享的和可表达的这种意义上具有意义，而表达出来。必须把作为共同的、可分享的和可表达的意义的概念同感觉区分开来；这种意义得自于通过把一个概念用其他概念表达出来而确立的范型（pattern）。这些范型必须是同一的，必须为真正共同拥有观念并可以把它们相互传达的每一个人所分享。

从心理学的观点看，这种概念式的关系范型自然是一种抽象；除意象和感性材料之外，任何这样的概念都不曾存在于人类心灵之中。对于每一个体而言，都必定存在着概念与特定的感觉性质的某种关联。但是，概念与感觉的这种关联本质上是个人的；倘若它也是共享的，我们却无法证实这一事实，而它对于共同理解绝不是本质性的。如此定义的概念正是这样一种抽象：如果我们要寻找到关于我们都知道的那种实在的共同理解的基础的话，就必须做出这种抽象。在一个对我来说长得可怕，而对你来说短得出奇的日子里，我们约好三点钟见面，这表明我们拥有一个共同的世界。一"小时"并不是一种冗长乏味或轻松愉快的感觉，而是60分钟，是分针转过的一圈，是我们在精密记时计与距离、运动速率等等之间所确立下来的一种关系范型。

像逻辑分析一样，定义所确立的也是一种关系范型。我们在这种事情上都乐于采用鲍桑葵所称的"线性"思维模式，而且会轻易地假定，定义把一种概念意义追踪到别的一些概念，这些概念又被追踪到别的一些概念，直至最后到达某种最初的（或最终的）意义认同，而这种认同就是感觉或意象的认同。就个体心灵中的意义而言，我假定这是实情，我们对意义做追踪分析直至落脚于熟悉的意象。但是，我们直接参照感觉来理解的终极项仍包含某种概念的意义，它们并非是不可定义的。这种概念意义是可分享的，而我们的意象本质上则不可分享。因此，分析所得的这些终极项与分析所由开始的项并无不同。它们具有两方面的意义——关乎进一

第二部分 形而上学与认识论

步的概念关系的、逻辑的和可分享的意义，以及参照某个感觉性质复合体而得到的直接的、非可分享的意义。

主张意义分析必定会线性地追踪到其定义不可能是关系性的终极组成部分的观点，乃是一种主要导源于一个错误的隐喻的偏见。逻辑分析是依照由整体到部分的物理分割或者由混合物到元素的化学分析被设想的。但是，好思的读者会发现，所有定义最终都是循环的。经常是这样的情况：A 可用 B 和 C 来定义，B 可用 A 和 C 来定义，而 C 又可用 A 和 B 来定义。如果循环圈太小，被定义的意义很快就回到自身，这样的分析就很可能是不充分的。但是，若定义者与被定义者之间的关系是部分与整体间的关系，这种循环就不可能出现。而且，就这一点而言，好定义与坏定义间的区别仅在于循环圈直径的长短。字典中的词语，无论其定义如何完美，终归是自己定义自己。

逻辑分析不是分解而是连缀；把 A 分析为 B 和 C 并不是把 A 分割为 B 和 C 这样的组成部分，而只是找出把 A 和 B 与 C 联系起来的那些关系的一种范型。就其概念定义而言，词项很可以比之于空间中的一点。抛开同其他点的关系，一个点就什么也不是了：它的本质是关系性的。同样，离开其他概念意义，一词项的概念意义也就什么都不是了。还可以这么说，如果 A 的位置是参照 B 和 C 确定下来的，那么 B 和 C 以及其他的空间点最终也是以循环的方式在其同 A 的关系以及它们相互间的关系中确定下位置的。任何一个点的位置关系都是内在于其本质的，而且构成了这种本质。同样，一词项的诸确定关系（它们表示一个概念）是内在于这一词项的意义的，而且构成了这种意义。这样一个概念的本质就是它与其他概念间的内在的（本质的或定义的）关系。所有点都是最终根据空间排列而获得其位置的：没有任何点或点的集合以别的什么方式具有任何初始位置；我们只是把某个便利的或者标明我们碰巧所处的位置的集合选作一个任意的参照基础。同样，所有词项或概念最终只是在由所有意义组成的序列中才具有意义，而这一序列的任何成员都不是本质上初始的或享有特权的。

关于这种主张概念存在于意义的关系结构中的解释，可以提出两点质疑。第一，我们很少"在心灵中具有"任何这种关于定义的概念范型。当我们思及一词项的意义的一致性借以包含其他词项的意义的一致性的方式时，我们就会发现，这样一种关于意义的理想范型远远超出了任何人在任何时刻在心灵中有意识地具有的东西的范围之外。这样的情况再次出现了：当我们的词项的定义尚有些疑问和歧义时，我们却经常会在这些词项的用法上达成一致，从而似乎拥有了共同的意义。

与此相关的有这么三点情况：第一，除了公认的语言的模棱两可性之外，同样一个词在不同的场合还会传达不同的概念，尤其是它会传达一种或多或少被限制了的意义。第二，当一个词的指谓起支配作用时，就存在着其意义的清晰性的程度问题。第三，从实践方面看，意义的同一性存在于行为的隐含模式中，而包含于这些模式中的东西总是超出可在任何时刻清楚地呈现于意识中的东西之外的。

如果我同一位化学家谈论氦，或者同一位生物学家谈论细胞，我们会谈得很融洽。但是，若不用参考书，我就无法以一种在专家看来是充分的方式去定义"氦"或"细胞"。对我而言，"氦"意味着"一种比氢略轻的（或略重的——我记不清是哪个了）非可燃气体，由 α 粒子蜕变而来，并且是在太阳中被发现的"。我既不知道它的原子量，也弄不清它的光谱特征，而化学家会把其中的某个特征视作关于它的充分定义所必不可少的。但是，只要我们很投机地谈下去，"氦"的共同意义就恰恰如上所述。这种意义虽不如化学家的意义那么规范，却是包含在后者之中的，而且对我们的当下目的是足够的。如果我们的讨论要进一步深入下去，他可能会教我一些关于氦的知识，从而在谈话继续下去之前确立下来一个更专门的共同概念。我认可他的权威，并乐于把他的定义作为"氦"一词的"真实"意义接受下来。但这并改变不了这样的事实：符合我们的目的的这种共同概念可权且作为我对这一术语的不那么严格的理解。这样的事是司空见惯的。我们的实际的意义，亦即我们想传达的概念，比起我们所使用的这些术语的真实的或完整的或字典上的意义是受到更多的限制的。大

第二部分 形而上学与认识论

多数词语都可能传达一系列多多少少是完整的和准确的意义中的任何一个。因此，很可能在我们对我们的术语的定义意见不一致的情况下，我们也可以很好地相互理解。因为我们的讨论所要求的仅仅是某种受到限制的意义，这种意义是我们彼此双方的定义都涵盖了的。

第二，从某种意义上说，我们显然可以在心灵中拥有某种意义，但此时此刻若不经过进一步的思考，我们是无法将它陈述出来的。若要对思想或言语做任何真正的解释，就一定不能忽视这一点。对知识的压倒一切的兴趣乃是实际的行动兴趣。在面对某一特定类型的经验，而对一种行为所意味的东西的明确认可尚未进入意识，甚至没有被考察到的情况下，一种意义可能就已经隐现于这种行为的一致性之中了。我们必须假定这便是孩子早期使用语言的情况。而在这种意义上，我们或许可以说，意义必定是在可被意识到之前就隐含在心灵之中了。事实上，我们可以提出这样的疑问：要不是因为由于意义不明确而引起的那些实际困难，是不是任何意义都是无法被意识到的？我所指的这些困难是：由两可情形下的犹豫不定或前后不一的行为所引起的困难，以及由误解——亦即当同一词项在表面相同的意义下被使用时所引出的不相称行为——所引起的社会性困难。

乔赛亚·罗伊斯过去常在课堂上谈及词项意义的清晰性的三个等级。① 当我们得以适当地把我们亲知的任何对象作为属于或不属于某个类的而接受或拒绝时，我们达到的是清晰性的第一等级。清晰性的第二等级则进一步涉及如何正确地把那些与我们先前所亲知的对象不同的对象进行归类；就是说，如何不仅对熟悉的事物，还对不熟悉的事物，不仅对实际的对象，还对所有可设想的对象做出"要么 X 要么非 X"的二元对分。清晰性的第三等级在于设立借以确定这种分类方法的标准的能力。这最后一个等级当然就等于是定义，是对这一概念的明确把握。心灵显然可以在不拥有第三等级的清晰性的情况下拥有第一、第二等级的清晰性。不消

---

① 他经常把这种区分法归于皮尔斯，但皮尔斯在"如何把我们的观念弄明白"一文中的讨论并没有把这一点说得很准确。

说，甚至在我们在通常的意义上拥有这种最高等级的清晰性的情况下，每当我们顺顺当当地使用一个词项时，这种定义都不会明明白白地呈现于心灵之中。

每当一个词项被理智地使用时，心灵是否都拥有一种意义？——关于这一问题的任何争论都是徒劳的，因为这种争论只是字面上的。有关的事实都已足够清晰了。我们每个人都能证实这一点：就其在我们无力立即指出我们所做区分的根据的情况下便确定下一种一贯的行为模式（如对一词项的前后一贯的使用）而言，心灵是拥有意义的。有关这种情况的心理学无疑是一个困难而重要的话题；但这不是我们所关注的。否认在没有这种对本质性的东西的清晰意识的情况下被使用的词项具有意义，乃是对语言的正常用法的违背。这尤其是因为词项的使用，就像其他审慎的行为模式一样，通常是一个习惯问题，往往包含着对在其中行动模式被更清晰的意识所确定的先前经验的反思。同样，否认在存在着行为的或有意识地确定的态度的一致性（这种一致性并不直接牵涉到语言的使用）的地方有意义存在，也是不正常的。在这样一些情形下，心灵不仅在这种一致地决定的态度的意义上具有意义，而且还在下述更进一步的意义上具有意义：在这种态度已具备自我意识的情况下所提出的这种意义如何清晰起来的问题，以及何为其本质的问题，实际上业已隐含在这种态度本身之中了。存在着体现于行为的迟疑及自暴自弃中的所谓态度错乱这种东西，就像在词项的使用以及我们的清晰概念中可能存在着不一致性一样。正是这种犹豫不决促成了使意义彰显出来的那种自我意识和自我批判。假如意义不能在这种态度和行为自身中呈现并确定下来，也就没有什么可被意识到的东西了。对象并不能把自己归类，也不能自带标签地进入经验。由心灵带入给定经验并表现出其意义的进行归类的态度或行为模式规定着清晰的概念，并且业已隐含地拥有了它。

然而，如果有人据此控告我在对"概念"的定义中，在一种比喻的及匹克威克式的意义上使用了"对两个心灵是共同的"这一短语的话，我会认罪。我会强调指出如下这一点，以求从轻发落：如果一开始就引

第二部分 形而上学与认识论

入为严格精确性所要求的所有条件和说明的话，肯定会导致混乱，而且实际上是不可能的。我只不过按惯例把由有意识的态度所理想地决定的东西归于了心灵，尽管这种东西并不是清晰地呈现于意识之中的。此间所用的每一种便利构想现在都可以撤出，并代之以一种精确的对等物。概念乃是诸意义的一种确定的结构，这种结构便是可完全证实两个心灵在借语言的使用以达到相互理解时的符合一致的那种东西。这种理想的共通性要求由相互关联的含义所构成的一种范型的符合一致，这种范型是由合作的、有目的性的行为所勾画的，同时也是这种行为所必需的。它并不要求意象或感觉的符合一致。因此，从心理学上看，这种概念既是一种抽象又是一种理想物，尽管比起通常被归于心灵的大多数事物来，它不是在更高的程度上或者在不同的意义上作为这样的东西的。意义的共通性和关于实在的真实理解，与其说都是现存的事实，不如说都是规划中的理想。我们把它们当作我们的目标所指的东西，以及若接受它便可为我们的实践活动带来价值的东西加以研究。正是这些作为理想的抽象物的概念，必定是隐含地呈现于我们的实践活动中的，也正是它们构成了从根底上支撑着我们关于我们的共同世界的共同理解的那种解释要素。

（李国山　译）

先天真理的性质及知识中的
实用要素[*]
(1929)

  在经验中,心灵面对着混沌未分的所予物。为求得适应并实施控制,它试图在这片混沌中找到或者为之加上某种稳固的次序。通过这种次序,可辨明的物项便可成为未来可能性的际记。我们试图借此确立的关乎差异与关系的范型便是我们的概念。这些概念必须在特定的经验之前被确定下来,而且它们要应用到这种经验中以保证所予物具有意义。在我们的解释标准得以确定之前,任何经验都不可能是任何事物的标记,甚至不可能回答任何问题。因此,概念所代表的乃是心灵带给经验的东西。先天真理来自于概念本身。这种事情的发生分两种情况。首先,存在着在纯数学中得到最清楚体现的那类真理。这类真理表现的是在不参照任何向经验的特殊应用情况下对抽象概念的阐释。其次,应用于所予物的概念所展示的是解释的先定原则,是我们借以进行区分与连缀的标准,从而也是借以辨别任何一类实在的标准。这最为明显地体现在那些决定实在的主要种类、可称之为范畴的基本概念的情形中,尽管也可以说它是适用于一般意义上的概念的。

  就真理借以被独立于或先于经验确立下来的这两种方式而言,真理所表达的是对概念本身的阐释。先天真理并不是某种经验内容框定范围的实

---

[*] 选自 *Mind and World Order*, 1929, chapter 8.

第二部分 形而上学与认识论

质真理,而是定义性的或分析性的真理。

这种表达着次序原则及实在标准的、定义性的或阐释性的真理满足上一章论及的所有那些要求。由于它乃是关于我们自己的阐释态度的一种真理,所以它并未给经验的未来可能性加上任何限制;我们无论在什么经验面前都可坚持的真理便是先天真理。而且,尽管它表达了心灵本身对知识的贡献,可它并不要求这一心灵是普遍的、绝对的,也不要求它是一种高出其知识的对象一等的实在。没有必要将先天真理视为由一个超验的心灵所做出的神秘设定,也没有必要把由其直观形式所限定的对象看作仅仅是现象的。因此,作为终极实在的心灵与其并非终极性的对象之间的区分消失了。如此一来,认知心灵便不是什么难事了,而把先天真理当成是由我们自己的主动态度所确定的,也就顺理成章了。单凭对我们自己的分类及解释原则所做的反思性的和批判性的表述,先天真理就是可知的。这种设定可视为我们自己的行为,因为实为定义性的而非关于经验内容的实质真理的先天原则是有替代者的。一种不同的行为模式是可能的,并且可造成明显的差别——按通常的责任标准,这种情况可看作是由心灵本身造成的。假如不可能抑制住我们的行为,或者不可能以另外的方式行事,便不可能有可见的活动——实际上,也就没有行为了。就像我已指出的,假如先天真理源自于一个以一成不变的方式行为的超验心灵的话,它就永远不可能被认作是我们自己的造物,或者永远不可能同那些由于独立实在的本性所造成的生活事实区分开来。可认作先天物的真理必须满足以下两个表面上相互矛盾的要求:它可被事先认作是适用于所有经验的,并且它是有替代者的。分类或解释原则能满足这两个要求,因为一个定义或一条规则的替代者并不是对它的否定,而只是用另一个定义或另一条规则取而代之。因此,先天真理的确定在某种意义上类似于自由选择和谨慎行动。

这也可用于应对读者可能已意识到的另外一个困难。要是先天真理是由心灵造出来的话,心灵自然也可以改变它。无法保证先天真理在一个种族的或一个人的整个发展史中均保持为固定不变的和绝对的。从这里所提出的观点来看,这并非是什么困难,而只不过是对一种有趣的历史事实的说明罢了。理性主义者关于一个绝对的人类理性的成见生造出了一种作为固定不变的心灵模式的范畴的人为拔高的并且不可能的构想。所造成的一个后果是,把这种构想的用处加以限制,以使通常可称之为"物理学的范畴"或者"生物学的范畴"的东西不能作为"这类范畴"的实例,因为任何一门自然科学的基本原理和概念都显然是随着这门科学的发展而逐步发生变化的。这反过来又可使范畴次序要素——这种次序无法仅由经验事实来决定,而必须由科学家本人在提出自己的问题并确立借以解释实验结果的意义的标准的过程中提供出来——在科学中所发挥的重大作用黯然失色。因此,人类知识的最激动人心的范例在认识论探讨中却一直很少被当作立论的根据。

假定我们的范畴乃由某种最初的人类禀赋永恒地确立的是一种迷信,这种迷信可比之于初民的如下信念:他们的生活及文化的一般特征是无法追忆的,并且有着超自然的源泉。我们的思想世界的宏大区分之不同于我们的祖先所做出的区分,正如同我们的现代机器之不同于他们的原始工具,也正如同我们的地理学及天文学景致之不同于他们的受绵延的群山环抱或赫拉克勒斯之墩阻隔的、笼盖在苍穹之下的世界。某些基本范畴无疑是非常古老而久远的,如事物与性质、原因与结果、心灵与身体等,而有效推理关系无疑也是与人类心灵共生共灭的。但是,即便是在这一点上,若想假定完全的同一性和连续性,也难能与事实保持一致。

例如,对于所有原始人以及某些并非原始人的人来说,事物的性质并不像我们所认为的那样是处在时空中的。几乎每一种东西都可成为护身符或崇拜物,其作用会在它被火烧毁或被吃掉之后在某时某地(不假借任何东西地)发生。事物还有自己的对等者,它在另一个世界中活动,其影响神秘地渗透进我们称之为"自然"的领域。而且,物理学中长期积留的超距作用问题也日甚一日地困扰着我们,并且还会同那些有可能再次让我们消散于时空中的一切"物质事物"的有关物理解释的新问题携起手来。它将在无限延展的时空事件中获得自己的表现形式,甚至展现自己的存在本身。

第二部分　形而上学与认识论

　　现在的身心区分只是大致相当于古代思想中的那种区分。关于作为惰性物质的身体以及不占据空间的心灵的观念只是随着偕同希腊神秘思想及基督教一起降临欧洲的秘宗思想的出现而出现的——这几乎是人所共知的。这种区分模式是同身体、心灵、精神这种三元区分以及更具东方文化意味的五元或 n 元区分相对立的。现代科学在生物学领域所承受的压力以及我们当前对个体的这种二分性质所感到的不安，显然预示着同笛卡儿式二元论的某种偏离。

　　我们的范畴的名称可能是古老而稳固的。但是，作为对它们所代表的东西进行归类和解释的模式的概念则会随着思想的进步而逐步改变。

　　体现在逻辑和语言形式中的那些思想模式或许比其他思想模式更基本。而且，比之于那些只有持之以恒且富于想像力的研究者才能约略把握的更为深层的形式，我们当作清晰明白的范畴的东西很可能总是肤浅的。因为前者是如此接近我们的存在的精髓，又如此包罗万象，以至于几乎无法用有意义的表达式把它们表达出来。这些东西可回溯到这样一点上，在这里心灵与客观对象是连续的，而且是与之不可分割的。因为只有在我们理解了或者隐隐约约地设想出了我们若不是现在的我们又该是什么样子的情况下，我们才能获知自身的本性。只有当心灵可造成一种可见的差别时，我们才能识别心灵的在场。假如我们像理性主义者所假定的那样——亦即为实在加上一道坚固的形式防护罩，在这道防护罩之外心灵本身永远也无法窥得其一斑——来设想心灵的话，那么，这种完全普遍的且永远无法逾越的形式就不可能获取自我意识。它将会保持为——用费希特的术语说——"从未有人思想过的伟大思想"。它将不会是关于心灵的而是关于客观实在的；它将是永远只设定条件却不可能被知晓的绝对者。但是，唯心主义的理性主义者是不可能二者兼得的；可如此辨识的心灵实际上是有限的，而且是由可见的藩篱隔开的。我们自然得假定，心灵因此便是同最终的神秘之物——存在者的存在性——相连续的；在对心灵进行思考时，我们所思考的是某个伟大事实的一个方面：在这一事实面前，所有清晰明白的思想都沉默了。但是，范畴并不是没有替代者、没有疆界的无形式者的形式。它们乃是那种如果超越了它们便必定是属于另一范畴的东西的明确界限。它们是一般的可理解物内部的区分,而不是可理解性本身的形态。

最好必须弄清楚的一点是,这里所提出的这一构想并不暗示,由于先天真理是由心灵造出来的,是可以改变的,所以,就其是不定性的而言,它就是任意的。它不是也不可能是由所予物所决定的这一事实并不意味着它不符合任何标准。由纯数学所例示的那类先天真理只符合于自身一致性的标准。只是就这样一种纯分析系统的建构是脱离开任何关于应用的考虑的而言,其真理才是关于体现在其基本概念中的那些初始意义的真理。但是,如果概念要应用于经验,先天原则要用于确定分类和解释模式,情况就不同了。在这里,心灵仍不受制于任何可能的经验内容。但是,知识有一项实际的事务要完成,那便是它所要服务的行动旨趣。在面对总是或多或少令人迷惑的经验和我们欲施以控制的愿望时,心灵活动模式契合于我们要求理解的愿望。还有另外一个因素可帮助我们确定,哪一些进行尝试性理解的模式会是最容易、最广泛地得其用武之地的。一方面,理性主义者所假定的那种为每个人所完全而普遍地拥有的绝对人类理性乃是一种神话,可另一方面,作为一个动物物种的人却具备着标明他是如此一些特征,而至少其中的有些特征是反映在人类思想的孜孜追求上的。有些思想模式比起其他一些只是可能的、在经过拓展的经验足够多地改变了我们的问题的情况下便会被要求的思想模式,是更简单、更易于为我们所接受的——正如有些身体移动模式是更容易、更自然的一样,尽管这些模式到了一个有足够多的汽车和飞机的环境中会发生某些改变。而且,我们的思想模式间的根本类似性——它代表的是标明我们的原初心灵禀赋的任何一种性质上的共通性——是不断受到如下事实的加强的:单个人的需求大都是由同他人的合作来满足的。"人类心灵"显然是一种社会产物,而我们的范畴将反映这样一个事实。

总之,尽管先天真理既不受经验中的呈现物也不受人性中的任何超验的永恒的因素支配,可它仍然符合可一般地称为实用标准的那类标准。怀

第二部分 形而上学与认识论

着需求和旨趣的人类动物遭遇着这样一种经验,在其中,这些需求和旨趣当可得到满足。无论是这种经验的一般特征还是这类动物的本性,均可在标示着他实现这些目标的企图的行为模式中反映出来。就像在别的事情上一样,这种情况也适用于他的思想范畴。而且,也像在别的地方一样,在这里,结果是通过这样一个过程而得到的:在其中,暂且假定下来的态度、对预期实现的目标的失望以及行为的相应改变都将发挥其应有的作用。

要确证这种关于先天真理的构想,只有全面而详细地考察主要的思想范畴以及常识和科学说明的主导原则。这项任务当然不可能在这里完成。我最多只能提供一些例证,但愿它们都是有代表性的。

一般先天真理的范例就是定义。下面这一点一直都是很清楚的:可先于经验被把握的最简单、最明显的真理案例就是阐释性的命题,以及那些可借助纯逻辑分析从定义中推出的结论。这些真理是在所有可能情境下必然为真的,因为定义是设定的。不仅被赋予语词的意义或多或少是选择的结果——这种考虑相对不那么重要,就连定义所体现的准确归类借以被采纳的方式也是某种不受制于经验的东西。假如经验是另外一种样子,定义及相应的归类或许成了不方便的、无用的或荒唐的,但却不可能是假的。心灵做出归类并确定意义;在进行这种工作时,它创造出了缺了它便不可能有其他真理的真理。

传统上,被视为分析的命题常常不被归在先天真理之列。它们被当作不起眼的,有时甚至只被当作字面陈述而不被当作真理看待。

造成这种傲慢态度的原因主要有两个:首先,这样的事实被忽略了:实在本身是因定义而异的,而实在与非实在的二元区分乃是遭遇经验的心灵必须做出的第一个基本归类;第二,纯逻辑分析的磅礴气势和伟大后果尚未得到理解。

逻辑分析的这种威力最明显地体现在数学中。数学作为先天真理的一个范例的历史重要性无需多费唇舌。几乎可以说,关于先天真理的传统构想就是欧几里得几何学所投下的一串历史影像。但是,自康德时代以来,数学的辉煌已丧失殆尽。而正是基于业已来临的这些变化，传统构想被证明是完全不可能的。对于这一发展进程，读者想必是耳熟能详的。这里只想提及它的几个显著特征。

尽管柏拉图早已预料到了当今流行的一些数学构想，但是，导致这些构想被接受下来的那场运动主要是从非欧几何的发现开始的。显然不可能依据关于空间（无论是纯粹的还是经验的）和直觉来发展出这样一些系统。假如欧氏几何适用于我们的空间，则这样一些非欧几何系统都不可能适用于它；而假如欧氏几何是不真实、不确定的，则假定我们可依赖于关于空间的直觉就是没有根据的。因此，在发展非欧系统时，所有的做图法（如辅助线）以及任何一个不依赖于纯逻辑而依赖于空间特征的证明步骤都必须被排除。如果一个证明步骤不能仅凭严格的逻辑就采纳，那么它就是不可能被采纳的。在发现可以不求助于任何逻辑之外的帮助而发展出非欧几何系统的同时，一种对欧几里得的类似修正也在进行着，那就是排除所有对做图法、叠加及其他诉诸空间直觉的做法的或明或暗的依赖。这种新方法连同某些必要的通式，一起构成了所谓的"现代几何学"。

随后又有人证明，除了几何学之外，其他一些分支学科也同样可借助这种演绎方法从少许几个假设发展出来，并且同样不依赖于经验材料。从而所有纯数学都成了抽象的，就是说，成了独立于任何特殊应用的。因为如果所有定理都是从定义和公设中逻辑地推导出来的话，那么，我们便可随意改变我们所赋予像"点"和"线"这样的术语的指谓，而一点也不会对任何证明步骤造成妨碍。无论"点"和"线"意指什么，只要给定关于它们的假设，这些推论——这一系统的其余部分——都一定是与它们相适合的，因为定理是借助于严格的纯逻辑的演绎从这些假设中推导出来的。

因此，关于数学真理的应用问题便是同其数学的或逻辑的完整性完全分割开的。随之而来的还有其他一些变化。初始假设的"真"只在下述意义上才是有意义的：它们所展现的关于逻辑关系的某些范型要自始至终坚守下去。"公理"这一术语被代之以"公设"或"初始命题"。出于逻

第二部分 形而上学与认识论

辑简单性的考虑，可给出同样的命题系统的其他可选择假定组也是考察的对象。哪些东西是应当被初始地假定下来的，哪些是要加以证明的——这是只关乎这种逻辑简单性的问题。人们已习惯于把数学真理视为假定性的，或者把数学所断言的东西只看作公设与定理之间的蕴涵关系。它是关于由初始定义或公设所确定下来的逻辑关系的某些范型的真理。

而且，下面这一点也变得清楚了：被称为"定义"的那些假定与被称为"公设"的那些假定之间的区分相对来说是任意的、不重要的。从逻辑上看，以下两种情况除了在程序的简单性方面之外不会造成别的什么差别：一种情况是，一系统的次序在多大程度上是由命题确立的，其中的"是"意指逻辑等同关系；另一种情况是，一系统的次序在多大程度上是由命题确立的，其中的"是"只意指概念间的单向蕴涵或者把某物归类。由于纯数学概念的内容只是由它们所造成的那种次序，所以本质关系作为这些概念的定义性意义借以被展现出来的那种发展方式是最适合于这一学科的本性的。

这一数学方法的最近一次精致化是由怀特海和罗素在《数学原理》中完成的。他们在该书中证明，除定义之外，数学的所有初始假定都是可摒弃的。数学真理仅仅是从那些借纯逻辑演绎展示其概念的意义的定义中得来的。因此，关于数学真理的判断完全只是分析的；任何综合判断（不管是先天的还是后验的）都不是纯数学知识所要求的。这一学科的内容完全是由对抽象概念的严密逻辑分析构成的，全然无赖于任何感觉材料或直觉模式。体现这些概念的定义只在下述意义上才被要求是真的：它们应该是准确而清晰的；它们的表述方式体现着心灵的某种动作，这种动作是立法性的或创造性的，并且在某种意义上是任意的；它只符合于自身一致性标准，以及相对于这一系统本身的构建所欲达到的任何目的的恰当性标准。尽管仍然可以说"没有规诫的概念则空"，但必须得承认，存在着一类关于"空洞"概念的知识。要想不承认这一点，只好把"知识"这一术语加以限制，从而把纯数学和逻辑学排除在外。这种先天分析知识的重要性在这些学科相对于所有其他科学的基础地位中得到了见证。

纯数学居于逻辑学与数学的经验应用之间。就某些方面说，逻辑学是对先天真理的最典型的阐释，因为逻辑规律乃是最一般的。除非首先被理所当然地视作自我确证的原则，否则，逻辑规律就是无法证明的。它们澄清了关于所有解释和我们的一般归类模式的基本原则。而且它们没有为经验内容施加任何限制。有时我们被拉到"非逻辑的"鬼怪面前去发抖，以让我们事后庆幸自己通过使实在有赖于心灵而逃过此劫。但是，"非逻辑的"一词纯属毫无意义的怪物。试问，何种经验竟可蔑视"任何东西必定要么是要么不是"，"任何东西都不可能既是又不是"，或者"如果 X 是 Y 并且 Y 是 Z，那么 X 是 Y"这样的原则呢？如果说有任何可想像的或不可想像的东西可以违反这些规律的话，那么持续不断的变化事实则每天都做着这样的事情。逻辑规律是纯形式的；它们所禁止的只是与词项的使用及相应的归类与分析模式有关的东西。矛盾律告诉我们，任何东西都不可能既是白色的又不是白色的，但它并不告诉也不可能告诉我们，黑到底是不是不是白或软，或者方到底是不是不是白。要发现什么跟什么相矛盾，我们必须求助于更多的特殊考虑。同样，排中律所表达的是我们的这样一种决断：任何一种东西，如果它不被某一词项所指代，那么它一定被它的否定所指代。它表明了我们为每一个名称做出一个完全的关于经验的二元区分的目的，而不是——就像我们可能会选择的一样——依据一种三元区分划分出对立的两极和处于这二者之间的一个中间地带。我们对这种三元区分的拒绝只代表我们对简单性及类似考虑的嗜好。

其他一些逻辑规律的意义也大抵如此。它们是关于程序的原则，是理性思想和行动的审慎规则。这些规律独立于所予物，因为它们不加给它任何限制。它们是立法性的，因为它们是提给我们自己的——因为定义、归类和推理并不代表事物世界中的运作过程，而只代表我们心灵的范畴态度。

此外，逻辑规律的终极标准是实用的。确实，它们怎么可能是别的什么东西呢？逻辑真理并不是实质真理，而是关于自身一致性的模式的真理。由于这种情况，除了作为其他一切东西的一致性的检验标准之外，逻

第二部分 形而上学与认识论

辑还必须是其自身的一致性的检验标准,从而也必须是其自身真理性的检验标准。但是,如果逻辑检验其自身的真理的话,那么什么东西可资作为并非只涉及随意选择的真正逻辑问题中的真理的检验标准呢?比起那些精通逻辑探讨的历史并有权对之做出评价的人来,那些假定存在着一种每个人如果理解了它并且也理解了自身便会一致同意的逻辑的人,显然过于乐观了些。事实是,正如我在上一章所指出的,存在着数种明显互不相同的逻辑,其中每一种都自成一体,无论谁使用它,只要避免错误的前提,就永远不会得出错误的结论。例如,罗素先生把他的逻辑建立在一种蕴涵关系上,其结果是:如果从一张报纸上剪下 20 个句子,把它们放进一顶小帽子里,然后从中随机地抽出两个来,那么其中的一个必定蕴涵另一个,而且,两者相互蕴涵的机会是均等的。《数学原理》的整个结构就是建立在这样一个如此远离日常推理模式的基础之上的。这种逻辑是彻底自身一致的,而且是凭自身有效的。比这更离奇的还有的是。逻辑的真正问题是那些处在这样一些只是涉及逻辑系统的自我检点的完整性的问题之上的。它们是这样的问题:除了依据人类嗜好和理智便利的实用基础之外,它们就是无法确定的——甚至是无法为之辩护的。我们一直无视这样的事实,而且大量的好纸好墨就被试图依据什么别的东西来论证只是关乎便利或价值的问题的逻辑学家白白浪费掉了——这种情况本身就反映出了关于先天真理的传统构想所犯下的错误。

纯数学和逻辑学例示着这样一类先天真理,它们具有最高程度的相对于经验的抽象性——其概念是如此地带有一般性,以至于我们都可称之为"空洞的"了。关于这些先天真理可能会有这样一个问题:当我们试图将它们应用于经验时,是否就不会有一类完全不同的问题了?例如,人们可能会说,当几何学变成抽象的并去除了所有对我们关于空间物的直觉的必要参照时,涉及有关空间的真理的问题就成了一个完全独立的问题,一个必定要参照直觉形式或类似的东西的问题,或者说,在这里就没有任何可先天地确定的东西了。同样,人们还可以说,假如算术作为一个纯抽象的演绎系统没有对可计数对象的特征进行必要参照的话,那么其先天真理对于预期具体事物的行为就是毫无价值的了。这些说法当然是对的,而且是很重要的。假如仅就那些完全抽离开经验的概念而言才存在着先天真理,并且,一旦这些概念被赋予具体的指谓这种先天特征便消失了的话,那么先天真理对于自然科学及日常实践的意义也就丧失殆尽了。

但是,关于有具体指谓的概念的先天真理还是存在的。试以算术为例。算术完全依赖于计数——这一程序可在任何一个包含可区别事物的世界中执行,而不管经验具备哪样一些进一步的特征。穆勒对算术的这种先天特征提出了挑战。他要我们假定有这么一个法力无边、作恶多端的恶魔,每当两样东西和另两样东西被放在一起时,恶魔总可加进第五样东西。他认为由此可得出结论说:在这样一些情境之下,2+2=5 就成了算术的一条普遍规律,但穆勒完全弄错了。在这样一个世界中,我们应当比平常更清楚地意识到算术与物理学的区别,仅此而已。假如两枚黑弹子与两枚白弹子被一起放进同一只盒子里,那么,这个恶魔可以让第五枚弹子要么是黑的要么是白的,但是如下情况是显而易见的:要么黑弹子比我们所放进去的多,要么白弹子比我们所放进去的多。这对于无论可以哪种方式加以区别的所有对象都是适用的。我们只不过面对着一条应在我们的世界中被当成是普遍的而且非同寻常的物理规律,这条规律就是:每当两样东西被挪近另两样东西时,这一过程总会创造出另一个类似的东西。从物理学上看,穆勒的世界极为不同寻常。要是帽子、机车或煤从一开始能被拥有两对这些东西的任何人这么增加下去的话,这个世界上的事可就好办多了。但是,数学规律是不会受到影响的。这是因为算术确实是先天的,其规律不阻止任何东西,它们是同所发生的或者按基本性可能发生的每一件事情相一致的。它们在任何可能的世界都是真的。数学的加并不是物理改变,它只意味着在心灵之内的聚拢。如果说平移影响到了数的改变的话,那么我们就永远只应在原地数东西了。但是,我们却应当像往常一样进行计算和加法运算。导致所涉及的可计数物数量上的增减的物理变化是每时每刻都发生着的。这类物理过程提供给我们这样一些现象,纯数学的东西必须借分析从中析离出来。正是因为我们将永远把与算术不一致的那

第二部分 形而上学与认识论

部分现象分离出去并用别的范畴——物理变化、化学反应、视错觉——指代它,所以算术才是先天的,其规律构成了我们的范畴归类及解释的标准。就像上述事例所表明的,这种关于具体物和经验物的范畴解释排除了那些否则便会违背这一范畴所体现的先天原则的东西,但是它并未因此剥夺任何现象存在的资格。

然而,我们也许走得太远了。穆勒的阐释是关于经验一般的一种改变的,这种阐释由于过于简单和不充分而无法使我们的范畴解释在这样一个世界中成为不同的。但是,假如平移影响到数学改变的话,则一种完全不同的范畴解释模式会更合适一些。我们现有的范畴不会——不可能——被废止,但是,别的模式可能会对现象进行更简单的整理,从而更有助于实施控制。或者,在这样一个世界中,算术会局限于精神现象——因为它们是免受位置变化的影响的,而且许许多多的原则都将是心理学规律。假如我们是水母的话,我们可能完全不需要进行加法运算,因为要借助这样一些想法实现的目标是微不足道的。而假如某位超水母突发奇想地发明了算术,那么他在任何可能的经验中都找不出可对它进行反驳的东西,而且他可以不无益处地把它应用于他自己的独特观念中。

在应用几何学中对先天真理的理想阐释就是对物理相对性的一种考虑,这种考虑表明,几何学真理是如何围绕着空间属性与物质属性之间的分界线得以被划定的场合而展开的。应用几何学原则先天地适用于所有占据空间的事物。但是,这种先天真理是有其实用方面的,因为"空间物"范畴被框定的方式是有备选者的。但是,以我的能力,是无法对此做详尽无遗的阐释的。[①]

可顺便一提的是,通过相对论而流行起来的那些观念清楚地表明了康德在假定一种关于空间直觉的限制形式时所犯错误的性质。康德认为,空间物或几何物与同时性关系有关。例如,一个三角形的形状是某种瞬时可设想的东西,然而,对于无体三角形来说,这种瞬时直觉是没有任何意义

---

① 读者可参阅彭加勒的《科学与假设》中的"空间与几何学"一节。

的;在遥远的地方存在或发生的东西此时此地是无法被直接证实的;某物在时空中所经历的某个过程是同这一遥远的事实的确定密不可分地联系在一起的。因此,关于一个"弯曲空间"的设想并不一定意味着某种类似于把一个半球展平而不弄乱其表面上的大圆圈之间的关系的过程。它只意味着设想某些统一的序列以表征我们关于处在某些条件之下的空间物的经验。就我们无法在黑板上画出一个非欧三角形而言,弯曲空间的"不可设想的"特征是完全与此无关的。尺码不同的三角形在非欧空间中呈现出不同的"形态",而大得足以"证实"空间的性质的三角形大得难以"想像"。我们那些相信地球是平的祖先们自然可以在惟一被要求的那种意义上"设想"一个非欧空间,因为关于地球表面的几何学(在一种明显的意义上)乃是黎曼式的。

自然科学中的先天因素比所设想的要根深蒂固得多。所有配称作规律的次序最终都是依赖于心灵的整理工作的。要是没有我们借以对付混乱不堪的经验的初始原则的话,经验就将永远是无序而又难以驾驭的。在每一门科学中,都存在着一些基本规律,它们是先天的,因为它们系统地表达了使研究得以进行的那些概念或范畴标准。

爱因斯坦在《相对论》这本小册子里举出了一个很好的例子。[1] 这个例子是关于发生在不同地方的两个事件的同时性的标准的。假定闪电击中了一道铁轨的 A、B 两处,我们如何才能分辨出这两个事件是不是同时发生的呢?"我们需要一个关于同时性的定义,以便这一定义可以为我们提供一种方法……借助这种方法,我们可以确定这两次电击是不是同时发生的。只要这种要求得不到满足,而我又设想我可以赋予同时性陈述以意义的话,那么我作为一名物理学家就是在自欺欺人(当然,如果我不是一名物理学家,同样也可以这么说)。"

"在做过一番思考之后,你会提出如下借以检验同时性的设想。沿铁轨测定线段 AB 的长度,然后安排一名观察者在线段 AB 的中点 M。观察

---

[1] 见该书,第 26~28 页。

第二部分 形而上学与认识论

者带上可使他用眼睛同时观察到 A、B 两处的装备（如两面偏斜 90°的镜子）。如果观察者同时感知到了两次闪亮，那么它们就是同时的。"

"我为这样一个设想感到非常高兴，可尽管如此，我仍不能把此事看作完全解决了的。因为我禁不住要提出如下反对意见：你的定义自然不错，只是我必须知道观察者借以感知到闪电的光线是以同样的速度穿过距离 AM 和距离 BM 的。但是，只有在我们业已掌握了测定时间的手段之后，对这样一种假定的检验才是可能的。看起来我们就像在绕一个逻辑圈子。"

"在经过一番考虑之后，你用一种蔑视的目光盯着我——这样做是对的——并且宣布道：'不管怎么说我还是坚持我的定义，因为它实际上并没有就光线做出任何假定。'对关于同时性的定义只能有一个要求，那就是：在每一真实情形下，它都必须就这一必须加以定义的构想是否得到了满足给我们一个经验定夺。光线穿过从 A 到 M 的路程与从 B 到 M 的路程需要同样长的时间——这实际上既不是关于光线的物理性质的一种设定，也不是关于它的一种假说，而只不过是我为求得一个关于同时性的定义而随意做出的一种规定。……我们就这样被引向了物理学上的一种关于'时间'的定义。"

正如这一事例所很好地表明的，我们甚至无法去问那些可由已发现的规律加以回答的问题，除非我们事先已借先天规定制订好了确定的标准。这些概念既不是字面定义，也不只是归类方法；它们本身就是为被如此提及的东西规定好了某种行为的规律。这些规律是先天的。惟其如此，我们才能着手进行旨在发现其他规律的探究。不过，还应指出的是，假如建立在这些先天规律之上的结构不能成功地简化我们对现象的解释，它们也会被抛弃。如果在上述阐释中 "与……同时" 这种关系不能被证明是传递的——如果事件 A 被证明是与 B 同时的，并且 B 与 C 同时的，但 A 不与 C 同时，那么，这一定义肯定会被拒斥。

实际上，所有定义和所有概念都发挥着这样的功能，即把基本规律赋予它们所指谓的东西，因为任何有名称的东西都只能在时间的延展中得到确定的辨识。定义为被定义项提供了标准，这些标准在应用中变成了其行为的必然或本质规律，这在科学定义中表现得尤为明显。因为科学上的"事物"是深层次的，所表现的是高等行为的一律性。假如定义是不成功的（早期的科学定义大都如此），那是因为所确立的归类方法并不对应于某种自然区分，也不与足够重要的行为一律性相关联。把现象化为规律的早期努力是建立在常识"事物"的基础之上的，这些事物所表现的是依据相对易于被直接观察到并且给感官留下深刻印象的那些性质而做出的归类。这些努力的失败主要应归因于这种初步归类的表面性。例如，炼金术士关于元素的定义乃是导向他的微不足道的成功的线索；定义属性所区分出的是没有多少一律性可言的组群。只有在像化合量这样的本质属性成为归类的基础之后，才有可能得到令人满意的化学定律。不能说早先的定义就是错。它们只是无用的，或者只是对当下目标而言是不充分的。因此，科学主要探究的乃是值得为之命名的事物。

我们如今已可以这样来理解科学的典型程序了：它既不是根据自明的或相对确定的东西进行演绎推理，也不是对经验做直接的概括。如果说科学具备某种特别方法的话，那便是假说和证实的方法。但我们似乎仍未足够重视这样的事实：假说和规律借以被表达出来的那些术语本身就代表着一种科学成就。我们仍然深受如下谬见之苦：人类思想的确定的、永恒的范畴遭遇着同样确定的被给予的"事物"。平心而论，如下情况是再明显不过的：科学范畴和归类法是逐步改变的，甚至还可能出现突变，而且这些范畴和归类法还对科学研究的其他方面产生了支配性的影响。在这里就像在假说和证实的情形中一样，任何发展都既不是通过由先在原则所做的逻辑推演，也不是通过直接表述经验内容，而是通过在心灵中尝试某种东西并依据建基于其上的某种东西的成败决定其取舍而实现的。不过，这里关于成功与否的检验标准并不像对假说的检验的情形那样，是与经验的简单的符合一致，而是现象中的可领悟的次序的取得，而且它也是符合于像理智简单性、经济性和原则的广泛性这样一些标准的。

读者可能会觉得，如果以上所言为实，则这里被当作先天的东西就不

第二部分 形而上学与认识论

是先天的了,而只不过是某种从经验中习得的东西。如果他真这么认为,我希望他回过头去再读一读由爱因斯坦所做的那种阐释,并对其中所包含的逻辑给予足够的重视。不管科学所怀有的目标与已发现的事实之间的恩恩怨怨会如何改变追寻这些目标的程序,会如何引入新的基本原则和范畴,命名、归类、定义活动无论在哪一个阶段上都仍然是先于探究活动的。要是没有由范畴和概念结成的网络,我们甚至无法质问经验。在我们的意义得到确定,我们的归类法得以确立之前,经验是不可能决定任何东西的。我们必须首先拥有这样一些标准,它们在观察或试验能告诉我们任何东西之前告诉我们:什么样的经验会回答什么样的问题以及如何回答这些问题。

科学所追求的一律性是高等级的一律性,它们所表现的乃是由常识的一律性在较低的层次上所展示的同样那些目标的一个更高远的范围。因此,在科学中思想的归类活动较之在常识中要更审慎、更自觉一些,从而也相对容易察觉些。由于科学范畴是部分地建基于更基本的区分的,所以它们较少作为实在的标准发挥作用,而且这种作用通常也是不那么重要的。不过,这种作用有时还是可以在科学解释的新原则与未被说明的剩余现象或被视作可能包含着错误的观察报告之间的相互作用中看出来的。假如伦琴未能重复他在其中首次看见他手上的骨头的那种经验的话,他的那种知觉便会被证明是错误的。由于唯有发现者才能确切地看见"N射线",而且他在折射棱镜撤开之后也像棱镜没有撤开时一样看见了它们,所以这样的射线被当作虚幻而被抛弃了。催眠现象在很长一段时期内一直是受到怀疑的,而且直至今日仍显示着如何把真实的现象同幻觉、自欺等区分开来这样一个难题。要不是关于"双重的"东西究竟是什么以及它到底是不是真正双重的仍然存在着诸多疑问,"双重人格"现象就会对一个非常基本的范畴带来极大的挑战。下面来看一个别的类型的例子。当我们对在关于相对论的讨论中占据重要地位的食照片进行考察时,便会出现这样一个问题:这些照片上所记录的恒星位移是仅仅表现了光线的弯曲呢,还是应部分地归因于感光底片的光晕?因此,是否放弃关于独立时间和空间的范畴这样一个根本性的问题至少暂时与下述问题缠绕在了一起，那便是：一张底片上的小点的位置到底是表现了真实的恒星照片呢，还是应归因于发生在照相机内部的某种事情？

这里需要同时注意的是，高等级的科学问题与简单而带根本性的实在标准的连续性，以及这样的事实，即关于实在或非实在的这种判定本身便是包含与科学定律处于同一等级的原则的解释。例如，这种解释不容许出现于梦中的不符合生物学的变故以及不符合物理学的接替。在没有洞的地方摇身不见了的老鼠不是真实的老鼠，我进它退的景观不过虚幻一场。某一特定类型的对象的实在性是由其在经验中的行为的某种一律性所决定的。关于这种一律性的表述与自然规律同属一类。这样一些规律是先天的——对于这类特定的事物而言，与这一规律不符的经验要作为非真实的加以摒弃。

这种情况有悖于常理：一方面与自然规律同等的原则是通过对经验——亦即真实的经验——进行概括而得到的；而另一方面，从关于实在及非实在的未经整理的经验中是无法做出任何概括的。什么样的经验是真实的经验——这要由关于规律的标准来确定。那么，到底孰先孰后？是经验内容证实了规律，还是规律在确认其是否真实时证实了经验？答案是：我们坚信规律是实在的标准，规律就是在先的。不过，这里说的"实在"可能是十分特别的一类。例如，恒星的真实照片与受光晕影响的图片在某种意义上均是真实的，均是物理地真实的，甚至可以说，均是照片。何为"真实的照片"？——这必须在所涉及的情形中加以精确地定义，以排除来自感光板后玻璃的反射光的影响。这种进行定义或归类的方式显然要求在照片和被拍照的东西之间建立一种在某些物理定律中被表述出来的相互关联。在这种具体情形之下，若未能展现出这种有规律的关系，则这种现象就会被当成不可靠的或不真实的——亦即会被当成并非真正属于这类事物的。

因此，所有的概念——不只是那些应称之为"范畴"的东西——均作为实在的标准发挥着作用。每一条归类标准均是关于某类特殊实在的标

第二部分　形而上学与认识论

准。不存在一般实在这种东西：一事物要成为实在的，必须成为某类特殊的实在。而且，在一种意义上是实在的先天标准的东西，在另一种意义上可能就只是一条经验规律——比如，将照片与被拍照的东西联系起来的规律，或者否认老鼠可以在没有洞的情况下消失得无影无踪的关于固体平移行为的规律，或者不承认我进它退的景观的各种透视规律。实在的确定、现象的归类以及规律的发现——所有这些都是同进共退的。关于标准的逻辑在先性我不想再多费唇舌。不过应该看到的是，这种在先性是同范畴与分类法随人类经验的拓展而发生的变迁完全一致的。说实在的标准是先天的，并不等于说经验的任何可设想的特征均不会导致它们发生变化。

例如，精神是无法被拍照的。但是，假如有朝一日在严格受控的条件下所拍摄到的关于精神论现象的照片成了司空见惯的，这种先天的信条就会受到质疑了。我们应做的是重新定义我们的术语。不管"幽灵"是精神还是物质，也不管"精神"的定义或"物质"的定义应不应改变，所有这一切构成了一个互为关联的问题。

什么东西会向你证明，一物体的相对运动导致了它的收缩并改变了它的质量？如果你的回答是"任何可设想的经验都不会"，而且你可以用不相互矛盾也不与其他物理概念相矛盾的术语给出一个关于"质量"的定义，给出一种关于运动和精确测量的构想的话，那么就没有任何东西可以表明你错了。对于一个对独立存在的时空坚信不移的心灵，任何可能的经验都无法证明相对性原理是正确的。如下这个问题是没有一般性的答案的："当面对恒星照片及频谱线位移（或者精神论现象或心灵感应现象）时，我们应把原有的范畴坚持多久呢？"要证明一种顽固的保守主义是不合理的，只有根据如下这种实用的理由：另一种范畴分析方法更成功地把所有这类经验都归在了次序和规律之下。面对这样一个问题时，我们应当合在一起重提关于定义或归类的问题、关于这类实在的标准问题以及关于自然规律的问题，而其中一个问题的解决可能就意味着所有问题的解决。没有任何东西强迫你重新定义"精神"或"物质"。与人类追求或人类旨趣的某种足够根本的关系便可确保一种即使面对不可理喻的经验也不会改变的连续性。而且，心灵所可能得到的任何范畴和概念装备都无法让我们完全理解经验的方方面面。在这样一些问题上，心灵除了受制于自身的目的和需求之外，不再受制于其他任何东西。惟一必须加以确认的材料就是混沌未分的所予物，在这里甚至实在与非实在之间也没有明确的区分。剩下的就完全是我们如何进行解释的问题了。我可以随我所愿地归整经验；可是，什么样的范畴区分最能满足我的旨趣，最能把我自己的才智客观化呢？经验该有多么混杂吵嚷——这我管不了。但是，我该怎么去应对它——当经验呈现在我面前时，这可就是我自己的问题了。我只受到我个人欲行理解的愿望的驱使。

即使在某一孤立的情形下我们应当把任何未被确证的经验当作非真实的加以抛弃，把我们准备依据进一步的经验加以修正的规律视作先天的仍然是不合适的。但问题的关键在于，除了其稳固性似乎是得到证实的逻辑和纯数学原则之外，还必须拥有先于对自然的一切探究的关于实在的更具体的标准。心灵本身必须在经验成为可领悟的之前提供这样一些定义、基本原则和标准。这些东西所代表的是人类心灵依据其迄今为止的全部经验而持有的或多或少是深藏着的态度。但是，更新、更广的经验会导致这些态度的某种改变，尽管这些态度本身并不决定经验的内容，同时也无法设想任何经验可证明它们是无效的。

正是知识中的先天因素而非经验因素是实用的。实用主义者一般不大在意概念与直接性之间的区分，结果导致他们似乎一股脑儿地把所有真理既置于经验的控制之下，又放在人类心灵可决定的范围之内。但是，这未免有些一箭双雕的意思了。说事实是客观的、给予的，与说关于它们的真理是由心灵造就的或者是随人类需求而改变的，完全是两码事。必须承认，知识中的先天因素是根深蒂固的；只要有归类、解释或实在与非实在的区分，就有它在——这意味着凡有知识的地方就有它。所以我以为，终归得承认：对于不管哪类真理，实用的基础是再根本不过的。除了心灵自身的需求或目的之外，没有任何东西——甚至包括直接知觉——可以强迫我们放弃一种解释态度，实际上也没有任何东西会促使我们放弃它（纵

第二部分　形而上学与认识论

然幻觉或错误总是难免的)。但是,对于我们的一般需求的长远满足而言,由于像理智一致性和经济性、理解的完整性、解释的简单性等这样一些重要的目标占据着相当高的位置,所以它们理所当然地要高于任何纯个人的或转瞬即逝的目的。尤其是在大众眼里,实用主义通常意味着为肤浅易变的态度提供的辩词——例如,意味着只从个人欲望来为信念做辩护。作为我们力图加以避免的这类"实用主义"的标志的正是这种对理智完整性的不完全考虑,亦即这种从低层动机接近高层目标的倾向。我们都必须做实用主义者,但不是由实用主义者始,而是以实用主义者终。

除此之外,还有另外一种颇为盛行的对"实用主义"的理解是我这里要提出的理论所不容的。用于解释的概念和原则会发生历史变化,而就这些概念和原则而言,可能存在着"新的真理"。然而,这种情况需要分析,这并不意味着可能存在任何真正与旧真理相矛盾的新真理。当然,这也不是一目了然的。历史上,望远镜和显微镜的发明所导致的经验范围的拓展确实引起了我们的范畴的改变。同样的情况也可能由于对旧经验的更深入或更充分的分析而发生——维尔科(Virchow)对疾病的再定义便是明证。先前被当成实在的东西——如疾病实体可能会被当作非实在的,而先前被当成非实在的东西——如弯曲空间——可能会被当成实在的。但是,在这种情况发生时,真理并没有改变,新真理和旧真理并不矛盾。范畴和概念并未真正发生变化,它们只是被新范畴、新概念取代了。当疾病实体让位于机体的非实体状态时,关于疾病现象的旧的描述并不因此成了错误的。所有对象都是某种抽象:人们发现,疾病实体对于理解和控制疾病现象而言乃是一种相对贫乏的抽象。但是,根据这种抽象,所做出的任何一种关于经验的正确解释都仍然是真实的。旧真理与新真理之间的任何矛盾均是字面上的,因为"疾病"这个旧字有了一种新的意义。旧词保留下来了,但旧概念却被当作一种贫乏的理智工具抛弃了,并被一种更好的工具所取代。范畴和精确概念乃是逻辑结构,是柏拉图式的理念;它们的寓意是永恒的,而借助它们表达出来的关于任何所予物的经验真理同样是不随时间而改变的。

在旧解释方法被新方法所取代的典型情形中，需要由让旧解释变得困难的新经验材料来引起这种变化。任何一套基本概念均赋予了用它们表达出的整个真理体系，以及基于它们而进行的社会实践以某些旨趣。要克服人类自身的惰性及旧思想习惯的权威，就必须毫不含糊地确立变化的优先地位。这样一些导致这种变化的新的、顽强不屈的材料把如何比较"新真理"与旧真理的问题复杂化了。需要考虑的因素有：（1）新旧两套概念；（2）新材料在其中显露的经验扩展区域；（3）概念应用于新的经验整体的条件。

试以哥白尼革命为例：望远镜的发明及观察准确性的提高乃是促使他重新做出解释的主要动力。但是，这些新材料仅从实用的意义上而言才是决定性的。那些就这一问题展开争论的人假定他们所讨论的是一个关于经验事实的问题，然而，由于绝对运动是不存在的，所以，天空中什么东西在运动，什么东西不在运动的问题便是一个无法只凭经验就可解决的问题。一方面固定不动的恒星被证明是一个极为便利的参照系，从而导致对天体运动的相对简单的概括，也使同等看待天体现象与月下现象成为可能。可另一方面，随着地轴的选定，几乎无法逾越的复杂性和困难也接踵而至。而从理论上来看，如果一运动系统是可参照一套轴线加以描述的，那么它也是可参照另外任何一套依据一条一般规则参照第一套轴线运动的轴线加以描述的。我们暂且设想，这种参照不动的地球而做出的对天文学和物理学现象的理论上可能的描述被针对所有现有材料做出了，那么，我们是依据旧的一套概念还是依据新的一套概念获得真理的呢？显然同时依据二者。前者是理解和简单的真理；后者由于太复杂而几乎是不能用的。但是它们之间并没有矛盾，就像基于磅和英尺的度量法与基于克和米的度量法是没有矛盾的一样。

这种情况不会因为想到新发现的事实可能会起到除了实用的作用之外的其他作用并在更深层的意义上决定真理而发生任何改变。谁也没曾假定，假说或者高或然性的经验概括是不会被新事实所否证的。就新发现的经验证据可以使旧原则成为理论上不可能的而言，旧真理只不过是假说，

第二部分 形而上学与认识论

而且现在已被证明是完全错误的。我倒是希望，把所有真理都归为假说并不是实用主义知识论所主张的论点，那不过是一种闹着玩儿的怀疑主义。

实用主义所强调的毋宁是真理对于人类追求或需要的敏感性以及真理在某种意义上是由心灵造出来的这样一个事实。从我这里所提出的观点来看，上述说法是对的，因为对经验的解释必须永远依据于由心灵本身确立的范畴和概念。可能存在着导致对经验的可选择描述的可选择概念系统，这些概念系统若没有纯逻辑的缺陷的话便是同样客观、同样有效的。果真如此，选择便是有意识地或无意识地基于实用的考虑做出的。新事实的发现可能会导致这些考虑的改变。当这种解释的改变历史地发生时，我们便会真正拥有新真理，这种真理之新所表现的是人类思想的创造力以及人类目标的压倒性的考虑。

然而，各种因素的区分所揭示出的是这样的事实：知识中的实用因素所涉及的是在应用解释的概念模式时所做出的选择。一方面，我们拥有带着纯逻辑寓意的抽象概念本身。这些概念的真是绝对的，纯数学就是典型的范例。这种纯抽象的先天真理只符合一致性和充分性标准，它是绝对的、永恒的。另一方面，存在着关于所予经验的绝对的原始事实。尽管所予物从某种意义上说是难以言表的，可就其本身而言，它仍是确定无疑的；一旦它借以被解释的范畴系统得以确立，而概念也被赋予了某种用感觉和意象表示的意谓，决定自然真理的就是这种所予经验了。正是在选取应用性的概念系统及赋予抽象概念以感性指谓这二者之间，存在着真理及知识的某种实用因素。在试验与错误之间，在拓展着的经验与我们在应对它们所做的持续不断的概念转换和修正之间，不停地上演着人类解释和控制自然的戏剧。这里涉及的问题都是实用的；它们并未触及到仍保持为绝对和永恒的真理——只有意识到这一点，那些眼盯着这种景象的变动不居的特征的人才能摆脱怀疑主义之苦。

（李国山　译）

经验与意义[*]

(1934)

自笛卡儿在其"第一沉思"中提出假想的怀疑论以来,对于任何关于实在的问题的非难一直都被"你是如何知道的?"这样一个问题所遮挡住了。至于这种没完没了的挑战在多大程度上决定了近代哲学的进程,已是不言自明了。不可否认,它所导致的结果从总体上看是有益的。不过,也许可以这么说——而且已经有人这么说了,它有时会导致在方法论考虑与正面结论之间的混淆。过去35年间,出现了对另外一种类似的挑战的愈益增多的强调,这种挑战有望被证明在其决定性影响方面具有同样大的效力。这便是"你的意思是什么?"这样一个意在得到一种根据经验的回答的问题。所要求的是,任何一个被提出的概念或者任何一个被断言的命题都具有确定的指谓(denotation),这样的概念或命题不只是在字面上或逻辑上,而且在如下更进一步的意义上是可理解的:人们可以具体地指明决定这一概念的可应用性或构成这一命题的证实的那些经验事项。任何不能满足这一要求的概念或命题都要被当成无意义的。

要对这种经验意义要求做充分的考察,就有必要概述一下将这一要求推向前台的那些不同的理论发展阶段:实用主义与"实用检验";美国的新实在论学派及罗素的类似观点;随相对论——尤其是爱因斯坦关于定义的处理办法和布里奇曼关于概念的操作理论——而来的新物理学方法;怀

---

[*] 选自 *Philosophical Review*,Vol. XLIII(1934),No. 2.

第二部分　形而上学与认识论

特海的"外延抽象"方法，根据这一方法，先前那些难处理的概念现在便可根据实际可观察的东西加以定义了，其经验内容也由此而变得明晰起来。最后一个，也是最特殊的一个发展阶段便是维也纳学派的逻辑实证主义，其纲领完完全全是建立在对经验意义的这种考虑之上的。考察一下这样一些不同的思想运动在其对经验意义的一般要求的阐释上的分歧，同样是十分有趣的。

但是，在诸位面前做这种探讨是没有什么必要的：既不需要涉及这一理论的当前发展阶段，也不需要涉及关于它而形成的观点分歧。在假定下这样一些事情之后，我下面只想探讨一下关于由这种经验意义要求加在有意义的哲学讨论之上的限制的某些问题——尤其是那些有可能将那些在探讨这些问题时心中想到詹姆斯、皮尔斯及杜威的思想的人与逻辑实证主义者区分开来的论点。这种探讨的最终目标是评定这种对于具有经验意义的东西的限制同伦理学及价值哲学以及那些涉及价值与实在之间的关系的形而上学问题的关联情况。可是，这一目标不可能在我要宣读的这篇文章中被达到，因为它所涉及的是前面所说的那几个问题。即使这样一些问题也不可能在这里被彻底澄清。我希望得到理解的是，这种讨论的目的是找到问题的所在而不是去解决它们，并且我尝试着提出的一些批评也不是想挑起争端。

维也纳实证主义者拒斥所有传统的形而上学问题，包括借以区分开唯心论者和实在论者的那种关于外部世界的问题，以及任何涉及他人自我的形而上学特征的问题。如下便是他们立场的权威表达："如果有人断言'存在一个上帝'，'世界的基始是无意识'，'生命中有一条指导性的生命原则'，我们并不告诉他：'你所断言的东西是错的'，而是问他：'你的陈述是什么意思？'如此便有了两类不同命题之间的明确界限。一类是经验科学中所做出的那些陈述：它们的意义可通过逻辑分析加以确定；更具体地说，其意义可以通过将它们还原为关于在经验中被给予的东西的那类最简单的陈述加以确定。而另一类命题，如果我们以形而上学家所意想的那种方式看待它们的话，便会暴露出是完全没有意义的。……形而上学家和神学家妄自以为他们的命题断言了某种东西,表达了事实,然而,分析表明:这样一些命题什么也没有断言,而只不过表达了对生活的某种感觉。"① 在卡尔纳普看来,就"意义"一词的理论或经验意义而言,所有价值理论和规范科学都同样是没有意义的。②

对这种关于生活的感觉及我们的评价反应进行表达,当然是一种合法的、有价值的活动。但是,形而上学命题作为这样一种表达,则应归为艺术和诗歌。显然,在这样一种理论中,有建立在心理学或社会学基础之上的描述伦理学的一席之地,也有参照某种假定的准则来做价值决定的一席之地。但是,关于价值的"客观性"的传统问题却遭到了拒斥。我们可以有意义地问:"在什么情况下一种性格被判定为善的?"或者"实际被赞同的是什么?",但却不能有意义地问:"这种性格有何权利被说成是'善的'?",或者"绝对值得赞同的东西是什么?"③

依我看,逻辑实证主义者对形而上学和规范科学的拒斥不仅仅是经验意义要求的一个推论,若考虑到他们的纲领据之发展起来的那种"方法论唯我论",将大大有助于对它的理解。即使他们只是将这一程序看作是有利的而不是既定的,它所给出的那些否定判断或限定条件,无论以何种术语表达出来,都仍然从根底上支撑着他们的论点。

就其建设性的方面而言,这种方法从根本上说不过是这样一种顽强的企图:对我们的知识的不同种类的对象加以界定,以展现这种知识赖以成立的直接经验基础。知识是以第一人称的形式表达出来的:这是知识的本质。对于我的认识而言,你的心灵及你的经验不过是我加在我个人的某些经验材料上的一种构造而已。这么一来,如果我们想对知识做出一种完全彻底的说明,仅仅把我们所知晓的对象的构成溯回到一般意义上的经验是不够的。只有通过我加在为我所知觉到的你的某些行为方式上的那种解释,你的观察和报告才能进入到关于我所知晓的实在的构造中来。实际被给予

---

① 《科学的世界观:维也纳学派》,维也纳,1929,第16页。
② "通过语言的逻辑分析清除形而上学"。
③ 见石里克《伦理学问题》,维也纳,1930,第10~12页。

第二部分 形而上学与认识论

的经验是以第一人称的方式被给予的；在任何实际知识中被把握的实在最终不过是一种由以第一人称的方式被给予的材料所做出的第一人称构造。

由此我们才有了像卡尔纳普在《世界的逻辑构造》中所做出的如下这种关于一般科学对象的构造：首先是各种为我的实体，它们最终是通过相似性记忆关系而从原初经验中被构造出来的；其次是物理现象，它们是从由实际给予的经验而来的较简单的为我事物构造而来的；最后是他人自我及一般的精神或文化对象，它们是我们为了实际的认知而从由物理事物和过程所组成的某些类以及这些事物和过程的某些相互关系中构造出来的。

在这一纲领中，我们看到了一种坚持不懈地忠实于知识本性的努力。自我中心境遇受到了严肃的对待；而被赋予认识活动的这种"唯我论的"特征也并不比康德的先验统觉统一更令人奇怪。若参照贝克莱的反物质实体论证所表达出的那些虽嫌粗糙却颇有些类似的考虑，便可更好地理解逻辑实证主义的否定性方面是如何同上述的方法联系在一起的。（贝克莱第一个出来以经验意义要求去证明其对手的概念是空洞的和无意义的）

经常有人指出，贝克莱的论证仍然继续适用于他没有将它应用于其上的那些东西。假如你不只是我的一个观念，我怎么能知道它呢？我如何能毫无矛盾地假定我居然对那个存在于我的心灵之外，对我关于你的经验没有一点影响的、触摸不到的你感兴趣呢？再者，此时此刻我记忆中的那个过去怎么就不只是当下的回忆，或者将来怎么就不只是当下预期的经验呢？所有的一切最终都必定会融入由实际给予经验所组成的永恒现在之中。

这种逻辑甚至还可更进一步。我是什么？这个自我作为一个可辨认或可想像的特殊物，也只能是那些观念之一。维特根斯坦似乎接受了类似的方法："主体不属于世界，而是世界的一个界限。形而上学主体在世界中的位置如何呢？你会说，这就好比眼睛之于视野的关系。可是你实际上是看不见你的眼睛的。而且从视野中的任何东西都推不出它是被一只眼睛看到的。……从这里可以看出，严格贯彻的唯我论是同纯粹实在论相一致的。唯我论中的我缩成了一个无广延的点，而所剩下的就是与之相协调的实在。"①

我不想给你们造成这样的印象：逻辑实证主义者使用了贝克莱式的论证，或者说，他们是沿着上述的思维路线得出他们的结论的。尽管如此，仍可借此表明，方法论唯我论是同彻底经验论相一致的；还可进一步表明，为什么这样一个程序要被当作是没有任何形而上学意味的。严格贯彻的主观唯心主义，最终都要在每一个实名词之前加上"idea of"或"experience of"，而这种做法由于太普遍而成为没有意义的。贝克莱通过证明实在论形而上学是缺乏经验意义的而借其论证建立起一种主观主义形而上学，而逻辑实证主义则指出，一个无意义的断言的反题同样是无意义的，从而将这两种形而上学论点以及这一问题本身都当做无意义的加以拒斥。我觉得，这其中包含着三个主要的论点。第一，当我们本着自我中心境遇来设想知识（这样做是必需的）时，所有被知晓或被设想的对象最终都必定会呈现为由在第一人称经验中被给予的材料所做出的构造。进入到由过去经验所做出的这种构造中的东西也只能通过当下回忆进来。（我认为，后者便是卡尔纳普在其构造计划中将相似性记忆关系放在中心位置的原因）他人、自我及其经验或报告只能作为第一人称经验的某些被加进了某种特定的复杂构造的事项而进入进来。第二，这样一些区分，如真实物与想像物的区分，或者只能为我理解的东西与可为我们共同理解的对象之间的区分，必定仍可在这种构造中找到自己应有的位置，并发挥其应有的作用。我们是以实际有用的方式做出这些区分的，这一事实表明，它们并不是外在于自我中心境遇的、形而上学的，而是内在于它的、经验的。它们是由主体可以而且确实在自己的经验范围内加以应用的标准所决定的。例如，贝克莱提出了以我的意志的依赖性这条标准作为区分真实物与想像物的基础。卡尔纳普也做出了这样一些区分，并且对它们的经验标准做了深入细致的考察。第三，关于外部世界及他人、自我的形而上学问题并不有赖于上述那些可

---

① 《逻辑哲学论》（纽约，1922），第151~153页。参阅卡尔纳普《世界的逻辑构造》，第65节。

第二部分 形而上学与认识论

在第一人称经验的范围之内加以应用的区分。这样一些形而上学问题只有在我们试图赋予所涉及的概念以某种次一级的意义时才会出现:这样一些意义并不符合主体可将其应用于自己的经验中的任何一种经验标准。贯穿始终的乃是这样一个基本观点:被允许进入关于知识的对象的构造中的,或者作为任何意义的经验内容而发挥作用的,最终只有第一人称经验材料。

还有一个对任何知识论都至关重要的问题,那便是关于直接性与中介的问题,或者关于超经验的问题。这一问题同上面的考虑有某种联系。不过,让我感到不安的是,就这一问题我无法从逻辑实证主义的文献中找到任何一种完整而清楚的表述。我们可以通过援引罗素的下述论断来提出所涉及的主要问题:"经验知识被限制在我们所实际观察到的东西的范围之内。"① 乍看之下,这似乎是一个平常的道理,但我认为它事实上是完全错误的,而且可以证明它是同经验知识的存在这一事实本身不相符的。让我们严格执行这种限制,以便与上述那些考虑保持一致。知识总是以第一人称的形式表达出来的,无论被知晓的是何种东西,它都是在某一实际的时刻由主体在其自己的经验中知晓的。他人经验只能作为它们的主体自身的某些事项——他们的被他所感知的报告和行为——才能进入进来。而关于昨天或明天的经验只能在以记忆或想像的形式进入到此时此地的经验中时,才能在这种认知中占据一席之地。因此,能被知晓的只有在主体此刻的认知经验中可被证实的东西。

意义也是一样。任何一个论题要成为有意义的,就必须是可由决定性的证实加以检验的。而只有在主体的当下直接经验中,证实才是可能的。这么一来,能够被意指的只能是实际出现于意义在其中被接受的那种经验中的东西。除此之外的任何东西都是不可证实的,因而是无意义的。这样一种思路所导致的后果是显而易见的。知识会沦为对此时此刻被直接赋予心灵的材料的毫无益处的回响,而意义则会终结于对所意指的东西的直截

---

① 《我们关于外间世界的知识》(纽约,1929),第12页。作者很随意地做出了这一陈述,或许他当时并没有想到我们这里所关注的问题。

了当的设想。

如此便将知识和意义都引向了荒谬。① 假如只有实际处在认知经验本身的范围之内的东西才是可被知晓的，假如只有呈现于作为意义的载体的经验中的东西才是可被意指的，那么便不可能存在有效的知识，也不可能存在真正重要的意义。因此，指向超越于直接经验的东西的这种意向，无论对于知识来说，还是对于意义来说都是本质性的。贝克莱在指出一个观念是另一个被期待的观念的"符号"时，默认了这一点；怀疑论者甚至也承认知识的这种意图——他所怀疑的恰恰就是这样一种可能性：非直接给予的东西可被知晓。假如这种超越意向是无效的，那么，知识和意义的其他特征都将是不值得探讨的。

逻辑实证主义者和其他任何人（神秘主义者除外）都不愿意看到这种荒谬的后果。可是，假如这种荒谬性是任何与知识的真正有效性相容的理论所不得不避免的话，那么，这一事实对于关于经验意义要求的解释就显得十分重要了。尤为明显的是，一种认知的意义需借之加以阐释的经验就不可能单单是主体自身在进行认知的那一刻被给予的材料了。因此，上述那种读解方法论唯我论的方式便会宣判这一程序为无益的。如果这一方法要求被知晓的对象应当完全根据在认知发生的那一刻实际上被给予主体的感觉材料来构造或定义的话，那么它便是同知识的可能性及经验主义的现实相冲突的。

我们所面临的是一个贯穿于康德之后的整个认识论史的问题——尽管促成这一问题的现代形式的不是康德而是贝克莱。除非被认知或被意指的东西呈现于经验之中，否则，知识关系或者观念与它所指谓的对象之间的关系如何可能成为有效的呢？但是，假如被意指或被认知的仅仅是认知经验本身，或者是处于其中的某种东西的话，那么，知识或意义何以能成为

---

① 为避免同一个十分不同的问题的混淆，应记住作为指谓的意义与作为含义的意义之间的区分。这里所讨论的只是前一种意义上的"意义"。按逻辑实证主义的分类办法，意义可分为：（1）逻辑学和数学中的结构意义；（2）自然科学中的经验的意义；（3）艺术与诗歌中的情感的意义。这里所涉及的只是第（2）种意义上的意义。

第二部分 形而上学与认识论

真正意义上的知识或意义呢?

所提出的解决办法大致可分为以下三种类型。第一类是表象主义。根据这种解决办法,对象从未真正进入主体的经验。这种观点至少在一种意义上承认被认知或被意指对象的超验性,从而避免了前面提及的荒谬性。当然,这一观点也面临着这样的困难:如何将对象的这种超验性同认知它的可能性协调起来?第二类是各种唯心论的或实在论的同一理论。根据这些理论,对象或被认知的对象等同于主体在认知发生那一刻的经验的某种内容。这一观点所面对的一个突出困难是如何避免陷入荒谬,因为它是同关于某种超出认知者的经验之外的东西是可以被认知的这种假定相冲突的。这样一些理论还容易遇到由差错问题所引起的困难。

根据第三种类型的理论——既包括客观唯心主义又包括实用主义——被认知的对象可根据经验加以定义或说明。不过,对象借之而得以被定义的那种经验不再仅仅包括主体在进行认知的那一刻所具有的经验;它超越了这种经验。大致来说,客观唯心主义将对象借之得到说明的经验与进行认知的经验之间的关系看作是某种被演绎地包含的东西与包含着它的东西之间的关系。这就是说,只要我们可以清楚地知道所有被包含于其中的东西,认知活动出现于其中的这种当下经验——亦即这种观念或这种给予的东西——就可被当作是隐含地决定了整个的实际对象的,而且是毫不含糊地决定了的。实用主义也大致可看作是将这种关系当作归纳的:在进行认知的这一刻被给予的经验乃是某个或然性判断的基础,而这一判断是关于进行证实的、对象的真实性质借之得以表现出来的那种(或那些)经验。

把逻辑实证主义看作是一种关于认知关系的同一理论,也许是不对的。但是,若不这样看的话,其倡导者关于被认知的对象乃是根据给定的感觉材料构造出来的这种看法便需要加以解释,以避免可能出现的模棱两可性。我此刻想到了我身后的这堵墙。我只要转过身去,便可证实我关于它的观念。可是,假如我此刻将这堵墙当成一种由当下给定材料做出的构造的话,那么,作为当下概念的"构造"与作为这一概念要指谓的东西的"构造"之间的区分便成了根本性的。这二者均可当成是经验材料——但它们并不是同样的材料。纳入这一概念中的材料有记忆、视觉及触觉影像和期待；而对这种构造进行证实的则是知觉。记忆、想像观念与知觉不仅是不同的事件，而且是可经验地区别开来的不同种类的经验内容。这样一来，或者我的观念所指谓的这堵墙只是想像墙或回忆墙，是直接呈现的感觉材料；或者此时我无法知晓我所意指的那堵真实的墙；或者是第三种可能：说我当下以"这堵墙"所认知或意指的东西同我当下心中所想到的复合体或感觉材料相符合，乃是错误的。

正是在这一点上，第三种类型的理论才显示出其重要性。根据这种理论的实用主义形式，认知活动始于并终于经验；但是它并不终于它所由开始的那种经验。于是便有了对于认知过程的易逝性的强调、对于观念的主导特征的强调，以及对于知识作为行动指南的功能的强调。认知活动是一个关乎两个"时刻"的问题：断言或接纳（entertainment）的时刻与证实的时刻，这两个时刻都属于一般意义上的经验。知识只有在当下经验——关于意义的接纳的——正确地设想或预期了将对之加以证实的经验的情况下才会是真的或正确的；就是说，如果被预期的经验真正得到了实现，我们的知识便是真的。但是，与纯粹的自娱自乐相对的接纳经验（entertaining - experience）只有基于下述事实才可能是真正认知性的：在证实的时刻被实现的东西不同于接纳它或预期它的那种经验。否则，错误便成了不可能的——人们是不可能把直接呈现的东西弄错的，从而作为错误的对立面的知识也同样成了不可能的。当然，我的意思并不是说，在某物被相信或被断言的那一刻，它在所给予的经验中无法找到一种根基，或者无法被"部分地证实"；我想说的是，假如经验要具有作为一种相对于审美欣赏的认知活动的意义的话，那么，除了被直接证实的东西之外，必定还存在另外一种被相信或断言的东西。

这一论点还可通过参照下述问题以另外一种方式表达出来：任何关于实在的事项借之而被认知的感觉材料是否以及在何种意义上区别于鉴赏材料（cognoscendum）。

我坚决主张，任何否认感觉材料与鉴赏材料之间的区别的同一理论都

第二部分　形而上学与认识论

是同观念或感觉材料的认知功能相违背的。这种认知功能是行为的指南；而要使认知经验发挥这种功能，至少存在着一种预示着某种此时此地未出现于感觉材料中的东西的预期要素。

在某些类型的实在论那里，这一问题被当成了关于作为经验事项的感觉材料与独立于经验存在的实在之间的关系的问题。同唯心主义和逻辑实证主义一样，实用主义也把以这种形式提出来的问题当作非真实的加以拒斥。所有这三种观点都把感觉材料与鉴赏材料之间的关系看作是在经验（一般意义上的）之内的，或者在一种经验与其他经验之间的一种关系，而不是存在于经验中的东西与处于经验之外的东西之间的一种关系。坚持这种态度的理由各不相同，但所有这三种观点做出这种拒斥的主要根据显然都是：经验与无法被带入经验中的东西之间的关系是无法探究的，而将这种关系看作是认知性的则包含着思想上的混乱。

所有这三种理论都同意，鉴赏材料必须依据经验而为知识界定或构造出来。但是，如果我们不想陷入源自于混同感觉材料与鉴赏材料的导致荒谬的相反错误的话，我们就必须承认，不能简单地把认知经验与对象借之而被说明的那种经验等同起来。

与本文将进一步探讨的问题密切相关的一个非常简单的论点就是如下这样一个事实：尽管知识受制于此时此地的境遇（here–and–now predicament）——感觉材料必须是直接的，但是，对于当下经验的认知功能至关重要的一点是，它的鉴赏材料不应该仅仅是此时此地的。例如，如果在某人自己的生活中可以有关于一个将来事件的知识，那么，作为这一预期的载体的感觉材料就并不是被预期的那种鉴赏材料。而就所有经验认知活动都是有预期的而言，被认知的事物便不能被等同于此时此地的经验。此刻被认知的东西此刻具有可证实的地位；但是，照理说它并不具备而且也不可能具备此刻可证实（verifiable–now）[①] 的地位，真正完全此刻可证

[①]　我们通常是在"可随意证实的"的意义上使用"此刻可证实的"这个表达式的。其字面意思是，"如果我选择了满足某些被理解的条件，那么在下一时刻便是可证实的。"

实的事物只有直接呈现的和此刻已被证实的东西。

上述解释自然是不充分的,而且还引出了一大堆无法在这里加以处理的问题。不过,与接下来的讨论直接相关的论点有:(1)"经验知识局限于我们所实际观察的东西"这样一种看法是错误的,(经验地)认知了某种东西意味着能预期进一步的可能经验。如果说这并不是此种认知活动的全部意义的话,那么它至少是其中的一个本质性组成部分;(2)被预期、被认知或被意指的东西必须是某种依据经验而被设想出的东西——经验意义要求得以维持下来。但是,同样重要的一点是,被经验地认知或意指的东西不应该是某种在我所称作的接纳时刻被直接而彻底地证实的东西。

有必要考察一下"可证实的"一词的含义。像其他以"able"结尾的词一样,这个词暗示着某种可能性,从而也暗示着获取这种可能性所应满足的条件。如果在倡导被经验地认知的东西以及被意指的东西必须是可证实的这一主张的同时,却忽略了对由可加给"可能的证实"的意义所组成的广大区域的考察,会让整个这种构想显得十分晦涩难懂。但我这里不想先天地给出一种恰当的表述方式。让我们简单考察一下进行证实的经验的这种"可能性"的、由有意义的断言所体现出来的各种不同模式。

此刻我具有这样一种视觉表象,它引导我断言我的表摆在我眼前这张桌子上。如果我所断言的是真的,那么我就可以触摸这只表,把它拿起来,而且我随后会通过仔细观察而认出某些从现在的距离无法看清的那些我所熟悉的细节特征。这种进行证实的经验并非实际发生的;我并没有触摸这只表。但是,除了我没有着手去做之外,这种经验所要求的任何东西都具备了。至少我相信这是真的,而这种信念就等同于我对于这只表是真实的并且是我的这样一种判断的确信程度。这或许就是随意可证实性或可观察性的最简单的情形。这种进行证实的经验的所有条件都具备了,只是我没有去做这种证实而已。

我们再来看看关于月球的另一面的问题。我们相信月球有另一面,但从未对它进行过直接的观察。这种信念是基于直接观察的一种推论或解释:月球像一个固体对象那样运转,因而必定是有另一面的。可是,被相

第二部分 形而上学与认识论

信的东西要成为其为真实的,就必须具备一些在我们关于它的信念中仍然悬而未决的特征。例如,那里必定有山;或者必定没有山。更准确地说,我们的信念包括一些悬而未决的可选择项。但是,假如被相信的事物就是它被相信是的那种东西,则这样一些可选择项就必须是在这一对象中被决定的。假如在月球的另一面没有比在我们关于它的构造中被特别决定的东西更多、更特别的东西的话,那么它便是一种逻辑抽象而不是一种物理实在。要是我们能够建造一座 X 射线望远镜的话,这样一些悬而未决的特征便是我们所能看见的了。或者,要是我们可以建造一艘宇宙飞船飞往并降落在那里的话,它们便是一望可知了。我们在这些条件具备的情况下所观察到的是作为物理地真实的事物的月球的另一面——作为某种不只是加在当下给定的感觉材料上的一种逻辑构造的东西。

这里所设计出的证实法方法在一种超出了前一个例子的意义上是理想性的。对人类来说,这种证实或许是不可能的;人们可能在将来的某一天建造出宇宙飞船或 X 射线望远镜。但是,在这种证实——或者所涉及的任何别的关于该事物的直接经验证实——得以实现的条件中包含着某些我们无法随意满足的条件。我们无法借助于计划好的行为链来跨越横于实际条件与所设计的证实之间的鸿沟。那么显然,除非关于月球另一面的信念是毫无意义的,否则的话,这样一种经验意义便不要求进行证实的经验当下甚至是可能的。对于延伸到这样一些事例中的"可证实的"这个概念进行分析是一项大工程。我只想提出我认为是重要的一些论点。(1) 就像这个例子所表明的,任何实在若要满足我们关于它的经验概念,就必须超越这一概念本身。加在给定感觉材料上的一种构造不可能等同于一个真实的对象。这一事物本身必须更具体一些,而相比之下这一构造则仍然是抽象的。我们在做出任何一种证实时却期待着某种我们所无法预知的东西。这是语言中的一个悖论,但它却是或应当是关于观念与对象的区分的一句老生常谈。(2) 把"可证实性"作为经验意义的一个标准,所指的主要是所设想的东西的一种假想的特征,而不是证实条件与实际具备的条件的任何假想的接近。(3) 对于知识的"可证实性"的要求更严格一些,因为认知除了要求有意义性之外，还要求确认真理的某种基础。但是，就像上述例子所表明的一样，就连为经验认知所必需的"可证实性"也不可能受制于实际可操作性或者对这种证实的程序的详细理解。我们不具备直接证实我们关于月球的另一面的信念所需的手段，但这不过是说，以现有的一切手段我们不知道如何去进行这种证实。如果说经验意义——甚或知识——要求我们制订出一条有关证实过程的操作规则的话，那么，应该看到，这条操作规则有时不得不制订得相当粗略。我们会发现，这种困难——如果成其为困难的话——不仅会影响到像月球的另一面这样的极端情形，而且也会影响到有关知识的十分平常的事项。

和你们一样，我也感觉到这些考虑有些琐碎。不过一种理论若是可被这样一些琐碎的事实所推翻的话，它当然就是不值得主张的了。我们借"经验地可证实的"所意指的东西确实有些模糊。主要的要求或许应该是，我们要能以下述方式去分析所设计出的证实经验与实际被给予的东西（"操作规则"）之间的关联。这种方式使得这一证实程序可模拟那些可被实际执行的操作来设想。我认为，这种模拟的完整程度恰恰就影响到了我们所假想的知识的意义。

我要探讨的第三个例子是有关电子的。电子的存在是从油滴在通电的电极板之间的运动行为、记录在阴极射线照片上的轨迹及其他实际被观察到的现象中推论出来的。可是，被推论出来的东西是什么呢？或者，确实有某种东西被推论出来了吗？有些物理学家（如布里奇曼）会说，我们关于电子的概念包含的不过就是这样一些被借助于数学等式以可证实的方式系统地连接起来的可观察的现象。然而，门外汉们，也许还有多数的物理学家，都不会满足于将"电子"仅仅当作这样一些可观察现象的一个名称。可是，他们假定自己相信的进一步的东西可能是什么呢？电子太小了，通过任何一架现有的显微镜都无法观察到它。而且，假如一束光直接照射到它上面，它也不会待在那里不动。它同样也处于其他感官所能及的范围之外。可是，"太小了以至于不能被直接感知到"这样一个短语到底有没有意义呢？一种证实要多直接才能算得上"直接的证实"呢？假定

第二部分 形而上学与认识论

如下的主张是受到鼓励的：没有人可以对科学的创造性施加限制，或者，没有人可以预料对原子内部的研究一定会带来的惊奇；而且，一旦在这方面取得了进展，被确定了位置的现象或许就可以在电子的质量被框定于其中的那一空间中被观察到了。

这是否是一个关于电子的真实性质的问题？应当为物理学中有益的概念加上什么样的限制？——这些都是涉及到了我不能胜任的领域的问题。不过这其中有一个我们每一个人都能加以评判的一般性论点。关于某种经验实在的假想观念是不能被明确拒斥的，除非我们可以无条件地说它的证实条件永远都是无法实现的。在那些我们可以明确地当做理论上不可能的证实构想之间，存在着一道巨大的鸿沟。而处于二者中间的任何一种构想，都是一个至少具有某种程度的有意义性的关于经验实在的假设。假如相信电子是一种超出普通显微镜可见度范围的微粒的人无法以这样的方式——亦即在证实条件可以被满足的情况下，他们能够把某些经验事件确认为对它的证实——去设想他们所相信的这种对象的话，那么，他们就是在自己欺骗自己，在说废话。但是，如果他们能够如此设想他们所相信的东西的话，那么，即使这种证实经验是不大可能的，其细节也处于某种程度的不确定状态，也不会对其的有意义性构成妨碍。任何其他决定都将是一种企图把我们的无知立为实在的一条界限的空泛之想。

从根本上说，经验意义需求不过就是这样一个明显的要求：我们所使用的术语应该具有指谓。正如实用主义者、实证主义者及其他具有类似思想倾向的人所阐释的，这种要求就是：任何概念最终都只能依据感觉材料或影像而具有指谓。只有依据它们，被意指或者被一个命题所断言的某种东西出现在我们眼前时才能被辨认出来。但是，就像上述考虑所意欲表明的那样，对于展示这种指谓或证实这种断言的东西的设想——这便是意义所要求的一切——是同这样一个问题——亦即所要求的表象借之而得以实现的那些条件可不可以被满足——没有多少关系的。这种证实经验到底是我的、你的还是什么人的，它到底是现在发生的、将来发生的还是永远不会发生的，它到底是实际可能的、对人类而言成问题的还是显然超出我们的能力之外的——只要所涉及的只是关于理论有意义性的问题，所有这一切都是不沾边的。

人们在反抗各种形式的超验主义及咬文嚼字的把戏时，可能会被引诱去宣布这样一种未经深思熟虑的主张：只有可证实的才是可被认知的，而只有可认知的才可能成为有意义的假设的主题。可是，尽管这样一个直率的陈述一般来说是真的，但由于"可证实的"一词所具有的模棱两可性而难免成为使人误解的。一方面，它指涉人们的断言或假设的内容的某种特征。这种特征必须以感觉术语加以设想。情况一定是这样的：在假定了这种证实经验的条件可以被满足的情况下，我们可以把某些经验事件看作是对它的证实。这种意义上的可证实性要求具有经验内容，但它却与证实所面临的实际的，甚至理论性的困难没有什么关系。不管对于物理学或任何其他自然科学还可以有哪样一些适当的限制，经验意义的惟一一个一般性要求——惟有这一点是同哲学必须考虑的那些关于实在的假说相关的——便是这种对于可被以真正具有指谓的术语表达出来的东西的限制。

另一方面，"可证实的"指涉着实际满足证实条件的可能性。换言之，可把可证实性当作是要求受到实际经验制约的"可能经验"的。我们必须能一步步地寻找到从我们实际所站立的地方通向这种证实经验的途径。因此，实际的或理论上的困难便成为第二种意义上的可证实性的限制条件。这些限制可能是真正与知识相关的，因为知识要求真理得到保证，而任何会阻止实际的证实的东西都可能会阻止这种保证。然而，第二种意义上的可证实性却与意义没有什么关系，因为真理的保证显然不是有意义性的一个条件。

避免混淆这两种在对由方法论唯我论所突出出来的那些考虑的意义进行评估时所遇到的关于"可证实的"的意义，是很重要的。如果可以说实际的认知活动必须依赖于最终必须是第一人称的和此时此地的证实的话，那么，把这种证实转化为对意义的否认，至少对于那些无法借助于第一人称经验和此时此地经验表达出来的东西来说是荒谬的。我并无意于把这种荒谬归咎于任何人；我只不过是想指出避免这种荒谬是必要的。

第二部分　形而上学与认识论

　　同样重要的是，我们应当牢记认知的两个不同时刻。过去经验是仅能以记忆的形式出现的给定材料；将来则只能以想像的形式出现——这是无可争议的事实。他人的报告只有以他们处于自我中心境遇中的形式出现时才成其为认知者所掌握的材料。因此，任何伴随认知意义出现的观念都必定是由认知者所做出的一种构造，这种构造最终所依据的乃是当下的第一人称材料。然而，这些境遇只是接纳时刻的限制条件。假如有人得出结论说，由于认知经验必须在第一人称的、直接的经验范围之内发生，所以知识的对象只要是真正被认知或意指的，也就必须处在这种范围之内。那么，他便忽略了进行接纳工作的经验与将对被如此接纳的东西进行证实的经验之间的区分。这二者间的区分对于认知活动是本质性的。一旦它们混同起来，便会将知识和意义引向荒谬。我也无意于把这种将依据直接材料的观念等同于可依据可能的经验或预期的经验加以说明的对象的做法归咎于任何人，我只不过是想指出避免这种错误是必要的。

　　在剩下的一点点时间里，要想指出上述内容与形而上学问题之间的任何关联，看来都难免有些荒唐可笑。不过既然诸位捧场，我就简单谈一谈三个相关的问题。

　　形而上学的一个传统问题是长生不老。关于长生不老的假说明显是不可证实的。尽管如此，它仍然是一个关于我们自身的将来经验的假说，而且我们对于证实它的东西的理解也清楚得很。情况很可能是：除了同更紧迫、更世俗化的问题（如伦理学问题）有某种假想的关联之外，这种假说并不是一个富有成果的哲学论题。但是，要是有人主张只有科学地可证实的东西才有意义的话，那么，考虑一下这种构想倒是很恰当的。它很难被科学所证实；而且也不存在这样一种科学所能做的观察或实验，其否定性的结果会否证它。然而，这种考虑同它作为一个关于实在的假说的有意义性无关。否认这一构想具有经验内容就像否认关于这些小山在我们离开后将仍然留在这里的信念的经验内容一样，很难被证明是正当的。

　　我们再来看看让唯心主义者与实在论者争论不休的关于外部世界的问题。人们觉得，主导着这两派之争的是而且一直是对关于宇宙过程与人类价值之间的一种本质关系的问题的关切。而且，如果历史上的唯心主义者一直都是凭借得自于贝克莱式的知识分析的论证而得出他们关于这一问题的结论的，那么，这种企图至少在目前的讨论中已被放弃了。因此，以任何一种容易陈述的形式表达出来的关于外部世界的问题或许都是与当前的争论没有多大关系的。但是，存在着这样一种不那么朴素，从而与此有关的表述方式，它至少提出了一个关于实在的性质的可以理解的问题。我们把它以实在论假说的形式提出来：即使所有心灵都从宇宙中消失了，星球依然照常运转。

　　对人类而言，这一假说是无法证实的。然而，这不过是一个有碍于真理的保证的境遇，它不会影响到意义。我们只能借助于想像，从而只能依据类似于我们的心灵（要是真有心灵存在的话）所经验的东西来表达或设想这种假说。但我们没有必要像贝克莱一样天真地认为想像一座荒岛上的一棵没有被人想像过的树是不可能的——因为我们自己正在想像它。例如，想像那些从未有人想像过的发明，或者想像那些从未有人数过的数，都完全是有意义的。我们甚至可以构想关于那些永远不会有人构想的概念的概念。依据逻辑基础否认这一点的人展示出一种对于语言悖论的辨别力，这种辨别力强于他们对于事实的辨别力。此外，想像对于经验主义是充分的，尽管它要求知识所需的知觉。我可以想像我将永远无法知觉到的那段将来的时间；而且人们可以有意义地设想将来的这一幕：人类走完了自己的宇宙历程，所有意识都消失了。关于一个不带有受其影响的感性的实在的假说可能并不是一个特别有意义的论题，尽管唯心主义者可能会由于考虑到关于它的决定会对实在此时所具备的性质起到了澄清作用而对它感兴趣。无论如何，它是不可证实的这一事实同它的有意义性是毫不相干的。这一假说真实与否，乃是一个关乎实在的性质的真正的问题。

　　最后，让我们谈一谈关于他人自我的构想。这一论题对于伦理学的重要性是显而易见的。笛卡儿把低等动物设想为某种自动装置，而关于其他人都只是机器人的可怕设想也可能具有意义，前提是有这么一位前后一致的唯我论者做出了这种假设。逻辑实证主义者并不否认他人具有感情；他

第二部分　形而上学与认识论

设法通过赋予"具有感情"以行为主义的解释而避开上述问题。他提出，你的牙痛是我的知识的一个可证实的对象；它是加在作为我的感觉材料的某些经验事项——你的牙齿及你的行为——之上的一种构造。在拥有像物理概念"牙齿"这样的构造之前，不管是你的牙痛还是我的牙痛，都不是知识的可能对象。同样，在拥有一种包括人的躯体这样的构造在内的构造之前，是不存在作为知识的特殊对象的我自己或你自己的。作为可知的事物，我自己和你自己同样都是构造物。而且，尽管作为被构造出来的对象，它们在种类上是完全不同的，但这些构造物仍然是协调一致的。按照卡尔纳普的说法，作为所有这种构造的原始材料的那种经验是"没有主体的"①。尽管如此，它仍然具有为所有被给予的经验所具有的那种特征或地位，这便是由"第一人称的"这个形容词所表示出来的东西。

我想，我们应当同意这种对我们关于我们自己及他人的知识加以解释的一般方式，但这并没有触及关键之点。假定我担心我明天会牙痛，我接纳了这样一个包含着我的身体、牙齿等等由当下材料所做的构造在内的构想。但是，我借以知道或预期这一将来的牙痛的我的当下经验并不是关于一种疼痛的经验。这里存在着它所隐含地提到的那种在进行接纳的经验与进行证实的经验之间的区分。机器人可以有牙痛的症状，如颌部肿胀以及所有与此相关的行为特征，但它却没有疼痛。形而上学唯我论的问题是这样的：是否存在着与你的被观察到的、表明牙齿在痛的行为联系在一起的疼痛？逻辑实证主义者认为这一问题是没有意义的，因为不存在可以证实非唯我论断言的经验内容——也就是说，除非我把你的疼痛等同于可观察的事项（如表示你在痛的行为），否则便没有这样的经验内容。然而，把二者等同起来，恰恰就是在回避所争论的问题。

我们来比较一下你现在的牙痛和我明天的牙痛这两种情况。由于自我中心境遇的缘故，我无法将你的牙痛当作与你的可观察行为不同的东西加以证实。但是，由于此刻境遇（now - predicament）的缘故，我同样也无

---

① 《世界的逻辑构造》，第 65 页。

法证实我自己将来的牙痛。然而，我明天的疼痛却可以真正成为我现在的知识的一个对象，因为一种疼痛可以被那一疼痛并不是其中的一个给定要素的经验所认知。(对一种疼痛的想像可以是痛苦的；但它并不是被预期的那种疼痛。假如它是的话，那么我们所预期的所有将来事件都成了已经在发生的了) 我永远无法证实你的疼痛。但是，当我断言你不是一台机器时，我可以设想我所意指的东西——以及将我的断言与真和假区分开来的东西，因为我可以把你的疼痛作为不同于我关于你可以实际地经验到的所有东西区别开来的东西加以想像，就像我可以把我自己将来的疼痛作为不同于我目前在其中想像它的经验的东西加以想像一样。

我当然无法把你当作另外一个不同于我自己的经验中心加以证实。我设想我可以做出的任何一种证实都会由于是第一人称经验而违背这一假定。但是，不存在任何这样的东西，我可以赋予它比同像我自己身体一样的身体联系在一起的一种像我自己的意识一样的意识的假定更清楚明白的经验内容。要是有人对是否存在着任何这样的东西的问题的回答表示怀疑的话，那么这一问题便成为关于头住的非常重要的问题。你到底是另外一个心灵，还是仅仅只是一具梦游中的躯体，乃是一个事实问题。这一问题不可能借助定义加以排除——对"有意义的"加以定义以便将它限制在可证实的范围之内，然后再参照自我中心境遇来定义"可证实的"。

关于作为形而上学终极物的他人自我的构想例示出了可加在一个由于认知活动的局限而无法被证实的假定上的那种哲学的重要性。尽管经验意义对于理论意义是必要的——而且这一考虑对于防止哲学中的字面上的无意义具有头等重要性，据之判定一种假定是有意义的那种意义，仍然经常压倒据之真理借证实而被保证可真正被希望的那种意义。在类似最后这个问题的极限情形中，它完全压倒了证实的可能性。

（李国山 译）

证实与真理的类型[*]
(1936)

一篇短小的论文可有以下两种做法：要么选一个小题目做深入彻底的探讨，要么选一个大题目做浮光掠影式的探讨，希望以论文的广度与重要性取胜。前者更为可取，但我这里却选了后者，还望各位包涵。选定证实与真理这个论题，我当然只能从一个狭窄的侧面去探讨它，或者说，只能从一种被严格限定了的观点去讨论它。所以，在开始讨论之前，最好把我要采纳的这种探究视角说给大家。

当今美国和英国的哲学探讨尤其关注意义问题。就我们而言，这种状况部分地源自于皮尔斯、詹姆斯和杜威开创的实用主义传统，源自于这一传统对有意义性的实用检验，以及它对陈述的意义与其可证实性之间的关联的强调。在英国，这种状况反映了穆尔教授及其分析学派的影响，也反映了他们的这种信念：富有希望的哲学探究方法仍然是柏拉图对话录中所遵循的方法——亦即用于确定我们的基本概念的真实定义的反思方法。除此之外，这两个国家的哲学研究还都受到了新近发展起来的物理科学方法论的影响。在过去的四分之一世纪中，这种方法论一方面认识到对基本概念的哲学考察不只是理智的奇技淫巧，另一方面也以"操作主义"的形式表达出其自身对科学概念的批判。最后一种特别重要的影响来自于对由维也纳小组的逻辑实证主义者或逻辑经验主义者所组成的那一思想活跃的

---

[*] 选自 *Collected Papers of Clarence Irving Lewis*, ed. by J. L. Goheen and J. L. Mothershead, Jv. 1970.

学派的兴趣，以及对他们企图将一种主要得自于《数学原理》中的新逻辑方法应用于一个广大的哲学领域的做法的兴趣。

如果说我企图简要陈述当今各项研究的某些结果，以便把它们作为讨论的一种背景的话，那么诸位一定不会误以为我有意信奉什么教条。眼下从哲学上对任何东西所做的描述都注定是对一个移动目标的抓拍。此外，在这些暂时的结果中无一可获得作为一种哲学主张的地位，而且其中没有哪一种结果是不会揭示出更多没有公认答案的问题的。

如果说这其中毕竟有例外的话，那便是同逻辑真理的性质及标准有关的结论。逻辑完全是由分析陈述或重言式所构成的这种看法似乎得到了一般的公认。逻辑规律以及所有那些仅凭逻辑便可确定其为真的命题，都是独立于任何经验事实而为真的判断。例如，"A 是 B 或者 A 不是 B"这个陈述并不断言任何可检验的事态具备某一特征而不具备其他特征。这一陈述穷尽了所有的可能性。我们所居住的这个世界——或者我们可能居住的任何一个世界——可以是任何一种样子的；可是，无论宇宙间发生什么扭曲和变形，它都不可能逃离这项逻辑原则而生出要求修改这一原则的事态。如果我们将这一观点——逻辑是独立于经验的——倒转来看，那么它的意思就是说：逻辑以及一般的可逻辑地证明的真理并不包含任何关于事实的信息，或者任何可能的经验内容。要说这一规律毕竟说出了某种东西的话，那么，它所真正表达出来的就是我们在根据名称辨别事物时给我们自己施加的限制，以及我们试图赋予"或者……或者……"的那种意义。这样一个规律所表达出的是我们自己做出行为的逻辑方式，我们自己的逻辑意向。就像一般的定义以及所有只需应用逻辑标准便可确定其为真的陈述一样，逻辑规律从不断言任何可设想地假的东西；它们既不包含任何关乎经验事实的信息，也不对任何经验事实施加限制。

而且逻辑及逻辑地可证明的东西是同先天的东西相一致的。任何非分析的——综合的——命题都不可能在没有任何源自于观察和实验的证明的情况下被认作是真的。例如，康德关于数学真理是先天综合判断的主张被普遍认为业已被《数学原理》所驳倒：在这部巨著中，数学的基本规律

第二部分　形而上学与认识论

在只假定逻辑规律的情况下被表明仅仅是适当的数学定义的逻辑结果（当然存在着一些例外，但这些例外被投身于此的人们看作是尚未解决的迷惑，而不是被看作这一处理方法的不充分性表现）。

如果说（这样说或许是公正的），由于对康德而言"几何学"意指"关于我们的空间的真理"，而对于现代数学来说，欧几里得几何学只是一种其对空间的可应用性或不可应用性在数学中没有被断言的逻辑发展，所以《数学原理》并没有驳倒康德的主张——如果这样说的话，那么我们最可能得出的答案便是：空间的实际特征乃是某种我们的观察和实验结果——例如，一束光线在接近太阳的地方穿过时所表现出的行为特征——并非与之毫不相干的东西，而且关于我们的空间的真理——什么样的几何学是可应用的问题——乃是一个经验问题，从而对它的回答就是后天的，而非先天的。

以上述方式可得出这样的结论：只存在两类命题。一方面，我们拥有逻辑、定义及一般可逻辑地证明的东西——包括数学，它们可被先天地认知，因为它们是纯粹分析的或同义反复的。另一方面，包括关于经验事实的断言在内的所有综合命题都是后天的，而且——就像通常所补充的——它们只是理论上或然的。

这种二元区分的寓意之一是：分析陈述根本就不是判断（在这个词的一种可能的意义上），对它们的领悟也不成其为知识。它们不包含任何有关事实的信息：它们没有说出任何有替代项的东西。可是，尤其当我们想到数学被包括在分析陈述之中时，"判断"和"知识"这样一些词的用法的悖理之处就显现出来了。这些分析真理的获得在下述意义上表现为判断：为清楚地领悟我们自己这些借我们所接受下来的定义表达出来的意义对我们意味着什么，需要付出脑力劳动，需要精密地思考。由于我们可能会前后不一致，会错误地拒斥这些纯分析的真理，所以，对于我们所隐含地接受下来的东西所做的清晰的辨认，便是与这种可能的错误相对的知识。但是，它又不是具备或要求经验现实的知识，不是关于休谟称作的"事实"的知识，不是关于维也纳学派称作的"事态"的知识，也不是关于实用主义者称作的"任何可能经验的内容"的知识。

除了这些纯分析的真理之外,所有陈述都必须是后天的。而且,如果它们是真的,就必须是经验地可证实的。假如我们知道任何一个综合命题的意义,则我们必须能够指出这样一个经验事件:它若出现,便会证明这一命题为真或增加其或然性;而它若不出现,则会在适当的情境下证明其为假或减少其或然性。无论是实用主义者还是维也纳学派的成员们都坚定地认为,经验的或非分析的命题要具有意义,就必须是本质上可证实的。如果它们的真不是参照最终可以经验术语表达出来的标准便可决定的话,那么它们就没有断言任何东西,从而是没有意义的。

当然,我匆匆勾画出的这一发展过程中的每一事项都留存着不少的问题。谁都不会不假思索地接受上述那些论点。当然,这里也并不想设计出一种论证来让那些碰巧并不相信这些论点的人去相信它们。我不过是想提纲挈领地概括出一种我们可借以直奔主题的一般性观点。

再说,那些在一般思想倾向上表现出一致性的人们正是在这一点上分道扬镳了。大家知道,维也纳学派基于将客观的有意义的命题当作要么是逻辑的和分析的,要么是经验的和理论上可证实的,便把所有被他们当成形而上学的陈述作为无意义的拒斥掉了。至少石里克教授在《伦理学问题》一书中也把所有规范陈述包括进了没有做任何断言,从而也没有任何实际意义的陈述。这些形而上学陈述和规范陈述具有"情感的"意义:它们可以表达出它们的人的主观状态,并且对听者可以具有审美的及劝告的意义。这些陈述有其生活地位和作用,有其社会重要性。例如,抒情诗不会因为是逻辑地或科学地不可证实的而成为无足轻重的。这些陈述也可能具有心理学或社会学的真理。它们可以表达出一种个人的或社会的态度。可是,由于这些形而上学的和价值论的陈述既不是对意义的分析性阐释,也不是关于任何事实的可证实陈述,所以它们没有就任何有客观标准可寻的真理做出断言,从而不受制于最终可通过揭示事实而加以平息的合理性论辩。

从实用主义者关于伦理学的著述中可以非常明显地看出,他们一般不

第二部分　形而上学与认识论

会遵循维也纳学派通过将经验真理与可证实的东西等同起来而做出的这些推论。实际上，实用主义几乎可界定为这样的主张：所有关于真理的判断都是价值判断。证实是一种价值决定，而真理的标准就是某种价值的实现。除非实用主义准备承认真理一般而言都是主观的，否则它就无法前后一致地承认价值判断是不可以得到客观检验的。事实上，其批评者坚持认定这恰恰就是实用主义的一个寓意，但实用主义者们却矢口否认这一推理的有效性。

分析运动的中坚人物摩尔教授早先也坚持认为伦理学的价值判断具有客观性，而且迄今仍没有迹象表明他已放弃了这一立场。

就形而上学而言，实用主义者和分析哲学家们也像逻辑实证主义者一样，表现出了至少怀疑这一主题的传统内容的倾向。但是，他们更倾向于在富有成果的和徒劳无功的形而上学探究方法之间、在意义较大和意义较小的形而上学问题类型之间做出区分，而不是追随维也纳学派完全拒斥形而上学。

由于证实对于上述所有这些流行的哲学运动是至关重要的，所以，它们在一些根本性的论题上的分歧显然是同与证实有关的问题，以及证实与意义及真理相关联的方式联系在一起的。甚至像哲学本身的意义、它可合法地使用的方法以及传统归于它名下的那些论题中哪些是正当的这样一些基本问题也都是与此有关的。

事实上，关于证实的性质及其不同模式的问题乃是这样一些哲学运动先聚集于此，随后又分崩离析的地方。甚至在逻辑实证主义者内部也因此发生了分化，而目前的讨论尚未显出任何清晰可辨的轮廓。下文将就这一涉及证实的问题做一点小小的揣想，可我连它是否能提供点有关最新发展的信息也毫无把握。

证实的一般特性似乎是显而易见的。不管可证实的是什么样一种东西，它都具备一个假说的特征。它之所以被提出来，是因为它的某些后果已作为经验事实出现了。但它还具有其他一些尚未确定为真的或假的后果。所以，在暂时把我们的假说作为一个前提接受下来之后，我们便可就被进一步的观察或实验所确定的某种经验事件做出预言。如果我们的假说是正确的,则只需采用适当的方法便可最终找到被预言的东西。假如所预言的结果没有出现,那么,我们的假说便被证明是错的,除非出现这种情况:我们所援用的具有某种理论缺陷的程序方法使得观察或实验结果算不上决定性的。相反,假如所预言的结果被发现了,那么我们的假说就算被证实了。然而,这一假说并没有被这种检验完全证实,因为它还将会有其他一些有待检验的结果。理论上说,即使在万事顺遂的情况下,单单一个观察或实验结果究竟能否导致完全的证实,仍然是有疑问的。显然,只要一个假说的任何一个结果哪怕只有一点点被否证的可能性,这一假说就是未被完全证实的。更一般地说,这意味着带有普遍性的假说最多只是高度可能的,尽管在实践中这种可能性与确定性之间的差别有时可以忽略不计。

　　重要的一点是,我们借以检验一个假说的那些被称作其"结果"的东西,只是偶尔才作为严格从它推出的逻辑结果而出现的。即便是在物理科学中,它们也不大可能在不借助其他先前接受下来的概括的情况下代表任何从这一假说中推论出来的东西。而且,一个假说与其结果之间的"如果……那么……"的联系通常是很缺乏逻辑性的。我假定我的自来水笔中有墨水,并通过试试这支笔能否写出字而对这一假定进行检验。可是,"如果我们的钢笔中有墨水,那么它就可以写出字"这个陈述是无法以逻辑加以证实的。我认为它不过是某种已被先前的经验所充分确立下来的东西。也就是说,关于一支有墨水的钢笔可进行书写的断言本身也是一个假定,只不过它是一个拥有比我现在欲对其真加以检验的关于这支笔中有墨水的假定更高的或然性的假定。

　　这或许是一个很典型的事例。在对一假说进行检验时,我们援用别的已被更好地确立的假说,以便确定,在这一假说被检验为真的情况下会推出哪些结果。如果被检验的是一个物理假说,那么我们便援用物理学定律来确定从这一假说中会推出哪些结果。但是任何一条物理定律都不是由逻辑所确立的(除非像杠杆原理这样可看作伪装的定义的定律)。这些物理

第二部分 形而上学与认识论

定律本身也是假说,而且是不完全确定的,尽管它们的或然性可能要远远高于被检验的假说。这里要考虑到的很重要的一点是:任何一个假说都不能孤立地加以检验。我们参照假说 H 的结果 C 检验它。可是,C 并不单单是 H 的一个结果,而是 H、J 和 K 共同的一个结果。假如 C 没有出现,我们将此归诸于 H 的假,因为 J 和 K 是更牢固地确立的。但是,假如经验原理一般都属于"可证实的"的类型——总拥有尚未得到检验的结果并且永远只能是高度可能的,那么我们的范式中的 J 和 K 本身也不是理论上确定的;而且我们可以确定的由 C 的未出现得出的结论就是:在 HJK 这样一个复合陈述中出现了某种错误。再回到我们的例子上来。我通过试试我的钢笔是否能写出字来检验"我的钢笔中有墨水"这个假说。但是,当我假定这一假说可被这一结果所检验时,我便假定了有墨水的钢笔都能写出字。而由于后者本身只是一个被或多或少确立下来的假说,所以我就无法最终决定,我的钢笔未能写出字这一事实是否证伪了我的钢笔里面有墨水这个假说,或者所有有墨水的钢笔都可以写出字这样一个更一般的假说。我所能确定的只是"我的钢笔有墨水,并且所有有墨水的钢笔都能写出字"这个复合陈述中至少有一个错误的组成部分。

假如这事实上就是经验的和可证实的真理的典型情况的话,那么通过考虑这种情况自然会得出两点看法。

第一点看法是,关于经验真理以及作为这种真理的最好代表的自然科学的真实图像大致如下:在任何时刻都存在着一个由经验概括构成的整体。这些经验概括之所以被接受下来,是因为它们所具有的说明价值,是因为它们正确地描述了我们所知道的所有事实,而且没有哪一个由它们而得出的结果被证明是错误的。时常会有新的事实出现,而这时就必须把这种说明加以拓展,以便把它们也涵盖进来。这些新事实有时会与由先前接受下来的经验原则所组成的整体不一致。发生这种情况时,我们所接受下来的这些原则到底什么地方出了错,尚未独立地确定;可通过多种方式对原来的说明加以修改,以涵盖新发现的事实。由于显而易见的理由,我们可能会选择要求对总体改变做最小的修改,或者,出于另外一种通常被贴上"实用的"这个一般性标签的理由而最容易被接受的修改。

这种草草的描述自然显得粗陋，但科学发展史很可能在相当程度上是同这种描述相一致的。科学就是一个由确定程度高低不等的假说组成的巨大网络，时不时地会有一些新的事实涌现出来，它们要求对先前拥有的科学构想进行调整。可是，这一科学理论整体究竟需要做什么样的调整，则很少能被明确无误地确定。在科学构想的演进过程中可以辨认出一种进行选择的倾向的作用，它所选择的或者是既包容新事实又尽量少破坏被接受理论整体的调整，或者是同关于理智经济性的其他考虑相一致的调整，或者是为某种新的、有利的方法带来了最大希望的调整，如此等等。

从上述考虑——亦即一个假说很少能孤立地加以检验——中可获得的第二点看法是：经验真理的最终检验乃是存在于由可接受原则所组成的整体系统中的一种融贯性。除了实为定义的东西之外，我们所接受下来的所有定律就其本身而言都是或然的。单独地看，其中的每一条都只是一种假说。这些假说如此紧密地相互关联，以至于其中的任何一个都不能孤立地得到最后检验。每一假说要得到证实，都不仅有赖于由它所得到的结果，而且有赖于其他假说同时为真。而且这种对假说的依赖是一种双向关系。一种给定假说依赖于其他假说，前者部分地或整个儿是后者的一个结果：这一假说还依赖于它自己的结果——亦即当它被同其他假说放在一块考虑时它所产生的那些结果。基于这些考虑，我们可以得出这样的结论：由经验原则或被接受下来的陈述所组成的整体乃是一个巨大的、联系紧密的网络，其中的每一组成部分最终都是同其余任何一个组成部分相互依存着的；而对经验真理的最终检验就是对完全一致性和作为一个整体的系统内部的相互支持的最终检验。

在当今的讨论中，这两种看法均已露出端倪。上述的那些构想无法归诸于任何派别或个人。因为我的描述太过草率，无论将它套在哪一个人的立场上都是不公正的。但我相信，本文开头勾画出的那种一般立场正把我们推向某种更进一步的东西，尽管我们尚不清楚这种东西确切是什么。

我认为，这两种看法除了具有表面的似真性而外，并不能在不考虑到

第二部分　形而上学与认识论

基本的条件及某种附加条件的情况下被接受下来。

我们知道,其中的第二个看法是一种旧观念的新形式:真理融贯论。这一理论容易受到这种攻击:一致性及论点之间的相互支持永远不可能是对真理的充分检验——即使从总体上说也是这样。倘若如此,我们便不需要诉诸观察与实验,而只需在逻辑考虑的指导下便可在某个理智的天国内构想出我们关于经验真理的体系了。而且,通过倒向所有可接受的假说都是相互依赖的这种看法,来试图摆脱任何假说本身都不具备最终可检验的真理这种困难的做法,正是表明我们普通人无法走极端的一个实例。可以说,我们接受下来的经验原则全都处在几乎无法摆脱的缠绕之中,但这并不必然意味着其中的每一条都是同其余的原则搅在一起的。在一套暂且可分开的原则——比如空间的几何学性质——中我们可能会发现,被分割出来的一些论点是很好地联系在一起的,但这绝不意味着每一论点都是同其余的论点相互依存的。甚至还有更好的理由假定,经验真理系统完全可以展现这些交织在一起,却可以分离开来的组成部分的一般特征。我们的科学话语所谈论的世界并不是一个仅仅由"证据"——借用威廉·詹姆斯的术语——连接起来的松散物质束,这一事实并不足以让我们走向另一个极端,并把它当作一个其中的任何一个东西都依赖于其余东西的"铁板一块的宇宙"。尽管我们所接受下来的经验假说之间的联系极为复杂,但没有理由夸大我们在褫夺其"真理"之名时所面临的困难。

我认为下述看法是出于正当的考虑的:由于已接受的原则所组成的整体具有复杂性,又由于我们无法对其中的任何一条原则进行孤立的检验,所以,当一个与整个系统不一致的新事实出现时,我们在保留什么与抛弃什么这件事情上便拥有着选择的空间——也就是说,在决定什么东西可作为真理接受下来时,实用主义因素起着作用。但是,假如真理中此外再无别的实用主义要素了,那么"实用主义者"这个头衔不管加在谁的头上都会是——或者应该是——让人不自在的。因为如果出于便利性、理智经济性、简单性等考虑而在各种假说之间做出一种会造成任何可能受到一个将来事件的影响的、可设想的差别的选择的话,那么它便仅仅是一种受制于这样一些将来事件的临时态度。这样的情况是司空见惯的：迄今所获得的证据仍然为其他选择留有空间，而我们也必须从它们中间选取可行的假说。在这种情况下，以便利、简单性等为根据进行选择仅仅是一种合理的举动，而并不存在我们当下可诉求的决定性考虑。但是，就将来经验可能会表明我们的选择是错的而言，这种"实用主义的"选择所决定的便不是真理，而仅仅是我们暂且难以充分了解的那种实际的态度。总存在着进行选择的空间这件事正反映了这样的事实：我们在经验原则领域所能得到的最好的东西从理论上看仅仅是或然的。但是，没有哪一种假说因为是简单的或便利的而具有更高的或然性。简单性和便利性所决定的不是真理，甚至也不是或然性，而仅仅只是简单性和便利性而已。在当下没有决定性的标准可参照的情况下，简单性和便利性在对可行假说的选择上仍然是有其合理地位的（我认为，在真理中还存在着另一种不同的实用主义因素——一种不受制于将来事件的因素。不过，这种进一步的考虑与现在所谈论的东西关系不大）。

我想诸位一定有这样的感觉：即使在关于经验真理的每一次决定中都必须考虑到我们的所有原则之间的一致性和相互支持，即使总存在着依据便利性和简单性来选择假说的空间，仍然还有一个确定经验真理的决定性要素尚未被考虑进来，这便是证实因素本身。在我们所做假设——或者我们的错综复杂的假说体系——的基础上，我们做出某种预言。这种预言被发现是真的或假的，这便是这一情景中的决定性因素。在这种关于被预言的东西是如此或不是如此的真理中，是不存在融贯因素或任何实用主义因素的。

我对这种结论颇为同情。但是，在接受它之前，还必须考虑到它所面临的一些困难。

有时候，借助某个简单得近乎荒诞的小例子便可毫不费力地揭示出一个论点。我们还是回到关于我的自来水笔的例子。我不大能确定，它能写出字或不能写出字这样的事实能否检验我关于它里面有墨水的假说，或者凡装有墨水的钢笔都能写出字的假说，以及它能在多大程度上对其中的一

第二部分 形而上学与认识论

个假说进行检验，又在多大程度上对另一个假说进行检验。在这件小事上，我自然应该做进一步的检验，以便就此事做出决定。但是若面对的是像物理理论这样的远为复杂的情形，这样做就是很难的，或者在实践上是不可能的。假如我们在继续检验时遇到了障碍——联系到我们的例子就是，假如我们无法做进一步的、更具决定性的检验，那么，是断定这支钢笔中没有墨水了还是断定有墨水的钢笔并不总能写出字的问题就只好参照这两个结论中哪一个对我们关于钢笔、墨水和书写（以及所有其他可能进入此情境的东西）的观念整体扰乱最少来决定了。我们可能以尽量小地调整我们的信念体系为理由来做出选择，或者以一致性和相互支持为标准做出选择。我们通常很可能就是这么做的，而参照便利性或融贯考虑所做选择的结果就是我们在某一给定时刻倾向于作为"真理"接受下来的东西。

但是，对我们现在所讨论的观点做出具体说明的非实用主义要素却是，这支钢笔写不出字。可以说，这是一个绝对的事实，正是它把问题引了出来。处于每一个这类问题的中心并构成对任何可证实真理或假说的最后检验的，也正是这样一些绝对的事实。我们对于任何一种证实所检验的东西可能有着复杂而困难的问题，但是，只要我们拥有一种证实，就一定有一个关于它的绝对真理。

不幸的是，问题远非这么简单。假如存在着这样一些命题：我们通过直接依赖在证实发生的那一刻被给予的经验而绝对地判定为真或假，我们就是对的。但是，到底有没有这样的命题是值得怀疑的。我们再来看一看前边的例子。我们会说，在那一情形下，绝对确定的真理是：我们试着用那支钢笔写字，可就是写不出字。不过，也许会有人提出这样的问题："你的检验有赖于如下根据先前经验而做出的假定：你的钢笔在装有墨水的情况下可以写出字。假定这是真的——抛开关于它的一切疑问。即便如此，却仍然存在这样的问题：你能确定当下这种关于不能书写的经验是对它的一种检验吗？你能以自己的生命来担保这就是你的钢笔吗？你愿以整个人类的未来福祉来担保你手中确实拿着一支真实的钢笔吗？甚至担保它确实不能写出字吗?"

只要我对此有丝毫怀疑,只要我在以我的生命为手中之物担保之前稍有迟疑,事情的真相就败露无遗了。因为这无异于承认关于我的当下经验证明了我所说的东西——"我的钢笔写不出字"——的假定仅仅是或然的。它不过是添加于我所拥有的一整套复杂的假说中的又一个假说而已。

也可丢开这个具体的事例而一般地说,我们为检验假说而做出的断言是命题。因此,即便是部分地检验这一假说,我们也必须判定陈述这一假说的预期结果的那一命题是真的还是假的。但是,是不是有哪一种经验可以为任何一个命题提供绝对的检验呢?我们可不可以构造出可以在直接给定的经验中被绝对地、最终地、理论上毫无疑义地判定为真或假的命题呢?如果回答是否定的,那么我们便回到了这样的立场:我们所能得到的最多不过是由各种各样的或然性判断交织起来的理论整体;而我们所谓的"真理"最终要么是实用地要么是参照这些假说的一致性和相互支持而得到确定的。

我们现在不得不承认,我们当作表达了某个会对某种东西进行证实的当下事实的命题,实际上并不是我们所认为的那种东西——并不是在我们做出这种证实时被我们所看到或听到或经验到的东西所绝对地、最终地确定为真的东西。我的钢笔写不出字并没有在所谓的证实经验中被绝对地证明,因为说我手中的这样东西是我的钢笔或者是一支真实的钢笔,甚至说它不能书写,在理论上都是有疑问的——说我当下的知觉装置中并没有什么异样的东西或者我并不是在做梦,都不是理论上确定无疑的。至少这是一支真实的钢笔以及它不能书写这样两个命题乃是具有某些进一步寓意的判断,其本身也可在进一步的经验中被检验。它们的真隐含着比我们目前所经验到的更多的东西。假如这种更多的东西不能够以预期的方式得到检验,那么我们就应当对其表示质疑。我们不得不承认,从理论上讲它们不过是假说而已,尽管它们的或然性大得足以让我们在实践中忽视它与确定性的差别。

事实上,要为如下假定做出辩护是很困难的,甚至是不可能的:存在

第二部分 形而上学与认识论

着这样的关于客观事实的陈述,其真可在直接给予的经验中被完全地确定。每当我们断言某一实体具有某一客观属性时——这张课桌是黄色的,这块黑板是长方形的,我手里拿着的是一张纸,我们所断言的东西都超出了我们当下知觉所能完全确定的东西的范围。假如我是一名存心迷惑你们的魔术师,你们便可以对所有这些事情保留自己的看法。你们会知道如何来检验这些陈述。你们会要求照在这张课桌或这块黑板上的光线更明亮一些,或者要求从另一个角度去看,或者要求把我手中之物拿到你们自己的手上。这样一些更进一步的经验与所探讨的真理具有某种关联,并且对于这种真理的证实是关键性的。因此,关于被假定下来的这种真理的陈述被证明只具有被部分地证实的假说的地位,而不具有完全确定性的地位。只要想到幻觉和知觉错误随时随地都是可能出现的,我们就不得不承认,关于客观事实的断言理论上永远也突破不了 99.9%(可以在小数点后面加上任意多的 9)的或然性,永远不可能达到百分之百的确定性。

尽管如此,你们仍会反对如下结论:就经验真理而言,我们被迫回到了对它进行单纯的实用主义检验或者仅从融贯方面对它加以考虑。你们也许会说,假如经验真理最终不是以某种方式落脚到经验上的话,那么,不仅"经验真理"这一术语是一个荒唐的误称,而且由它组成的整体也成了一种杜撰,成了逻辑学家在真空中玩的一种把戏。假如被当作科学和普遍接受的原则的东西本身仅仅是或然的,那么我们称作"或然的"的东西实际上不过是或然地或然的,或者或然地或然地或然的……如此一来便不存在对任何东西的检验了,甚至也不存在任何一种真正的或然性了。至少我是希望你们说出这些东西的,因为在我看来它们乃是无法回避的事实。

然而,假如我们的这些信念被证明是正当的,我们还必须进一步在经验事实领域中寻求确定性的绝对支点。我们在关于客观事物的客观断言中是找不到这一支点的。每一客观命题都包含着可进一步检验的预言,因而它们在理论上都不过是或然性的。如果我说这支钢笔写不出字,那么它便要受制于它是否是一支钢笔的检验;如果我说这块黑板是长方形的,我们便可以拿来一把木匠用的直角尺以求证实。关于任何一种东西所具有的客观属性的陈述都具有进一步的寓意，而没有哪一个这样的陈述可被简单地归为可被直接给予的经验所确证的东西。

然而，我们这里所犯的错误仅在于，我们过于匆忙地在实际的确定性（或然性很高的）与真正的理论确定性之间做出了区分，而且使用了难以自圆其说的术语。我们无法这么说：证实就在于发现可被当作一客观事物的某一客观属性的东西为真或为假。我在我的直接经验中真正能确定的不是我手中之物是我的钢笔，而是它看起来正像我记忆中我的钢笔的样子。我能完全确定的不是这块黑板是长方形的，而是它此刻在我看来是长方形的。我还可以补充说，就像我的先前经验向我保证的一样，在我看来很像我的钢笔的东西就是我的钢笔，而在我看来尺码上像长方形的黑板就是长方形的或者差不多是长方形的。但是，我在证实经验中发现绝对为真的东西并不是这些关于客观属性的断言，而是以如此这般确定的方式看起来或听起来或感觉起来像是的某种东西。当我们完全准确地表达出我们的意思时，我们作为绝对真理陈述出来的将仅仅是这样一些关于我们的给定经验的内容的表达。由我们的带着或大或小的或然性的假说构建起来的整座金字塔正是建基于这样一些关于给予的东西的表达之上的，而像"这块黑板是长方形的"，"这是我的钢笔"这样的虽然简单却是客观的断言，尽管十分靠近这一基础，却并不是与之相符合的。

诸位可能会觉得我在小题大做。不过，要是我们足够仔细地考察这个小小的论点的话，它的重要性便赫然在目了。它不仅消解了所讨论的这个问题——存在着一条完全不同于实用的便利标准或逻辑的融贯标准的最终的经验真理标准；此外它还具有更进一步的与意义概念本身及其他类型的真理与科学真理之间的关系有关的寓意。

要记住，我们为进行讨论而假定下来的一般性观点将所有经验真理都当成可证实的了。这种观点认为，经验真理的本质就在于这种可证实性，而且只有那些可证实的经验陈述才具有事实意义。我们所指出的这个小论点搅乱了所有这些构想。如果说它是同这些构想所表达出的意向相一致的

第二部分 形而上学与认识论

话,那么它仍然表明:这种意向并没有被很好地表达出来,而附加其上的那些必要的限制则会导致关于经验真理和经验意义的十分不同的图式。

既然关于直接给予经验的那些表述表现出了所有其他经验真理最终都建立于其上的绝对确定性,我们下面就来考察一下这样一些表述的性质。

首先,它们并不是可证实的(就这个词的严格意义而言)陈述。它们之所以是确定的,是因为它们并不受制于任何可能在将来发生的事情。如果我说"这块黑板是长方形的",那么这一陈述是可证实的。正因为如此,将来发生的事情可能会要求重新考虑这一陈述。但是,如果我把自己限定于"这块黑板此刻在我看来是长方形的"这种确定性,那么将来可能发生的任何一件事情都和它的真毫无关系。从关于给予的东西的这样一些表述被说成是可证实的那种惟一的意义上来说,它们在被表述时就已经被证实了。对于做出这样一些陈述的人来说,它的真或假是不成问题的。就像所意想的那样,它要么表达了他知道为真的东西,要么就是一个假的陈述,并且他是知道这一点的。对于这一类陈述的真的检验,并不在于任何一个证实过程所得的结果,而仅仅在于所使用语言的意想的指谓与满足这一指谓的一种经验的确定内容之间被观察到的符合关系。

因此,由证实加以检验的真理——包括所有经验概括和所有关于客观事实的断言的真理——最终都依赖于另外一种不是由证实来检验,也不需要被证实的真理。

我认为,假如我们可以查明这样一些考虑的所有寓意的话,我们就会发现它们同另外一些问题也是有联系的——如一般价值论和伦理学。诸位都知道,维也纳学派在具有客观的真或假并具有字面意义的经验可证实陈述与仅用于表情的,其真无法由任何证实来检验的陈述之间划定一条界限。他们否认后者具有任何事实性的或认知性的意义,而只承认它们具有"情感的"意义。按照这一区分,他们把由可通过某个证实过程加以检验并且具有客观意义的断言组成的科学当成包括一切的真理;又把包括形而上学和规范伦理学的陈述在内的其他类型的陈述当作既不真也不假的、没有字面意义的陈述加以拒斥,因为它们仅仅是对主观的东西的表达。

我们现在看到，在关于一客观事物的客观属性（例如，这块黑板的长方性）的可证实断言与关于给定经验的直接内容（我看着这块黑板时所看到的它的特征）的表达之间存在着一条真实的分界线。如果我说这块黑板是长方形的，我暗指着某种与关于它的进一步的可能经验有关的东西；我暗暗地预言它的当下被给予的视觉特征是经验的或多或少永恒的可能性；也预言这种表面现象会以某种方式而不以别的方式随着我的视角变化而变化；还预言若将一把木工用的直角尺放在黑板的角上就会发现两者的边是重合的，如此等等。作为这块黑板的一个客观属性的"长方性"所表现的是整个的一个复合体，或者由经验中的给定的视觉及其他感觉特征组成的系列：没有哪一种单个的直接材料足以决定具备这种客观属性的黑板的现实性。正是由于这种原因，"这块黑板是长方形的"这一断言才是某种可证实的东西，才是某种需经证实才能确立为事实的东西。

不过，我们也看到，这种关于客观属性的客观断言的真最终是依赖于另一类不同陈述的真的：这类陈述表达了证实本身，而且仅仅是关于在某种经验中被直接给予的东西的报告。这样的报告通常并未被表达出来；日常语言是不大适用于做出这种报告的。当我们希望传达黑板此刻向我们呈现出的那种直接的视觉属性时，我们只能使用像"长方形的"这样作为客观属性的名称的词语，而要获取精确的意义，我们不得不使用像"看起来是"，"显得是"这样一些表达方式。可是，如果我们认识到我们意欲表述出的是什么以及我们的词语——如"看起来是长方形的"——所欲表达的意义，我们就会发现，关于经验中给予的东西的这些表述应归在被维也纳学派视为在哲学上和科学上无足轻重的那类表述之中，因为它们不具备可证实断言的特征，而只不过是表达情感的陈述。它们没有事实性的或认知性的意义，而只有"情感的"意义。

任何使用语言去报告给予经验的人事实上都是在赋予它以一种仅仅是表达情感的意义，这种意义并不包含任何可在随后经验中被证实的东西。正是这种意义使得它对于主观的（亦即直接的）东西而不是客观的东西是重要的。他使用语言的方式与（譬如）一位抒情诗人使用语言的方式没有什么两样，这块黑板自然不会带给诗人多少灵感。但是，关于它此刻呈现给我们的这种直接给予的属性的表达恰恰就是那类被普劳尔教授称作"审美的表面"的东西的表达，而这正是诗歌和艺术试图传达的。显然，这便是被维也纳学派贴上"情感的"标签的那类意义。

然而，尽管这样一些定义被称作是"主观的"，可它们远不是哲学上和科学上无足轻重的，相反，它们却理所当然地构成了科学及任何一类经验真理的终极检验和终极意义。因为任何一种可证实的真理最终都要落脚于它必须在其中被证实的经验的这些陈述的真之上。假如这些不受制于任何进一步的证实经验的、表情的、主观的陈述不具备真正的意义及真正的真或假的话，那么经验概括和科学本身也必定同样是缺乏字面意义的。

因此，我们所探讨的那个小问题的后果可能会产生深远的影响，直至最终突破客观科学陈述与所谓的主观意义之间的假定分界线。这种情况显然与伦理学和美学真理以及这种真理与科学真理之间的关系具有重要关联。

这里当然不可能把这些问题都说清楚，也不可能确定关乎其他一些哲学问题的这样一些结果能否被真正地引申出来。但我们至少已经看到，本文开头所概括出的那种一般性观点的结果并不是什么定论。如果说当代某些思想倾向之间存在着某种程度上的合流的话，那么进一步的发展仍有可能出现分化。我想，其最终结果究竟是什么样子的，不是我们这代人所能确定的。也许在座诸位中会有人参与到其中。

（李国山　译）

知识、行动和评价*
(1946)

（一）知识、行动和评价本质上是互相关联的。知识的首要的、贯通全部的含义就在于它对行动的指导：知是为了行，而行动显然是植根于评价中的。对于一个毫不分别高低价值的生物来说，深思熟虑的行动就会是不得要领的；对于一个没有认识能力的生物来说，深思熟虑的行动是不可能的。反过来说，只有一个能行动的生物才能具有知识，而且只有那样一种生物才能够对超出它自己的感觉以外的任何东西赋予种种价值。一个不能进入实在界过程中，以便部分改变实在界的将来内容的生物，只能在直观的或审美的静观的意义下领会一个世界；那样一种静观不会具有认识的意义，而只能具有享乐和受苦的意义。

对于行动的兴趣，并不是对摆在眼前的事物并为它本身而产生的一种兴趣，而是对于将来有的或可能有的事物的一种兴趣。说到指导我们行动的那种有关世界的知识，则对于它的兴趣也是这样。对于从事认识的心灵来说，直接呈现出的某种东西——直接经验中的某一项目——是其他某种东西的标记，这个其他某种东西不是那样直接呈现出来，而是在进一步的经验中似乎会实现，或能够实现的。只有这样，所谓被认识的东西才是能够被证实的某种东西。因为显而易见，所谓证实就是要把某种成问题的东西置于某种经验的检验之下。在我们要求证实时，这种经验尚未被给予，

---

* 选自 *An Analysis of Knowledge and Valuation*, 1946, chapter 1.

第二部分 形而上学与认识论

不过它是能够被给予的。不但如此，一种经验的认识这样所预言的能够证实的东西，在典型的情形下，纵然不是在一切情形下，将有几分依靠于我们的行动。证实本身虽然并不必然暗含着行动，可是至少说，只有当所领会的东西是受行动制约的时候，知识才不至于成为徒劳无益的。一个继直接所予的东西之后注定要发生的将来，纵然预言出来，那种预言也是无意味的。因为依据假设，人们对于它已无能为力了。凡可以指导行为的知识，必然臆测将来，不过这个将来是行动自身可能把它造成另外一个样子的。

那种行动见诸实施与否，将依所做的评价为转移。在决定时，要参照于预料到的可能的经验——作为应希求的东西或作为应避免的东西。行动企图尽力控制将来的经验，借以谋求我们自己的利益。它的出发点是在所予的情境中；它的终点则在于某一种经验中，对那种经验人是给予一种积极的价值的（或者是与其他事物相比较之下的一种相对的价值）。经验知识的主要作用是一种工具的作用。那种工具使人由出发点过渡到终点，由现实的现在过渡到一个被欲求的将来。而且人们相信，现在就是预示这个将来可能实现的信号。所谓认识，就是把握**那种**可以被行动所实现的那些价值所限定其性质的将来；经验的知识本质上是功利性的、实用性的。

如果知识似乎有另外一种含义，而且这种含义和这些说法不相符合，那么那种现象本身就应当引起我们的注意。因为我们显然不会否认知识的旨趣对于我们的选择行为是重要的。人们可以说，例如科学所预言的是将来的事情，这些事情正因为是可以预言的，所以是不受我们控制的；而且这样一种定言式的预言正是最理想的知识的本质所在。不过这样出现的困难只不过是表面的罢了。让我们承认科学所预言的事实（或许是一次爆炸）是无可更改的将来事实。不过这话仍然不是必然地含有关于任何经验的定言式的预言。这个报告的功用恰好就在于那个事实。问题是，当爆炸发生时，我们可以躲到别处，或者事先预防，缩小它的作用范围。所预言的事情对我们经验的影响仍然是受我们的可能行动的制约的。一般来说也是如此。知识的功用就在于它使我们通过恰当的行动可以控制我们将来经验的性质。实施这样的控制是为了选择我们所珍贵的事情和阻止（或避免）拂意的事情。这样一些考虑足以用来强调我们所寻求的有关客观事实的知识，我们所希望在经验中实现的价值，以及由前者所指示并趋向于后者的那些行动之间的本质的关系。

（二）这里所提到的知识、行动和评价之间的联系分明是被一般的经验性质所指出的联系，而且就其大体轮廓来说或许是明显的。如果这种联系能够被人忽略，或能够被人怀疑，那或许是因为"知识"、"行动"和"评价"三者都是有时用于广义，有时用于狭义的名词，而那一类含混用法就模糊了问题的要点。

"行动"特别是这样的情形。在道德问题和伦理学问题的讨论中，在许多平常的谈论中，"行动"（act）一词首先用于那些牵涉到预料结果以及把这些结果作为所欲求的或所向往的加以接受那样的行为上。"行动"在法律方面的根本意义也是这样。而当问题涉及所谓"责任"的时候，也是同样情形。不过那些大概不能有确定预见和明白评价的动物也可以说在行动；甚至无生物也被人说是这样行动或那样行动，并且互相作用（行动）。还有一层，认为我们必须对之负责的我们自己的行为，有很多也难说是被明白的预见和评价所指使的。深思熟虑的行动在一个方向可以逐渐变为代表本能倾向和自动反应的行动，在另一个方向又可以逐渐变为习惯性的，并且不再伴有任何明确预见或预测结果的行动。

在这里的某处必须画一条线——或许是一条以上的线。我们自己的经过仔细判断的行为属于一边，那些无生物和无意识的有机体的叫做行动或动作的过程显然属于另一边。但是介乎两者之间，还留下一个模糊的中间地段——即我们凭习惯而不经考虑的行事——常以"行为"（behavior）这一广泛的名词来加以包括。常识上的行动（action）这个范畴扩充到包括了这个中间地段的一大部分。例如，人们被当作负有法律责任的大部分事情都不能认为是根据预见结果和评价结果而采取的行动。

第二部分 形而上学与认识论

要说这一类动作只是物理学或生物学含义下的行为,那是不中肯的。不过我们完全可以顺便说一句,我们怎样容易地让那一类名词变为含糊的词(weazel words),并且因为名词含糊,而不明问题究竟。应用于无生物中所进行的事情上的"行为"(behavior)、"动作"(doing)、行动(act)这几个名词原来之所以那样应用,无疑是由于按照万物有灵论的信仰把我们在自身发现的那种冲动归之于无意识的事物上。不过这一类名词现在已获得了这样一种意义作为第二义了,这个意义已可以照字面应用在物理事物上,而不再带有原始的任何迷信的含义了。不过正是这种可以在我们自身观察到,而不能归于一般物理事物的原始意义的事实,在这里需要我们注意。而有目的行为也是物理的事情这个事实,并不能证明用专属物理的范畴来描写它是妥当可行的,因为所论到的那个特征并不是有目的的行为和一般的物理事情所共有的。任何心理学家对"目的"一类词所下的驱逐咒,都不能把作为某种有意识的动作方式的特异的、可观察的特征的这种原始意义驱逐了。它仍然是心理学家必须竭能尽智用他所喜欢的术语加以处理的某种东西。如果使用"行为"一词足以混淆这种差别,那么,我们这里又有了一个蒙蔽事实的双关意义。虽然,现代人的错误正和原始人所犯的错误方向相反,并且作为自决动作的"行为"的原始意义,现在已归结为隐喻性的第二义的地步了。

不过关于心理学方法的任何问题都会把我们带到我们所想处理的问题的范围以外去。我们只想提醒读者,在伦理学和法学中所盛行的"行动"(act,action)一词的用法(这种用法在平常谈话中还是那一类字眼的第一个意义),是符合于我们自己的动作的可以观察到的特质的一种用法,而这种特质在一般物理事物的任何动作中是观察不到的。正是"行动"的这个意义对于知识的分析才是重要的,对于观察那些认识和旨在实现利益的人类动作之间的联系才是重要的。毫无疑问,不用评论或批评,就该承认这种共同意义。不过我们当前所关心的一点是:那样一些人类行动的实例虽然似乎是从深思熟虑的决断的事例中选择出来(这些决断伴有对于结果的明白预见和对于这些结果的评价），不过这个名词往往扩充于那些事例以外，虽然它与一般物理的动作和无意识的行为仍然有所区别。

　　如果在散步时，我在某个路口转向右边，而不转向左边，你会把我身体的那个运动作为我的行动归之于我；我也是这样。虽然我们彼此可能都发现不出任何征兆，表明在实施这种行为时，有深思熟虑的决断，有明白的预见，或任何明确的评价。如果您问我，我为什么这样转弯，我无疑会指出这个方向中的一个目标来回答您："走这条路，可以回家"。我认为我之采取这个途径是我所做的一种事情；而且我是为了所举的那个理由才那样行事的。纵然，从我转弯时起到您询问时止，我根本没有想到那回事。我所以取此而舍彼，并不曾踌躇过，没有各种相反意向的紧张情形，没有什么努力之感，也没有特别的魅力决定。我不会想到要做两条相反途径的选择，也没有下过判断；那个过程很可能说是它自己完成的。不过它仍然称为我的行动；如果你和我发现我们走错了路，我们双方都会觉得我应当负责。

　　我们之所以那样解释这种行为，而把它与心跳或膝的颤动区别开来，其理由显然是在于：我虽然不会明白想到任何要决断的事物，可是我仍然觉察到所进行的事情，并且觉察到它是可以用我的愿望和意志来改变的。我觉察到这一点，正如我觉察到我出了门一样，虽然没有发生什么事情来加强那种觉察，并把那种觉察的内容带到注意的焦点。既是这种情形，所以我就把那种行为归之于我自己。这种行为之属于我，与我身体中生理过程之属于我意义不同。生理过程是不受控制的。我们能够照法学上所谓"共同过失"（contributory negligence）那个范畴所暗示的一般方式来解释那样一种责任。人们自然能够说，这件特殊行为虽是借习惯自行完成的，不过在这个习惯发展的时间轨道上，会有过明确的判断和深思熟虑的决断，而没有这些，它原是不会发展的。不过似乎不必要这样说，而且这句话也难说符合于所以那样诿过的根据。更其符合事实的是，应当承认，我们如果觉察到任何身体的动作是我们可以改正的行为，是倾向于受欲望或

第二部分 形而上学与认识论

利益影响的一个目的的行为,那么那种动作就应当被认为是一种负责任的行动。人们觉察不到的动作,或虽然觉察到而不能随我们的意愿改正的动作,就不被人认为是一种行动。而一种动作,人们如果觉察不到它是被对可欲望事物的感觉所影响的,如果人们毕竟把它认为是一种行动,则至少说,它也不被人认为是一种有意义的行动。

要问"弹子为什么那样动作",那并不是问将来可能性的问题,也并不提出有关可欲望的事情的争论。事实上,恰当的答复是把这一类考虑排除出去的;那种答复只能用在先的事实来措辞,并且不参照于价值。但是如果你问:"**您**为什么那样做",那么这问的就完全是另一种问题:它并不要求一个因果的,或历史的,或来历的说明,而只要求一种辩解理由。或许更精确地说,只有在所做的事情无法改正,而是以没注意或被强迫为理由(它不是一种责任行动,只是不经自己实施的身体的行为)要求人原谅的情形下,它才要求一个因果的说明。人类行为的一个显著的特质就是,人们可以有意义地要求它的辩解理由。辩解理由只能用那种动作的将来可能性来说明,而关于这些可能性的辩解理由只能以某种推定的可欲性加以说明。

不过问题不在于,那种行为是否**会**是通过明白的评价和决断有意实施的,而是在于如果先提出结果和其可欲性的问题,那种行为是否可能发生或应当发生。那个问题就是:在实施这种行为时,关于那个预示的目标的感觉是否曾经参与其中,并且参与的方式使得那种行为依所感到的那种结果中的可欲性来改正。当行为由那样一种感觉到的利益出发,而且它离了那种利益就不会发生时,我们就认为把那个目标特别指出来,就答复了"您为什么这样行事"的问题,不论这个目标是否成为明白判断和决断的对象。在衡量和接受时所做的深思熟虑在这里并不是本质所在;可改正性**才是**本质所在,而与某种价值感的关系也是本质所在。

人们所以把含有明白预见和审慎决断的事例,选作表示行动的特征的例子,那是可理解的,并且也是合法的。不过要把先见和决断这些特质归于全部行动，那无疑有虚构意味，这是应当避免的。不过这一类事例却是一般行动的正当范型，因为它们只是在明白的形式中显示出那些暗含地决定一切可称为行动（有别于单纯的物理动作）的行为的特征。用这种说法来表述行动，纵然并不在一切情形下都是精确的，可是行动的态度在受到盘问时，却还是会做出这种说明；当人们要求我们说明我们所行的事和行事的原因时，我们自己所做的正是这样一种说明。

（三）和"行动"这个名词一样，"知识"这个名词也是有时用于狭义，有时用于广义。关于知识的例子是从符合于狭义用法的那些例子中选来用作典型的。虽然把知识这个名词限于这些例子，并不符合于人们归之于知识的实际重要性，并且也不符合于普通的假设，即人类在其大部分醒着的时间中都是从事于或此或彼的认识的。我们对于所谓知识的要求，在和我们毫不踌躇地说我们所知道的那些事物比较之下，能够在寻常人所注意不到的程度上很容易地导致这样一个结论——即知识的大多数属性是借助一种虚构造成的。

第一，要求知识必须是一种有所肯定的心理状态。它必须在可以在心理状态本身中发现的东西以外还意想着、指点着或意味着另一种东西。其次，这个信仰的态度还要求真实。它要参照于它所意想的某种东西而被评价为正确的或不正确的。作为知识看，它的身份，照那样一种意味来说，不是可以借助考察那个心理状态本身来确定的，而是借助它和其他某种东西的关系来确定的。还有第三点，任何信仰的心理状态，除非有某种根据或理由，都不能算在知识之列。它不但必须和虚妄的信念有所区别，而且必须和无根据的说法有所区别，必须和单纯的幸而言中有所区别。知识是这样一种信念，这种信念不但是真实的，而且它的信仰态度也是正当的和合理的。

凡有所知或自称有所知的人，都不得不承认"您**怎样**"知道，什么保证"您的信仰"这种质问是适当的。他还必须对下面更基本的质询找到答案："您的意思是什么？您指的是什么事实或事态？您所指出的东西

第二部分　形而上学与认识论

怎样能够显露自己？"这就暗含着，他同意如果他不能答复这两种质询中的任何一种，他就应当抛弃他的肯定态度。可是如果只有明白包含着对这些问题的答案的那样一些心理状态才算是知识的话，那么，认识就不是人生的一种普遍现象，而是一种极其例外的现象了。而当人们要求这一类答案必须是明白而完全的时候，则尤其是这种情形：要是那样，知识或许就不存在。

知识，在一边逐渐变为由过去经验所引起的那些行动态度。那些态度在动物生活中是知识的对称物，并且大概代表着人类的知识类型所由以发生的那种原始现象。在另一边，它又消失于不经考虑而发生的反应中。那些反应原来是伴有明白的考虑和判断的，不过现在已因为它们富有特征地导致满意的结果而变成习惯性的和半自动的。在这类情形下，对于所意想的东西的感觉就模糊了，或者只被那种行动态度自身指示出来；而且任何用以辩解的理由都是暗示出来的，而非明白表示出来的。如果一个儿童问我们说，哪一只手是他的右手，我们就毫不迟疑地告诉他。但是他如果问，**为什么**那一只手是右手——这是要人说明那个陈述的一种要求，我们就恼火了，因为我们不容易想出正确的答复。如果他过分不相信，还要问什么使我们想这是他的右手，我们就会大怒了。我们成年人的自负感被伤害了，它原是那样舒适地确信许多事物的，只是那些事物的理由，我们一时想不出来了。我们几乎能够说，我们越是确信我们所知的，我们就越不明白我们所指的是什么，就越不明白我们是怎样知道它的。知识作为已完成的东西，是由我们那样富有特征地、舒适地排列在各自小格中的那些项目组成的。甚至在最妥善和最明白的知识的实例（就如那些容易被人举为例子的知识）中，我们对于意义的感觉和我们对于信仰基础的感觉，也将是不完全的。我们对于这些只能稍做一点说明，不过越往前进，就会越感困难了。我们所能要求的最大限度就是：一个可以真正说是有所知的人在真正需要那种说明的时候，应当能在反省以后提出那种说明，并能说明到一定程度——即我们达到已知的事情或可能共许的事情那种程度。

可是在分析知识时，我们如果从特征方面着眼，拿一个对知识的理想说明来代替那种相对含糊的、不明白的信仰态度，那么，这个程序还是有其理由的。知识不是一个描述性的范畴，而是一个规范性的范畴，它要求正确性。心理状态之所以被归类为真纯的知识，只是依据于这样一种正确性的假设。认识论不是对那样一些心理状态所做的心理学的描述，而是对于它们的认识要求的批判；是对于它们的真实性和有效性的评价；是对于可以检验那种要求的那些标准的说明。可是我们如果承认，认识论分析的旨趣（在它远离心理学的分析时）是使它成为**非**描述性的，好像它并不真实描述实际的认识状态的本性似的，那么，这就没有必要，并且是不正当的。真实性要求（truth-claim）和要求辩解的权利，也如其他特征一样，是认识状态的真正特征，并且比那些较狭义的"描述性的"特性，更可以大大表示那些状态的重要作用。从事认识和确言的态度是一种信仰态度，它表示它要评价它自己，而对知识所做的分析也在同样方式下评价这种态度。这样的考察只不过把真正包含在认识现象中的那种东西（不论怎样含糊和不完全）弄成明白的罢了，这种东西对于人类生活是有本质的意义的。

不过这也是一个事实，即在企图分析知识时往往也需要把只不过是暗含的东西加以明白表述。在那种意义下，认识论的研究程序——正如常识对各种知识例证所做的考察那样——往往可以说是用一种更为明白的东西（这可以认为就是认识状态所暗含的内容）来代替认识状态的实际内容。如果注意不到对心理状态所做的这种有特征的"说明"（这种说明方式对评价它的认识的意义和正确性有重大关系），往往就会招致各种困难，并使人提出无法回答的问题。为了考察知识的特征，即知识的真实性和它作为信仰的辩解理由所依靠的那些特征，我们处于一种危险之中，就是先描画一种没有任何心理状态能够达到的有效认识的理想图画，随后再诽谤实际的人类现象——因为它只能接近于我们的描写，或者只能够暗含着我们要求其成为明白表示的那种东西。这个考虑在分析知识时的各个不同点上

第二部分 形而上学与认识论

都是重要的,而且以后将唤起我们的注意。

(四)一个引人思考的事实就是:环绕人类的最好的知识现象的那些较为含糊的状态——即知识所由以发展出的动物反应和它所逐渐陷入的那种习惯性反应——都是那样一些状态,以致那种可以归之于它的认识性的标记意义就和那种行动的态度自身融合为一,而难以分辨。这里的"根据"或者"理由"就表现为过去经验的某种沉淀,这种沉淀在人感觉起来,不过是标记知觉—倾向的那种复合心理内容的一种稳妥熟悉的色调而已。而且关于所指示的、所信仰的事情的感觉,也融合于这种行动的倾向之中,并且可以说只是对于这种倾向所感觉到的一种方向而已。

把认识看作与动物行为和习惯相连续的一个生命功能而加以考察,既足以加强它和行为的本质的联系,而又指出了我们在认识论分析中所必须注意的方向,以便说明一种认识状态的意义作用,并评价它所暗含地提出的真实性要求。

有机体的态度、感情或其他有意识的心理形态,若非是对环境中或有机体自身中某种特性或项目(即对于情境中某种永久的、无处不在的特征,或对于暂时的、局部的特征)的反应,我们就不能认为它有经验认识的意义。凡可以称为反应的任何状态或态度都表现出一种适切性或不适切性、有用性或无用性,那些性质在进化路程上就演变成为知识的正确性或不正确性。下列的事实是过分明显,无需讨论的:被认识所指导的行为只是适应反应的最远及的范围;而且离了对行动所做的这种适当指导作用,我们的复杂的知识方式就不会出现。

斯宾塞曾经表示,比感觉为高的意识方式的出现,是有赖于远距离感受器(眼、耳和嗅觉器官)的发展的。由于具有这样一些器官,动物才能对空间中和时间中遥远的事物(时间中的遥远是就事物冲击有机体的时间而言)做出适应性的反应。斯宾塞主要是由于这种考虑,才发现刺激作为**标记**的意义。那就是说,赋有那些器官的生物有时不是向着那种刺激本身的直接感觉性质,或对它的作为一种愉快的或不愉快的感觉的特性做出反应，而是在合于另一种事物（即辽远的对象或预示出的事情）的性质的方式下实施反应的，而那种事物是已和刺激的既定特性联系起来的。对于只有触觉的有机体，那些由刺激对象自身的有害或有益性质所决定的单纯反射，一般来说是那种有机体所能做出的惟一具有适应价值的反应。具有远距离感受器的动物使用着更复杂的反应方式，具有对作为标记的刺激实施反应的能力，而不只是对直接呈现的特质性做出反应；因为隔着距离被知觉的东西，在当时还没有对有机体产生有益的或有害的影响，而且它在后来或是有利或是有害，那是有系于所采取的行动方式的。远处的敌人对于藏起来或逃脱了的生物并不能为害；而远隔的食物对象，也不能供给营养，除非你接近它，突袭它，或追捕它。

显而易见，把握住空间中远隔的事物，其意义在于：在有机体的经验中，空间方面的距离就意味着所把握的对象对于有机体所可能有的作用是隔着一段时间才发生的。这个时间的间距就是可能的有效行动的间距。间距越久，则显露了预兆的事物便越有可能被行动的一个"假如"或"假如不"所制约；可能的各种反应方式范围越广，则那些复杂的、需要时间的反应方式便越有可能。由此可见，斯宾塞想在远距离感受器与高级神经组织及随之而起的智力之间追溯出的那种联系，归根到底是依靠于（1）可能有用的各种行为方式中的复杂性和变化范围，和（2）时间—间距（在对刺激的把握和那个刺激作为标记所预示的那种东西对有机体产生的冲击之间的时间—间距）之间的联系上的。斯宾塞想把一般的人类预见纳在这个公式下面。他暗示说，对于时间中远隔事物进行适应反应的能力是智力的一个标准，而借着间接的和表象的把握来控制直接的、直观的感受，则是另一个相关的标准。

斯宾塞的生物学也许是好的，也许是坏的，也许是不好不坏的。就所说的这一点而论，他的生物学似乎大部分是先验的，并且毋宁是反映出了一种锐利的想像，而并没有更多的事实可以证实其说，除非是可用以提出这种假设的、人所共知的那些生物学事实。不论高级的、复杂的心理功能

第二部分　形而上学与认识论

事实上与远距离感受器的发展，或与进化中的神经系统的其他特征是否互有关联，而至少说，那些使这个假设显得有道理的考虑原是一些不大被人怀疑的问题。因为我们一考察认识经验的一般特性，就能够把它加以证实。

感觉的把握是其他经验认识形式的不可或缺的基础，并且是基本的。知觉的认识包含着一种标记—作用，这种作用附着于所予的刺激或呈现——只就它的直接的、表示性质的特性而言。借着这种标记—作用，一个意义才能附着于一种觉察的内容之上；具有这种意味下的意义一事，才把知觉性的经验标记为有认识作用的，并使它有别于单纯的享乐或受苦。这样一种意义就标示着觉察的所予内容和有预兆的某种东西之间的一种联系，不过后面这种预兆的方式是这样的，即将来会发生的事情能够被某种行动方式所影响。知觉性的认识的这样标示将来可能经验的特性（这种经验是依行动为转移的），也揭露出它和一般动物行为的适应方式之间的联系，并且指出了它的进化由来。它也可用以证实原可以借助直接考察认识经验而得到证明的一种解释。

对于远隔对象的把握可以作为一个简单的范例。知觉性的认识的一个特征就在于给所予的意义内容添上一种异乎这种觉察内容本身的某种东西，这种特征往往就称为它的"中介性"或它的"表象作用"。这样"被中介"或"被表象"的东西就是"认识的对象"——在我们所举的例子中就是所知觉的、在外面空间中的东西。一种特殊种类的、视觉的、具有性质的所予材料在这里向我们标示出，具有某些特性的一个对象在视线中距我们有那么多码远。认识论由于对觉察内容和它所标示的对象做这样的想法，曾在几个世纪中对于这个中介作用的真实性或非真实性大惑不解，而且现在还在继续大惑不解。它提出这样一些问题，即觉察内容的所予性质是否可以确实归之于对象；这种直接把握到的性质是否"在对象以内，正如它在我们关于它的知觉之内"，或者正相反，只是一个单纯主观的现象；这个所予的内容是否一种"本质"，只表示那个对象的特征，而非真正寓存于它以内，如此等等。关于认识的中介作用的真实性这个问题有多种形式，不必一一列举。

人们会想到，如果注意知觉性的知识在人生中所起的作用，那么就可以更好地解释它的这种特征——人作为一个生物，也和其他动物一样，有生有死，有苦有乐。满足他的兴趣，或不能满足它们，而这些事情有一部分是依人对周围环境的行事方式为转移的。人类的认识性的把握作用就反映那个事实，并且至少主要地和基本地对他有指导行动的意义。这种把握作用可以标示合意的和不合意的经验结果，如果某些行动方式，在某些特殊场合下被采取了的话。在这样思考之下，标记—作用或中介作用（即附着于知觉的所予内容上并把它标明为有认识作用的）的真实性就只是取决于下面这个问题，即当那种行为方式被采取了时，那些被标示的经验上的结果是否真正随之而来。所谓意义（meaning）若经这样解释就是对于那种与表象的内容联系着的进一步的经验的预测；而意义的真实性就只有关于所希冀的行动结果的可证实性或不可证实性。

这样把意义和所意指的东西，看作限于可以在直接的本义下在经验上证实的东西，就直截了当地把上述的那种认识论问题解决了。这样就使意义只有关于认识的严格经验上的真实性；至于前面这些问题则关涉到所谓（我希望没有偏见）认识的形而上学的真实性，并无关于任何对经验上可以证实的事物的标记作用。正如洛克所说，所知觉到的颜色、声音和其他第二性质，不论确实是在对象中，或是只在我们的知觉中，它们仍然是表示我们的期望和我们的行为的可靠信号，它们是植根于所观察的事物的其他某种原始的（形而上学地真纯的）特性中的。并且正如贝克莱所设想的那样，我们事实上并不是与在一个独立的知觉对象中的、知觉内容的**任何**根据打交道的，只要具有特殊内容的事件可以作为"行将发生的事情的可靠标记"产生作用。并且正如康德所设想的那样，知觉纵然只限于不能在我们心灵以外存在的现象，而且我们也不知道它们的独立存在的根据，科学和一般知识也仍然安全无虞，只要我们能够确信，在我们经验中

第二部分 形而上学与认识论

的各个特殊现象之间有"依据规则的联系"。

到了这样晚的时候,我认为再来为这样所提出的对意义所做的实用主义的解释进行**论证**,已经是不适当的了。而且要在这个绪论中企图解决在阐明对意义的这种看法时所必然遇到的细致问题,也是不适当的。附着于知觉(暗含地也附着于由知觉派生出的其他知识形式)的这种实用主义的含义,就是"意义"的意义所在。而且"意义"的其他解释是否合法,那在最后是不能凭辩论来解决的问题。因为人们可以在"意义"上,正如在其他字眼上一样附加自己所选的任何可以自圆其说的含义。这至少可以说是"意义"一词的一种恰当的解释,这种意义是真正可以在认识性的经验中发现的一种意义,而且它的重要性是难以否认的。我们这样说就够了,即在分析知识时如果考虑到这样所解释的意义中所包含着的东西,那是特别能够说明种种问题的。

我们的知觉性的把握作用不论具有或缺乏什么样的最后的和独立的实在的形而上学含义,这种把握作用在指导我们行为和预测它们的结果方面所具有的这种含义总指出了一种认识作用,一离开这种认识作用,我们便不能生活。惟一可认真辩论的问题就是:关于实在的这种形而上学的断言是否具有不由这种实用主义的含义派生出的**其他**含义。关于知觉性的知识的一般公式,这样看来就是:有了这样条件,我如果那样行事,那么结局的经验就会包含有这种或那种(特定的)结果。当在既定的环境下采取了所说的那种行动方式,而且所希冀的结果也确实随之而来的时候,那么知觉性的把握作用的实用主义的含义就被证实了,而且它所媒介的那个对象或对象的特性,就被发现为存在或被发现为实在的。若是换个更精确的说法(因为单单一个检验毕竟很少是定而不易的)就是,这样的存在或实在因此就有几分确保了。

(五)我们已经说过,只有一个能行动的存在物能具有关于客观实在性的知识——这种知识认为这种实在性是有别于其享乐或受苦的内容的一种东西。我们只要停下来观察一下这个考虑,那么它就会成为明显的;而且这种考虑，只要你加以领会，它就会强调知识的实践的或实用的含义。我们可以用另一些说法来表示这个思想：只有一个行动着的生物才能产生认识；因为只有一个能行动的存在物才能赋予他的经验内容以任何意义；才能认为它除了直观上**呈现**出的东西以外还标记着另一种东西。这样标示自身以外的东西，是认识性经验的一个重要标志。只有一个能行动的存在物才能在什么是自我，什么不是自我之间划一条界限；才能标志出"主观的"和"客观的"之间的对立（在应用于经验的内容上时）所包含的任何区别。离了活动，则样样所予的东西都是同样可有可无，而且一切都处在同一个事实的平面上。昼梦、回忆、预想，镜中的影像、幻觉或强烈感觉到的接触，都会同样成为未经加工的材料，只不过有性质上的差异罢了。它们全都会同样成为现在所发现的那些项目，并且只是它们所被发现的那样。或者再换一个说法就是：只有对一个能行动的生物，才能在现实的事物和现实地被给予的事物之外还有任何**可能的**事物；才能有虽未**已经**实际证实而却**可以**证实的任何**事物**；才能有未被感觉到而被承认为实在的任何东西，或者说，那种不仅仅是感觉内容本身的东西。对于我们来说，存在着若干**事物**，那些事物有时在经验中被给予，有时并不给予。而且它们在被给予时，也比我们关于它们的经验更厚一层（例如它有另一面）。这一点是和我们对于虽未证实而却可以证实的事物的感觉相关联的。只有这样，对我们才能有一个比意识内容为广，而绝非仅仅片断地呈现出的世界存在。对于经验上可能而现在还不是经验上现实的事物的感觉，只能植根于对可以实现的其他可能性的感觉上。后面这种感觉才使我们认为自己是能行动的。不能行动的存在物不会有一个客观实在性的感觉，因为现实的事物只会与意识流中所呈现的内容合二为一；而且这个所予的内容甚至也不会被视为一个占时间的**流**，因为所记忆的、所预想的、所感觉的，都会同时同样在那里，否则便是都不在那里。凡所呈现于那里的东西，都不能加以排斥，都不能被认为"只是现象"，被认为"主观的"、"不如它所表现的"，因为没有任何进一步的可实现而未实现的事物的感觉会附着于

第二部分 形而上学与认识论

任何表象上。也不会有任何期望遭到挫折,并因为那种挫折而被称为"错误的"或"幻觉的"。由于同样理由,任何所予的东西也都不会成为其他某种东西的现象,即比这种单纯现象**还多一些**的某种东西的现象。对于经验上可能而现实上尚未经验到的事物的感觉,既是对我们自己(作为行动者)的感觉,同时又是我们对于那个表象所标记的一种客观实在的感觉。

由此可见,从认识论上来说,可能的事物是先于实在的事物的;可证实的或经验上可能的事物是客观事实的认识根据(ratio cognoscendi)。"A是实在的"这样一种陈述的认识论上的含义是和下面这种陈述相关联的,即"a_1,a_2,a_3……等经验(如呈现于视觉的那个对象的没有看到的各边和它的内部)是现在尚未被给予的可能的经验,虽然它们是由所予的事物标示出来的"。只有一个在有需要时能够借其所选择的行动途径实现或不实现经验 a_1、或 a_2 或 a_3 的生物,才能够持有那样一个认识性的观念,才能把一个对象认为是实在的。

或者让我们暂时假设,对一个不曾行动的生物,也仍能呈现出一个内容和我们的经验相似的时间上连续不断的经验;并且能够觉察它是那样占时间的,而非单纯地在每一个所予的刹那发现呈现出的一团零碎项目——有的生动,有的含糊,有的伴有所感到的亲切回忆的性质,有的伴有一种新奇震惊的感觉,有的伴有延伸的特性。对于这样一个生物来说,声、色、香、味、脏腑感觉等等的活动图景可以涌入他的认识范围中,随后再涌出来,正如在我们方面一样。我们还可以进一步假设,某些性质相同的内容项目(桑塔亚那的"本质"?)在复现时也会被他认识到,正如在我们方面一样。我们甚至可以承认,借助被动地静观那个活动画片,可以**熟悉**某些重复的次序;而且如果 abc 充分时常地在那个秩序中重复出现,a 就可以变为 b 和 c 行将被给予的先行标记。在那样解释之下,一个没有行动的认识性的意义也可以显得是可设想的。不过对于那样一个心灵来说,除了不可避免的事情以外,仍然没有任何东西是可能的;而在那种情形下，那些原可附于所呈现的项目上的任何预期性的标记作用，也不会尽重要功用并因而没有什么好处。它顶多只不过是意识流本身的一种令人产生美感的特征，或令人腻烦的特征，或令人惊骇的特征。而且人们会问，一个只能被动地认识重复事物的存在物，是否并如何能借它的经验实际发展出这种能力。无论如何，对这样一个心灵来说，除了不可避免的东西以外，既然没有东西是可能的，所以显而易见，对它来说就没有和它相对的对象世界，因为所把握的东西都没有比意识流本身在其标记能力方面更宽或更深的了。它难说是一个呈现出的实在，而只是一种不能避免或不能改变的老一套罢了。

不但如此，如前所说，我们在假设一个不能行动的存在物的经验能够获得预测的标记作用时，已经让步过多了。把现实的经验本身看成是一个时间上前后相承的连续体，这种看法本身就是赋予了所给予的事物以标示未被给予的事物的作用，因而造成一个虚构。标示过去性一事就是添加在**现在**的所予上的一种意义，不过这种意义带有模糊性和被涂抹性（rubbed-out-ness）。标示将来就是附加在现在的所予上的一种意义，它具有预测性和预兆性。把时间的经过看成是现实的，那就是添加在现在的所予上的一种预示作用，它带有瞬时的跳动性或急呼性。所附加的有关实在时间的这些标示作用是和我们对于自己的潜在行动的感觉关联着的：过去是行动所无法触动的；将来则是牵引行动的冲动的一种东西，因为它不是无条件地被确定了的。一个不能行动的心灵的意识内容难以被任何那一类实在的时间性所渲染，而毋宁是被感觉为没有时间性的现在，纵然这个现在还被穗子似的各端所影响，并且弥漫着变化的性质。这样一个心灵或许处在时间之中——它自己不知道这种时间，不过在**它以内**却不能有时间，而且对它的内容也不能用真正的时间性的谓语来说它。

不过这里更重要的是，上面提到的那另一种考虑，那个不活动的心灵纵然能够以日期系在所予的记忆的内容和预测的内容上，那些不活动地被把握的事情，也仍然不能构成一个世界，因为它们全都会摆在表面上，而

第二部分 形而上学与认识论

且除了包含在经验之流自身中的东西,就再没有别的东西了。对我们来说,所呈现的事物的这个表面是和"其余实在事物"的无限深广和弥漫的背景相衬托的,而那个背景却不是当时所经验到的,并且多半也不会被经验到。它所以有那种衬托,是因为我们的经验既然是活动的,所以能够从此地此时起在各种途径下向前进行,而那些途径同样都是真正的可供选择的途径。世界不但包含着**已被**感觉到的东西和**将**在经验中事实上被给予的东西,而且还包括着一切**能够被**给予的东西。对我们的活动的态度,所有那一类经验的可能性都被设定为同时在那里存在着的。

我们可以把常被引证的康德的例证借来,作为一种范例。房屋的四面对我们来说是同时存在的(虽然不能同时被观察到),因为东、西、南、北4种视觉表象中任何一种都能够随意唤回。对于不活动的存在物来说,虽然北面现在被观察到,而且东、南、西三面也照次序正确地被逆料到,可是这种把握作用仍然会属于不可改变的经验事项的系列。在这个系列中,随着后来的事情的出现,先前的事情就消逝了。它只有直观的表面的特质;只像观察者面前的一个活动电影。这种接续过程纵然重复下去,那也丝毫不能带来一所房屋的厚度。对我们来说,当东、南、西三面在我们的经验中相继出现时,北面仍然是在客观上存在的,因为假如我们竟然愚蠢地怀疑起北面是否仍然在那里,我们还能够返回去,重新发现它。一种东西,我们如果能够随意恢复关于它的经验,那么它就是继续存在的,纵然关于它的经验是有间断的。

有些哲学怀疑论者主张,我们所观察的那些对象,当我们停止观察它们时,或许就消逝了,而当它们再度被观察时,就又返回来了,这是胡说。当我们愿意采取适当行动时就能在经验中实现的那种东西,虽不被观察到,仍然是可证实地存在着的。照常识所应付的方式,就可以正确地应付这种挑战。你只要告诉我们,**什么时候**房屋的北面不存在,我们就一定可以在什么时候向你指出它仍然在那里。客观事实性的这个特性,可以用常识的宇宙论的说法加以表示说,经验是能够恢复的,因为一个事物就存在于那里，任人观察；它也可以从认识论上加以表述说，一个对象在一段时间中的存在，在经验上**意味着**证实它的继续存在的可能性（如果遵循着适当的行动常规程序）。不论怎样表示，这两种说法所表示的都是所观察到的事物的客观实在性的同样特性。不过一个不能选择他的观察时间，也不能决定他的证实活动常规程序的生物，并不能应付怀疑论者所提出的这种挑战。对他来说，观察不到的事物的存在不能有任何意义，而且客观实在性和他自己的经验之流的区别也不能发生。

我们对于客观事物——作为可能证实的事物——的感觉，自然是极其复杂的。这种感觉可以说有若干层次，即一种经验的可能性是建立在其他经验的假设上面的。但是这种感觉的基础是行动的感觉：归根到底，所谓客观现实的东西就是可证实的东西；而所谓可证实的东西就是关于它的经验的预言是能够实现（如果采取了适当的证实活动的常规程序）的那种东西。如果没有这种行动的感觉，则对于超乎经验以外的事物世界便不会产生感觉。

（六）现在环绕我的世界，在无数复杂途径下，是比我的感官印象的细流更为深厚丰富，这些途径就反映出我所相信为能够借助行动的某种**如果**（if）在经验上实现的无数复杂的**那么**（then's）。我在一个时候，虽然只能选择那样一个行动途径，可是我却因为我有能力随意决定所选的行动方式而感觉到自己处于一个世界中，而且所有这些经验的潜能同时都结合在这个世界中。不过一个不能行动的存在物则将在直接性的范围以内过它的生活。它不能发现它的感觉内容和实在之间的差异。它不能有自我，因为不能有非—自我。那种差别是不能发生的。对于那样一个被动的心灵来说，除了所予的东西以外，没有东西能够是实在的；而且所予的东西也只能是作为被给予那样的东西。意识的任何所予材料都不能意味着或标示着它以外的任何事物；它也不能把握那样被意味的或被标示的东西。

人们如果想追踪到底我们各种意义的逻辑建筑层次，或有关实在界的现象学的构造，他们就必须遵循下面这样一条道路。起点是在所予的材料

第二部分 形而上学与认识论

中。从那样一种材料,我们进到某种被意指着的东西,作为继行动的**如果**而来的**那么**——或者继所设想的非此即彼的行动而来的许多那样的**那么**。在那样一个**那么**上,我们可以借着另一个**如果**,进行进一步的建筑,这样一直进行下去。那种被意味的,或被相信为可以证实的某种东西,其所以使人相信,是因为人们相信某些**如果—那么**的陈述是真实的,纵然前件的**如果**子句是虚假的。不但我们**事实上**证实的东西对我们说是真的,而且凡**能够被**证实的东西对我们来说也是真实的。关于事实,关于实在事物的定言陈述是由表示我们的可能行动方式及其被信仰的结果的假言陈述所构成的。

本书的任务不是对于实在事物做那一类现象学的解释或构造。毋宁说,它是一种认识论的企图,就是要把我们所发现的实在看作已经在我们的常识意义中揭露出来、传达出来,而借着分析来发现知识中有效性的标准的一种企图。不过这两种不同的任务却有一个共同的汇合点,那就是都要求考察认识性的经验的特性,那就是:它们都标示着或表象着一种不在它以内的东西,和不是在它以内确实被给予的东西。

在经验意义的这个**如果—那么**的特性中(这个特性就是被所予事项所标示的行动方式和经验中可预言的结果之间的一种联系),我们可以发现下面这个谜的解决方法,这个谜就是:实在虽然被固定了,而且它的将来事实——我们可以假设——虽然已经预定了,可是认识始终还有一种价值。如果关于那样一个不可避免的实在的事实的预知只是关于不可避免的将来**经验**的一种预言,那么纵然知道了它,也是得不到任何价值或好处的。对于根本不能改变的经验,纵然预先知道了,也无用处——除非因为它偶尔也许对其他某种不是那样被预定和不可变更的经验有某种影响。知识的显著功用在于它可以改善我们人类的命运,也就是在于在经验中实现善的事情,并避免恶的事情。不过预言一种不可更改的将来的实在事实,能有什么用处呢?因为预言的惟一功用就在于,我们可以实现原本不可实现的东西,或避免原会降临我们的灾祸。如在前面所指出的,答案应当在下面这个事实中来寻找，这就是：关于实在的将来客观性的预言并**不**是有关不可更改的任何将来经验的预言，只是关于将来经验的各种可能性的预见，只是关于那些可能性所不能逃出的界限的预见。有关将来实在的预言，是有关将来经验的**如果**的预见——不过那个**如果**是一种行动的**如果**。我们有能力使那个如果成为真的，或成为假的。表达所论及的客观实在性的**如果—那么**的陈述永远是真的，不论作为前件的行动的**如果**是真的还是伪的，关于实在的这个陈述是定言地肯定了的。不过关于客观事实的这个定言的陈述只是关于一个有证实作用的经验的假言的陈述，这种假言陈述是依靠于采取某种证实活动的假设上的。将来的经验仍然依靠于我们之选择实现这个行动的**如果**上。举例来说，这堵墙是坚硬的，我如果把头撞上去，墙会使我受伤。这就会证实它的坚硬性质，而我是定言地肯定这一点的。不过说墙是坚硬的，并且继续是坚硬的这个定言的说法丝毫不预言我的头必然受损伤，而只是揭露出它是将来经验的一种偶然的可能性。它只预言头破是一种行动方式的结果，这的确是对于这种坚硬性的一种证实，不过我不愿意做这种证实，我宁愿它始终只是可能性。认识墙的固定不变的坚硬性的目的在于，我可以在我的将来经验中避免这种证实它的方式；这种经验**不**是同样固定的，而是可以受行动的改变的。说我的头如果撞在墙上，它就会碰伤的这个假言的真理，正如它所要传达的那个客观的事实一样，是不能更改的。不过关于我的将来经验的作为后件的子句，并不是不可更改地真实的，因为它是依假设的行动为转移的。认识关于墙的不可变的定言真理的目的在于，通过这样的认识，我就可以依照我的价值感，在限定的范围以内决定将来的经验，并且实现善的事，而不实现恶的事。**所**实现了的东西就是经验；**能实现**的东西就是客观的实在事实。而**所要**实现的东西在**能够**实现的各种可能之中，是被评价所决定的——至少对于任何可感觉到的行动来说是这样。

（关其侗　译）

知识、经验和意义[*]
(1946)

（一）我们一向的说法好像是，对于**经验的**认识来说是真的话——例如说，在一切情形下，它都是可以证实的，而且它永远需要借经验来那样证实它——对一般的知识来说也是真的。经验的知识诚然是卓越的知识：当我们一提到知识一词的时候，这一类知识是最容易呈现于心中的。现在人们也是最寻常地把体现于自然科学形式中的这一类知识提出来，作为人类认识的理想和模型。把"知识"一词这样加以限制是有些人所提示的一种用法，而且对于这种用法也是能够提出似乎有理的辩护的。不过这是知识一词的一个不妥善的用法，例如，这样就会把逻辑排除在知识之外；而且纯粹的数学也会被排除出去，如果关于数学的通行的看法当被人接受的话。无论如何，我们必须承认，如果接受知识限于有预言的含义并且需要经验证实的说法，那么就有两类确言被排除出去了。这两种陈述（不论它们所表达的是否可以称为知识）中的任何一种必须至少被承认为代表着在对认识现象进行任何恰当分析时所必须顾及的某种东西。

一方面，有关于直接呈现出的事物本身的一种觉察，以及关于那样直接被给予的内容的表述。另一方面，又有关于我们自己意义的把握，以及旨在说明这些把握的陈述。

---

* 选自 *An Analysis of Knowledge and Valuation*，1946，chapter 2.

要想正确理解一个名词的用法所意指的东西——即它的已定义的或可定义的意义——并不是借任何经验的事实所能决定的一种事情。一个定义是一个陈述，但它既不要求借助于感官经验来被证实，而且也不能有这种证实。它代表着一种特殊的分类方式，而且那样一个分类原则是不能借所呈现出的（或不呈现出的）有待分类的东西来决定的，纵然为分类所呈现出的（和不呈现出的）东西，将成为一种考虑，足以影响特殊分类方式的**效用性**，并因而影响到应用某一名词所标示的接受某一特殊意义的**效用性**。

　　还有一层，一个命题可以从逻辑上由其他命题演绎出来这样一个事实，是独立于任何意义内容以外的一种事情，它既不需要借参照于经验的事物以求证实，也没有这种证实。对于凡只需依据逻辑的根据就能被确证的命题都可以这样说。在逻辑上可确证的事实和逻辑上可演绎的事实，以及解释各种意义的陈述之间，我们将看到有一种本质上的联系。

　　再有一层，解释或理解一个心想的意义中所暗含着的内容，那是一种可能发生错误的事情。当我们心中怀有这一类意义时（不论它们是我们所任意树立起来的，或者只是由通行的用法中采取的），它们固然是我们自己的意义，可是这件事情并不排除这一类可能的错误。我们可能观察不到我们自己的意向中所包含的内容，并且由于前后不一贯错认了我们自己的意义，避免这类失察和这类不一贯，是一种认识上的要求。在逻辑上可以确证的事情方面，由于疏忽或不一贯而发生错误的这种可能性甚至更明显一些。凡接受过一个无效论证或提出一个无效论证，或者驳斥了一个有效论证的人，或者会费心去发现一个结论是否可以由所予的前提推出来的人，都会觉察出这种可能的错误。因而在把握和陈述那样心想的意义和那样逻辑的含义时所依据的正确性标准，就要求人们在企图对知识做任何一种分析时都要加以注意；不论"知识"一词的范围是否被扩充到包括对意义和逻辑关系的那样一种理解。

　　说到前面已经提过的其他陈述和把握类型，也是同样：直接觉察的内

第二部分　形而上学与认识论

容必须被认为是有关于知识的，不论它是否被认为包括在知识之中。我们的直接感官经验——还有幻梦和幻觉的直接经验——有一种绝对的特异性和单纯的所予性。没有这种所予，就不能有经验的知识。不过这样直接所予的东西的呈现，仍然不能称为知识，如果知识这个名词限于可证实的，并且需要证实的东西。我们容易忽略这个事实，因为这样一种直接的把握不容易在我们心灵中独立自存，还总要被某种推论或解释加以补充；或被以某种所予的呈现为基础的某种信仰加以补充。那种呈现就其自身而论，是既不能证明，也不能推翻这种信仰的。我们或许难以区分对于这个经验的直接内容的把握或关于它的报告和这种补充——这种补充是借习惯性的而且是被其他先前的经验所诱发的解释覆盖上去的。

在这样被诱发出的信仰必须被列为非如实的事情的情形下，上述这一点就更为明显。例如在事后被称为"一个幻觉"或"一个幻梦"，或被当事人以外的其他观察家所称为"妄想"的经验，是有特种的和所予的内容的。关于这类所予材料的表述是有真有假的。正是这个内容，而非其他内容自行呈现出来，这仍然是一个事实，纵然它所诱发出的信仰会成为错误的。当我越过眼镜边缘看到双像时，不论我是否受了骗，而直接呈现出的东西是有其特殊性质的，而且它这种所予性是一种事实。不论所诱发出的解释或信仰是真是假，无论如何，总是有对于经验的直接内容的一种把握；而离开了这种把握，则完全不可能有任何经验的知识。

当对于所予现象的这一类直接的觉察和加于其上的任何解释分开的时候，那么，显而易见，这一类把握既得不到任何证实，也不要求任何证实。呈现内容的特殊性质和所予性，就可以说是它自己的证实。关于这个内容的任何表述（如果关于所予现象本身的陈述被人承认的话）的真实性是不依赖于任何进一步的，并且不包括在这个所予的经验本身以内的东西的。这样的直接觉察和关于它们的内容的这一类陈述，要是你喜欢，也可以借知识一词的用法把它们排除于知识范围以外。不过要是这样，仍然需要对它们加以考虑。因为不参照于感官的直接把握，就能有像经验的认识或关于一种经验信仰的任何证实这一类事情，那种话是极其说不通的，甚至于是一种矛盾。

（二）究竟什么事项应当归在"知识"一词下面，那确实要比初看之下所见的更成问题。如在前一章里所提出的，普通的用法——以及良好的或可取的用法——很可以认为把下述要求加于所谓知识之上。

1. 知识必须是对于真的或系事实的东西的一种把握或信仰，而与假的或不是事实的东西相反。一种错误的把握可以恰当地称为认识（cognition）；不过只有真实的或正确的认识才可以归在知识（knowledge）之列。

2. 一般的认识，或认识的内容，必须有所指。那就是说，有一种处于认识的经验自身以外的东西被标示、被信仰或被肯定。当这样的认识是如实的时候，或是知识的时候，它必须和这样被意指着的或被肯定的事物相应、相合或相契。

3. 知识必须有一个根据或理由。一个无知的人也可借胡猜瞎碰侥幸说出真相。一个狂热的人也可以相信一种真实的事情，不过他的信仰只是根据情绪的强制，而没有支持它的证据。或者一个心地柔弱的人也可以因为心中但愿如此而所说恰好是事实。不过没有任何证明或辩解理由的这样一种信仰，不能归在知识之列，纵然它碰巧与事实相符合。

我们是否还应当再加上另外一个要求，那还是有问题的：

4. 知识，或者至少是最好的和最严格意义下的知识，必须是确实的。如果所信仰的事情不过只是概然的，那么那种信仰也可以得到辩解，或得到某种程度的辩解。不过要是那样，则我们的知识（可以这样说）就不是有关所信仰的事实的知识，而是有关另一种不同事实的知识，这个事实就是这种被信仰的事态是有真正的概然性的。

但是在界说所谓真正的知识时，如果企图把这些要求同时都加在上面，那一定会引起最重要的困难。每一种要求本身都似乎是有理的，不过要把它们结合起来，那就将把人类所能够发生的每一种把握都排除了。我

第二部分 形而上学与认识论

们只提一些近在手边的困难。我们怀疑，第2．项在和第4．项结合起来以后，是否会发现有任何认识现象符合这些要求，因为第2．项要求一种被信仰而并不包含在认识经验自身中的东西，而第4．项即要求确实性。当加上第3．项时，我们的怀疑就更增加了，第3．项是要求：超出了认识经验之外的某种东西的那种确实性必须有一个充分根据。

感官的直接把握都具有确实性——如果我们仔细把自己限于直接所予内容的本来样子。但是按照那种情形，那种把握果然意指着或指点着不包括在认识经验中的任何东西吗？究竟这样一种把握有无一个根据或理由，那至少是可疑的。或许我们应当说，它们不需要一个理由，因为它们是可以自行辩解的或自明的。

在另一方面，普通的经验认识——关于某种物理事态的把握——满足了指示经验本身以外的某种事物的那种要求，并且以正确性或错误为其特征。它们如果是有效的，那么它们也有某种可以说明的根据。不过我们在这里就看到了进一步的问题。知识需要它的证明成为完全和充足的，足以为所信仰的东西辩解吗？我们的经验认识一部分是建立在感觉材料上的，至少在典型的情形下是这样的。不过这些材料本身并不足以为信仰进行辩解，幻觉的事实就暗示出这一层。就典型的例证而论，它必须有几分依靠于先已被确信的其他类似的经验信念上。我们信仰的这种根据也必须位于我们的把握范围以内，如果这种信仰作为知识需要得到辩解？这个根据本身也必须得到根据吗？这个根据的根据也必须得到保证，而且它的保证也必须位于我们的把握范围中么？如此类推下去，一直到我们在这种倒溯过程中，碰到某种所予的东西能够自行证明，并且足以支持它所必须支持的东西为止。如果是这样，那么，我们所可能有的任何经验上的认识在这种要求之下果然还能站得住吗？

由于这样一些考虑，并由于其他理由，我们就大可怀疑，我们关于客观事实的经验上的认识，是否毕竟可能具有一种足以支持理论确实性的保证。如果这些认识只是概然的，那么，拿"某种事情是真正概然的"似乎如此天真地来代替"某某事情是事实",那就险些将经验知识完全排除了。因为那就似乎拿关于一种逻辑联系（即陈述这个事实的命题和被假设为前提的其他命题之间依据概率规则所有的那种联系）的断言代替有关所相信的经验事实的断言。关于逻辑的概然联系的这样一个陈述可能有良好的根据，不过它完全不是有关任何经验事实的陈述，而且对它的把握也不是经验的知识。

对于逻辑的和数学的东西的把握，似乎有满足所有这些要求的最大可能。这种逻辑的和数学的认识可以是确实的（虽然有人曾对这一层提出过质疑）；它们能够有一个充足的根据或理由；而且正确和不正确（或错误）的区别也可以应用于这些认识上。人们所怀疑的是：在什么意义下，这些认识可以说是意指超出于、独立于认识经验之外的任何东西。如我们将有理由这样想的，这一类认识的最后保证是见于下面这个事实中，这就是：它们的真实性并不要求任何存在或非存在（其反面甚至是不可思议的）；而且它们对于存在的事物或任何事物的内容都不做任何要求。

（三）在确定知识的各种要求，并因而在为这个名词和它的应用对象下定义方面，是有这些困难的，而我们纵然更加仔细地固守着认识现象的实在特性，也难以把这类困难完全消除。这些困难不止发生于一个源泉，而避免它们或消除它们的困难时而系于一种考虑，时而系于另一种考虑。指出这些困难所在而加以应付的大部分企图必须推迟。不过它们有一部分是由一种可以立刻观察到的错误发生的，那种错误就是一种自然而却不可允许的趋向，即把只适合于一类知识的要求强加于一切类型的知识上。

事实上，"知识"没有单独一个有用的意义完全符合于知识一词的寻常用法。我们必须做出平常人们注意不到的种种区别。如果我们要固守着单单一个意义，则凡称为知识的东西就必须限制在这个名词的不经反省的应用所未曾指出的方式下——纵然为了一贯性和明白起见所取的那样，一

第二部分 形而上学与认识论

种狭隘的意义似乎是约定的或任意的。不过，**无需乎**也不允许借着这样界说名词，而把较平常的用法所标示的任何有关认识的事实排除于考虑之外。一切都必须考虑在内，不过它们应当加以归类，加以处理。人们也无需在这样一点上坚持自己的程序，好像所要报告的事实只能用一种方法表示出来，而措辞不同的其他分析，则因此成为虚妄的或不可接受的。这样垄断字典版权为自己辩解的企图是令人生厌的，并且是有阻碍作用的。如果用一套名词能达到一个精确而适当的说明，那么，这个说明也可以是用其他任何说法翻译出来。这些其他说法也该是同样精确而适当的，不过是建立在对认识现象所做的一种不同的分类上，或建立在关于所用的字的不同定义上和含义上面罢了。

不过，我们将不把"知识"这个名词扩充到对包括感性所予材料的觉察，或关于直接经验自身的内容的任何陈述。

我们将承认，把握作用共有三类：（1）对于感觉的直接所予材料（不排除幻觉）的把握；（2）对于不是那样被给予，可是可以在经验上证明或证实的事物的把握；（3）对于意义中所包括或所蕴涵的（或明或暗）事理的把握。第二和第三两项将被称为"知识"，不过第一项则不称为知识。有了这些约定，则在第一种情形下的主要考虑就是把知识同某种相应的可能的错误加以对比。只有我们对之能发生错误的那种把握作用，才在这里归在知识之列。凡**易于**发生这类可能错误的东西，在这里就归类为认识性的，如果它是正确的或如实的，它就归在知识之列。

对直接的东西——感性上的所予——的把握对于经验知识是一种主要的东西；不过它本身不是知识，如果所谓知识是我们可能对之发生错误的东西的话。与此相反的假设所以能够发生，只是由于人们不曾截然区分开这样真正的所予和寻常与之相伴的解释，或寻常可以由它推出的推论（在大多数情况下，这种推论是有效的）；或是由于人们混淆了觉察本身的直接所予内容和有关这种内容的语言表达——这种表达可以被人们认为**在语言上**是有正确或不正确的问题的。

说到意义中所暗含的内容，前面已经指出，甚至于在那一类意义是我们自己的意义的那种意味下，我们也可能不会固守它们，认不清它们的指示，观察不到它们所蕴涵的东西。关于它们彼此的关系也可能发生误解，纵然那样一些关系当被那些意义自身所决定。这一类失败就是疏忽或不一贯。不过要避免这类错误，却不是听其自然所能办到的，而且有时还是一种困难的事情。因此，要决定我们的意义使我们理当承受的结论，那是和一种可能错误相对照的一种把握，因而这种决定是可以算作一类知识的。

　　在逻辑和数学中所发现的正是这样一种知识，这种知识包括了一般的分析上的真，它代表着对我们自己心想的意义的说明。

（关其侗　译）

实用主义关于先天的概念[*]
(1949)

关于先天的概念提出了哲学上两个永恒的问题：心灵本身在知识中所起的作用问题和"必然真理"或"独立于经验的"知识的可能性问题。但是传统的先天概念已证明是站不住脚的。人们已不可能再相信心灵是借助对为经验立法的那些原则的某种神圣预知而把握直接性之流的，也不可能再相信有什么自然光亮或天赋观念。

在心灵之被迫接受不容置疑的真理或确立基本原则的任何特殊证明中，我们也找不到先天性之关键所在。一切真理对于理性的心灵都有使之相信的同样的强制力。正如鲍桑魁先生所指出的，一切命题或判断，其真理性一经确证，就都具有这种特性。

我认为，先天这个概念的困难来自于两个错误：（1）凡是先天的就是必然的，但是我们曲解了必然真理和心灵的关系。（2）先天的东西就是独立于经验的，但是我们持这种看法已经误解了它和经验事实的关系。先天的东西之为必然的真理，并非因为它能迫使心灵接受它，而恰恰是因为它不能。不论愿意与否，心灵必须接受的乃是既予的经验、盲目的事实、知识中的后天因素。先天的东西代表一种在某种意义上是随意采取的态度、一种心灵自身的约定、一种也可以其他方式来制定的约定，如果这适合于我们的爱好或需要的话。这种真理之为必然的，乃与偶然的相对而

---

[*] 选自 *Readings in Philosophical Analysis*, ed. by H. Feigl and W. Sellars. Appleton-Century-Crofts, Inc, 1949.

言，不是与随意的相对而言的。先天的东西之独立于经验，并非因为它规定了感觉材料必须与之适应的一种形式，或者预示了经验与心灵的某种先定的和谐，而恰恰是因为它不给经验规定任何东西。**无论如何**，先天的就是真的。它所预示的不是被给予的东西，而是我们对被给予的东西的态度。它所涉及的是心灵的自由的主动精神，或者如罗伊斯所说的那样，它是我们行为的范畴方式。

历来所举典型的先天真理的例子是逻辑规律。这些规律不可能来自于经验，因为要证明它们首先必须承认它们是真的。它们使我们的一般分类程式明确起来。它们并不强加给经验以任何实际的限制。有时人们要求我们在"非逻辑"这个幽灵面前战栗不安，以便在以后我们通过实在对心灵的依赖而摆脱它时会感到欢天喜地。但是所谓"非逻辑"乃是一个纯粹的妖物，一个没有意义的词。有何种经验能违背任何事物或者存在或者不存在这个原则？能违背任何事物都不可能既存在又不存在这个原则？能违背如果 x 是 y 并且 y 是 z，则 x 是 z 这个原则？如果有任何可想像的或不可想像的东西能够破坏这样一些规律，那么变易这个常在的事实就会每天进行这种破坏了。逻辑规律是纯粹形式的；它们只是对同词项使用及相应的分类和分析方法有关的东西下禁令。矛盾律告诉我们，任何事物都不可能既是白的又是非白的，但是它并不告诉也不可能告诉我们黑是不是非白，或者软或方是不是非白。要发现**什么与什么相矛盾**，我们永远必须向经验这个角色求教。与此类似，排中律表述了我们的这个决断：凡是不为某个词项所指称之物应由此词项的否定式来指称。它表明我们意在对每个词项都把经验做完全的二分，而不是如我们也许宁愿做的那样，根据三分法把经验分类为两个对立面（如黑与白）和一个介乎二者之间的中间领域。我们抛弃这种三分法只是爱好简化的一种表现。

其他的逻辑规律具有类似的意义。它们都是关于方法的原则、关于理智的思想和言语的议定的规则。这些规律之独立于经验是因为它们并不强加给经验以任何限制。它们是立法的，因为它们是向我们自己颁布的，因

第二部分 形而上学与认识论

为定义、分类和推论并非客观世界的活动,而是仅仅代表我们自己的心灵的范畴态度。

进而言之,逻辑规律的终极标准是实用的。有些人认为,例如存在**一种**逻辑,每个人如果理解它也理解他自己,就会同意这种逻辑。这些人比那些熟悉逻辑讨论的历史、有权乐观的人还要乐观。事实上存在着好几种显然不同的逻辑,每一种逻辑按其自身的条件而言都是自相一致的,因此无论何人使用这种逻辑,只要避免虚假的前提,就绝不会得出虚假的结论。例如,罗素先生以蕴涵关系作为**他的**逻辑的基础。照此逻辑,如果从一张报纸上剪下 20 个句子并把它们放在一顶帽子里,然后随意取出其中两个句子,那么其中一个就一定会蕴涵另一个,而且我们也可以说,这种蕴涵是相互的。然而《数学原理》的整个结构就是建立在这样一种与普通推论方式大相径庭的基础之上的。这种逻辑(还有比它更古怪的逻辑)是完全融贯一致的,其结果也是完全正当和有效的。在有关融贯一致的一切问题之外,还有一些逻辑上的争论问题,除非根据其符合于人的爱好和理智上的方便的一些实用的理由,是不可能确定的——不但如此,甚至是不可能进行争论的。我们一直无视这一事实,这本身就反映了在关于先天的概念上传统的错误。

我们顺便谈一下对先天的一个较为次要的解释,即认为先天的真理就是"根据定义为真的"命题。定义及其直接的结论,一般地说分析的命题是必然地真的,在一切可能的情况下都是真的。定义是立法的,因为在某种意义上说它是任意的。不仅被赋予语词的意义或多或少是一种自由选择(相对来说这一点是不甚重要的),而且进行定义所包含的那种精确分类的方法也不是由经验指定的东西。如果经验是另一个样子,那么定义及其相应的分类就可能是不方便的、空幻的或无用的,但不可能是假的。心灵进行分类并决定意义;这样做它就创造了分析判断的先天真理。但是这种创造的方式体现着实用的理由,这一点是如此明显,几乎无需指出了。

如果上面的这些解释似乎是微不足道的或只是字句上的解释,那么我们就可以专注于先天在数学和自然科学中的地位来纠正这种印象。例如，算术完全依靠计算或连接的活动，这是在任何包含可认出有同一性的事物乃至观念的世界中都能随意进行的一种活动，无需考虑经验的其他特性。穆勒对算术的这种先天性提出了反驳。他要我们设想有一个极有力量而又邪恶的妖魔，每当两个东西同另外两个东西加在一起时，这个妖魔总会带入第五个东西。穆勒提出这个说法的含义是，在这种情况下 2＋2＝5 就会是算术的一个普遍定律。但是穆勒是大错特错了。在这样一个世界里，我们对于算术和物理学的区别当必会比通常了解得更清楚一点，如此而已。如果把两个黑色的弹子和两个白色的弹子放在同一个坛子里，这个妖魔可以挑选颜色，但是显然有比已放进坛子的更多的黑色弹子或白色弹子。对于可以任何方式认出其同一性的一切对象都可以这样说，我们会发现自己简直面对着一个异乎寻常的物理定律，我们应当承认它在我们的世界中是普遍的。这个定律就是：无论何时把两个东西带近另外两个东西，这个过程总会造出另一个相似的东西。穆勒的世界在物理学上会是最离奇的。如果帽子或机车或煤的吨数能被本来拥有两个对偶的任何人这样成倍地增加，世界的工作就会大大地容易了，但是数学的定律会保持不变。正因为这是真的，算术才是先天的。它的定律**不阻碍任何**东西；这些定律同自然界发生或可想像会发生的任何东西都相容不悖。它们在任何可能世界中都会是真的。数学上的加法不是物理的变化。物理的变化使得其涉及的可计算的事物增加或减少，这是日常发生的现象。这种物理的过程显示给我们一些现象，我们必须通过抽象把纯数学的东西从其中析取出来。那些数学的定律而且只有那些定律具有必然的真理性，我们是准备无论如何都坚持这种真理性的。算术之为先天的，正因为我们总是要把现象中与算术不相符合的部分分离出来而以某种其他范畴（物理变化、化学反应、视错觉）来称谓它们。

科学和自然律中的先天因素比我们可能想像的要多。首先，全部科学是建立在定义概念之上的。对这些概念的表述的确是由我们理智的或实用的兴趣同经验的性质之间的交流所决定的。定义就是分类。科学研究就是

第二部分 形而上学与认识论

探求这样一种分类，以便可能把现象和活动联系起来，发现规律，深入事物的"本质特性"；以便使活动成为可以预见的。换句话说，如果定义是不成功的（很久以前的科学定义大都如此），这是因为如此做出的分类不符合于任何自然的划分，而且未同活动的任何重要的同一性相互联系。一个名字本身必然代表**某种**经验的同一性，否则它就不是任何事物的名字。凡是不做重复或不以可理解的方式重现的东西就不是一个事物。在定义同一性为其他同一性提供线索的地方，我们就有成功的科学定义。我们不能说其他定义是假的，它们仅仅是无用的。因此，在科学分类中，我们探求的是**值得命名的事物**，但是命名、分类、定义活动实质上是先于研究的。我们不可能笼统地对经验提出问题，除非我们的意义是确定的，相应的分类也是严密的，否则经验是不可能回答我们的问题的。

其次，任何科学的基本定律或被视为基本的那些定律都是先天的，因为它们表述的正是这样一些只有借助它们才可能进行研究的定义概念或范畴标准。假定闪电在 A 和 B 两处袭击了铁路路轨，我们怎样知道这些事件是同时的呢？"我们……需要给同时性下个定义，使得这个定义能提供给我们一种方法，借助于这种方法，我们就能决断，这两处闪电袭击事件是不是同时发生的。只要这个要求没有满足，如果我以为我能够赋予同时性陈述一种意义，那么我就得承认自己作为物理学家是受骗了（当然即使我不是物理学家也可以这样说）……"。

对这件事经过一段时间的思考之后，你提出下面这种检验同时性的设想。通过沿铁路进行测量，使连接线 AB 符合标准，并在 AB 距离的中点 M 设一观测员。这个观测员配备一种装置（如与平面成 90°的两面镜子），使他能在同一时间凭视觉观察 A 和 B 两个地点。如果他在同一时间看到这两道闪光，那么它们就是同时的。

对这个设想我很高兴，但是尽管如此我并不能认为这个问题已经完全解决了，因为我觉得不能不提出如下的异议：只要我知道这个观测员在 M 借以看到闪电的那个光是以相同的速度穿过 A—M 和 B—M 这两段距离的，你的定义就一定是正确的。但是只有在我们已经能随意得到测量时间的手段时，我们才可能检验这个设想。因此这个设想看来是一个逻辑上的循环论证。

经过进一步的考虑之后，你对我投以轻蔑的一瞥（这是当然的）并且宣称："我还是坚持我先前的定义，因为它实际上对于光根本没有假定任何东西。对于同时性定义我们只有**一个**要求，即在每一实际情况下，这个定义必须使我们能经验地判定：必然加以定义的概念是否被充分表达到了。光需要以相同的时间穿过 A—M 和 B—M，这一点实际上**既不是**关于光的物理性质的**一个推测，也不是一个**假设，而是为了得到一个同时性的定义，我可以凭自己的自由意志做出的一种'规定'。……物理学上的'时间'定义也是这样得到的。"①

正如相对论的这个例子所表明的，除非我们首先根据先天的规定已经表述了定义的标准，我们甚至不可能提问已发现的定律会予以回答的那些问题。这种概念不仅仅仅是字句的定义，也不仅仅是分类；它们本身就是定律，为所有被如此命名的事物规定了某种活动的同一性。这样的定义性的定律是先天的；唯其如此，我们才能进行借以寻求其他定律的研究。不过我们也应该指出，如果建立在这些先天定律之上的结构没有成功地简化我们对自然的解释，那么这些定律就要遭到抛弃。在上述的例子中，如果"与……同时"的关系像被定义的那样，没有证明是传递的，即事件 A 与 B 同时，B 与 C 同时，但 A 不与 C 同时，那么这个定义就肯定会被抛弃。

第三，在科学上，正如在其他人事方面一样，有这样一种先天的因素，它构成了经验中实在的东西之与非实在的东西相对立的标准。一个对象本身就是一种同一性。一个对象不能以一定的范畴方式进行活动就标示着它是非实在的。名为"自然律"的这种形式的同一性是区分实在和非实在的关键。一只老鼠在没有洞的地方消失不见了，它就不是一只真实的老鼠；一个风景随着我们的趋近而后退，这种风景就不过是一种幻觉。正

---

① 爱因斯坦：《相对论》，第 26~28 页。重点号是本文作者所加。

第二部分　形而上学与认识论

如在如意魔毯那出戏中的王后所说的："如果这是真实的，那么这就是一个奇迹了。但是奇迹是不会发生的。因此我要马上醒过来。"自然律的同一性是实在的东西的惟一可靠的标准，这一点是必然的。但是这样一种标准事实上是先天的。只要不遵循规律是经验内容之非实在性的标志，就没有任何可想像的经验能决定规律的改变。

这是经验论的难题之一。我们同经验打交道；我们必须了解作为经验的基础的任何实在可能是什么。我们想要发现的是自然律，即对贯穿在实在的东西中间的那些同一性的表述。但是我们得到的经验不仅包含实在的东西，而且包含幻觉、梦、错觉和谬误的全部内容。**被给予的东西**既包含实在的东西，也包含非实在的东西，二者浑然合在一起。如果我们向这种原初未分的经验要同一性，我们是找不到的。规律表示一切经验（关于实在的东西和非实在的东西的经验）的特性，是非实存的，而且在任何情况下都是没有用处的。我们所寻求的是**实在的东西**的同一性；但是**除非我们有这样的规律，我们是不可能对经验进行筛选而把实在的东西分离出来的。**

明显的解决在于经验的逐渐丰富、实在的东西同幻觉的或无意义的东西之不断分离以及对自然律的愈来愈多的公式表达。如果实在的东西的标准是先天的，那并不是说经验的任何可想像的特性都不会给这些标准带来变化。例如，灵魂是不可能被摄影的。但是如果在有专门保护的条件下拍摄的招魂术现象的照片已变成极为常见的东西，那么这一句先天的断言就成问题了。我们所应当作的将是重新定义我们的术语。"鬼"是精神还是物质，"精神"或"物质"的定义是否应当修改，所有这些构成一个相互关联的问题。我们应当重新讨论定义或分类的问题、关于这类实在的东西的标准问题，以及自然律的问题。对其中一个问题的解决将意味着对一切问题的解决。没有什么东西能迫使我们重新定义精神或物质。对人的爱好、人的兴趣的一种极其根本的关系，即使在莫名其妙、难以理解的经验面前，也会保证继续不变。在这样一些问题上，心灵除了受其自身目的和需要的逼迫之外，是自由的。我**可以**随意把经验分类；但是**哪些**范畴区别能够最好地服务于我的兴趣,把我自己的智慧客观化呢?混杂凌乱的经验究竟为何物——这不是我力所能及的问题。但是当经验这个角色完全呈现在我面前时,我怎样对付它——那是我自己的问题。只有我自己对理解的需要对我有强制力。

把一个我们准备根据经验加以修改的定律说成先天的确实是不恰当的,即使在个别孤立的事例中我们应当把不符合这个定律的任何经验都看作幻想的东西抛弃。但是问题的症结正在于此。除了像逻辑规律之类的我们无论如何都打算坚持的一些原则之外,关于实在的东西必然还有先于任何自然研究的更进一步和更特殊的标准。没有一套范畴和定义概念的网络,我们甚至不可能向经验提出问题。我们还必须做好准备说明哪些实验结果将回答哪些问题以及如何回答。没有代表先定原则的检验,就没有经验所能回答的任何问题。因此归入任何范畴的最基本的定律(或被视为最基本的那些定律)都是先天的,尽管在这种条件下仍不能使经验成为可理解的、会最终导致完全抛弃的那个范畴。诸如水星的运行和越过太阳边缘的星光的运动之类相对微小的事体,如果我们总是不能把它们纳入以往公认的说明方式的范围之内,就会导致抛弃空间和时间这两个独立的范畴。但是没有构成这些范畴的那类定义、基本原则和检验,无论什么经验都不可能证明或否证任何东西。对于认为独立的时空是绝对必然的概念的人来说,任何做得到的实验都不可能证明相对论原理。"实验结果必有某种错误,或者有某种规律尚未发现",这种看法代表了一种态度,这种态度是永远不可能杜绝的。这种态度只有在一种意义即实用的意义上,同能够更成功地把所有这种经验归约为秩序和规律的其他范畴分析方法相比较,才能被证明是不合理的。

有一些范畴和定义概念是一切科学和一切知识的基础,它们代表着人类心灵根据其全部经验所采取的基本的思想习惯和根深蒂固的态度。但是一种新的更广泛的经验可能使这种态度发生某种变化,尽管这种态度本身并不能支配经验的内容,而且也不能想像有任何经验会证明其无效。

有人也许会反对这种看法,理由是只有人类心灵无论如何都**必须**坚

第二部分　形而上学与认识论

持的那些原则才应名之曰先天的。例如，如果通过对我们基本概念的最艰苦的改造已经表明有可能根据相对论建立一个自相一贯的物理学理论，那么现有的那些概念由这个事实证明就不是先天的。这种反驳多半来自那些从一种绝对精神或绝对普遍的人性的观点思考先天性的人们。我们不难承认，认为根据众人同意或根据一次科学家大会或根据未曾经受人类能力和兴趣严重考验的任何东西做出的判定与先天的东西有关系，是不恰当的。但是我们愿强调两个事实：第一，就在人类历史上曾经改变过的那些概念和原则来说，其中有些概念和原则是既不能被任何经验证明也不能否证的，但是它们代表了人类思维的自由的主动精神——没有这种自由的主动精神，科学的任何进展是不可想像的，而且任何科学都是根本不可想像的。第二，与决定采取相对论而否定绝对时空有关的那些概念和属于逻辑规律的那种更持久不变的态度之间的差别只是一种程度的差别。先天和后天之间的分界线就是**能**在一切经验面前都加以坚持的那些原则、定义概念和**可**被断然证明为假的那些真正的经验概括之间的分界线。唯理论和经验论都没有把握下面这个思想：有一些代表心灵主动精神的原则，它们并不强加给经验任何限制，但是当经验范围的扩大暴露了这些概念作为理智工具的不适当性时，它们仍要根据实用的理由接受改变。

无论人类经验还是人类心灵都不具有普遍的、固定的和绝对的性质。"人类心灵"除了在下面的意义上是根本不存在的，即所有的人在基本方面是非常相似的，而且语言习惯和极重要的思想交流又大大增加了人类在这里所说的那些方面的相似性。我们的范畴和定义乃是特殊的社会的产物，是根据有着很多共同点的经验得到的，而且像其他的生活道路一样，是由人类目的之一致和人类协作之迫切需要踏出来的。关于先天的东西，既不需要普遍的同意，也不需要完全的历史连续性。诸如逻辑概念之类的概念极少可能受到新经验领域的开拓的影响，它们代表我们的范畴中之最稳固者，但是它们也没有一个是不能改变的。

心灵给予经验以秩序的因素是分类、范畴和定义的因素。没有这个因素，经验就会是不可理解的了。我们对这些东西的有效性的知识不过是对我们自己的基本行为方式和我们自己的理智目的的意识而已。没有这个因素，知识是不可能的，而且无论什么真理之为必然的和独立于经验的，都必须在这里找到说明。但是在我们行为的范畴方式、我们实用的兴趣和经验的特殊性质之间的交流比我们所体验到的更为密切，不考虑其他两个方面，就不可能充分说明其中的任何一个方面。

人们有时指责实用主义动摇在两种相反的观点之间：一种观点认为经验是"完完全全顺从我们的目的的"，另一种观点认为事实是"坚硬的"，非心灵所创造的。我们这里提出一种调和的观点，即认为先天的因素贯穿我们的全部知识，它的确是顺从我们的目的并符合我们的需要的。但是另外自始至终还有一个经验的因素，它是"坚硬的"、"独立的"，是不能随我们的意志加以改变的。

（陈启伟　译）

经验知识中的所予要素[*]

(1952)

我在已出版的著作中论及过这一话题，所以这里不拟对已说过的东西做任何概述，而只想强调这样一些基本的考虑，依我看，正是它们支配着某种支撑着已得到辩护的经验信念的不可动摇的材料要素的构想。

经验知识——如果有这种东西的话——是这样被辨别出来的：它把某种在经验中揭示出来的东西作为自身的一个本质因素或本质前提。这是一个同义反复。要把这个同义反复的事实详尽无遗地表述出来会有些困难。但是，要是有谁否认我们试图陈述的事实，他势必会给人造成借俄国式的政治谎言来探讨哲学问题的印象，而跟他这样的人争论问题是没有什么意思的。我称之为"所予物"的正是知识中的这种来自于经验的本质因素。

可是，既然经验及其作为经验知识的基础所发挥的作用是我们每个人均可加以考察的东西，关于它我们何以会各执一词呢？我就此提出的解释常常会招致反对；而这种关乎某种只要正确陈述出来便昭然若揭的东西的反对意见，真的让我有些迟疑。如果给我挑刺的人持的是理性主义立场，我可以找借口说，他们进行哲学探讨是为了维护一个不可靠的主要前提。可是，我的批评者大都是像我一样坚定的经验主义者。这正是让我最感烦恼的事情，因为在我看来，要为知识提供一种合理的解释，似乎只有两条路可走：要么假定经验中必定存在着某种基础，亦即它直接提供的某种现

---

[*] 选自 *Philosophical Review*, Vol. 62 (1952), No. 2.

实性，这种现实性在经验信念的证实中起着不可或缺的作用；要么假定，决定经验真理的只是某个候选信念与其他已被接受的信念之间的某种逻辑关系。而在后一情形下，除了由经验提供的真实性之外，任何一种表明这些先前信念何以被接受的理由都还是模糊不清的。即使不考虑这种困难，这第二种选择也顶多不过是真理融贯论的一种复活形式，而真理融贯论的缺陷早已不是什么秘密了。

无疑有这么一种——或者不止一种——事实间的逻辑关系，我们可以恰当地名之为"融贯"。同样毫无疑问的是，一旦被确定为不可靠的重大事实达到一个足够大的数量，这样一些系统的逻辑关系对于确保可靠性就显得至关重要了。但是，任何逻辑关系本身均不足以确立任何综合判断的真，甚至不足以确立其可靠性。这乃是过去半个世纪以来的逻辑学研究明确确立下来的一个论点。除非如此关联的信念，或者其中的某些信念得到一种任何逻辑原则也无法保证的确证，否则它们之间的任何一种逻辑关系均不能作为哪怕表明它们是可能的证据。

让我们假定，所有真理甚至都具备体现在某个几何学系统中的那种最强的融贯性。这一系统中的陈述（包括公设和定理）如此紧密地关联着，以至于当我们对其中的任何一个陈述提出质疑时，其他陈述都足以赋予它以演绎确定性。但我们知道，这种关系是不足以确定关于实际事物的几何学属性的任何真理的。如果欧几里得系统是融贯的，那么黎曼系统和罗巴切夫斯基系统也是融贯的，尽管在几何学语汇的指谓被给定的情况下这三种几何学是互不相容的系统。如果关于我们的空间的真理可获得证实的话，那么在经验中被揭示出的某种东西必定是最终的裁定者。既然对于凭强演绎逻辑关系而融贯的几何真理都是如此，对于一般经验真理就更是如此了。为确定经验真理我们不得不常常借助于只提供或然性的归纳方法，这样做所依据的假定是：我们的前提是确定的，或者，它们拥有某种先前基于其他理由而得到的或然性。

总之，我们只能靠经验和逻辑来确定综合判断的真或可靠性。若剔除由经验提供的材料事实，就只剩下可逻辑地确认的东西了，而仅凭逻辑是

第二部分　形而上学与认识论

不够的。

这种排除论证当然不是最终的，而我也不会只仰仗这种论证，我还要诉诸于生活事实。不过，我必须先问一问我的批评者们在这一点上持什么观点。他们是否抛弃了任何经验主义理论的一个根本要求？他们是主张仅从逻辑考虑中引出经验信念的充足根据的理性主义吗？或者，他们当真是干脆不愿意承认这一事实的怀疑论者吗？或者，他们找到为我所忽视的第三条道路了吗？

有一类反对者明确抛出了自己的不同意见，其矛头所指是我的如下假定：经验中给予的东西是牢靠而不容置疑的。经验主义者一致公认，非知觉综合知识最终是建立在知觉知识之上的，从而把问题的关键定格在知觉的性质上。实际上，所有经验主义者均承认，知觉认识的某些物项并不是那么确定无疑的；知觉要受制于幻觉和错误。他们的内部分歧是：要加以怀疑的到底是所有知觉还是其中的某些知觉？例如，穆尔先生认为像"这是我的手"这样一些信念（在适当的情境下）是不容置疑的。但是，许多人，或许我们中的大多数人所看到的却只是知觉判断的确凿保证在程度上的差异：我们承认它们大都具备"实践确实性"，但同时认为它们中没有哪一个称得上是理论上和逻辑上确实的。得出这一结论的人随后便遇到了这样的问题：是否存在着这样一种要么先于并支撑着对客观事实的知觉信念，要么就存在于知觉经验本身中的因素，它一方面是这一知觉判断的基础，可另一方面又不像这个关于客观事实的判断那样容易受到理论上的怀疑？

我本人对这一问题的回答是肯定的。当我看见一扇门时，我可能是受到了一幅精心绘制在墙上的画的蒙骗，但是，到达我的眼睛的那种表象则是我的经验中的一个不容置疑的事实。我对一扇真实的门的知觉信念则不是明显的推论，而是借助联合而得的一种信念。尽管如此，这种解释的真实性是而且仅仅是可作为一种从给定的视觉表象做出的归纳推论归属于它的东西。所予要素正是这种牢靠的表象要素；而可批判的、不确定的要素就是解释的要素。

为批评这一观点而提出的争辩多不胜数。其中有些争辩是从因果性方面入手的，它们可以在不顾及对经验知识的任何全面阐释的情况下被提出来。不过，古德曼和莱欣巴赫的反驳意见不在此列，它们是为维护那些复杂而有效的可选择观点而做出的。他们二人谁都还没来得及更深入地阐述自己的可选择构想；而我这里也只能尝试着指出其中的关键问题在哪里。

　　我斗胆放言：莱欣巴赫的观点就是十足的概率主义，就是带着两大优点的现代融贯论版本。首先，他假定了观察陈述，尽管他坚持认为这些陈述应以客观的（"物理的"）语言表达出来，而且还是可质疑、可修正的。其次，他们精心描述的或然性融贯关系取代了历史上被称作"融贯"的那种模糊不清的关系。

　　首先，让我们就观察陈述做这样的假定：我向那边看过去并报告说我看见了一匹马。你们（作为认识论家）或许会回应说你们觉得我的报告是含糊不清的：具备"我看见了一个 X"形式的陈述是关于客观事实的断言，当且仅当可替换"X"的常项被当成是仅限于指谓物理实体的表达式的，但是，具备这种形式的陈述以记录或表达性的术语表达出来当且仅当可替换"X"的表达式被看作现象的代号。你们会说，在一种情况下，我做出的是一个关于一匹存在着的马的可疑断言；而在另一种情况下，我所报告的不过是某个特定的所予表象，这种表象无论可疑与否，至少并没有断言任何存在着的真实的马。只要我不是在说谎或说话时没有出现口误，这种记录陈述按其本义就是真实的。我看不出莱欣巴赫对这第二种表达性术语的否定不是一种独断还能是什么。（即便是他们说的"现象语言"，也似乎是与我当成任何关于经验所予物的表述的本质的东西不一致的）我还要强调指出的是，对于表达性陈述所要求的任何受限语汇或句法的忽视对于经验知识本身并不是什么大不了的事情：谁也不消借助于言语表达才意识到自己的当下经验；而且，别人的记录句对于我们显然都不可能是不容置疑的。记录表达对于它所表达的东西是无关紧要的，一如恐惧的喊叫对于可能导致了这种喊叫的可怕的幽灵是无关紧要的。关于记录陈述的观念主要是应认识论探讨之需而生的，尽管所说的这类陈述当然是

第二部分 形而上学与认识论

实际存在着的,而所需的这一术语在自然语言中也是有例可循的。

不过,我们还是绕开这些问题做这样的假定吧:观察那匹马的人用客观的("物理的")语言把他的观察表达了出来,而且他们报告的东西是可质疑的、或然的。莱欣巴赫本人提到了当时所出现的困难:作为或然性的东西得到辩护的一个陈述必须有一个基础:如果这一基础仅仅是或然的,则它也必须得有一个基础;如此等等。莱欣巴赫否认这种概率值的无限倒退序列必定趋近于零,而最初那个陈述的概率也因此会最终化为乌有。单单讨论这个问题就要花费整整一个下午或更长的时间。是谈论建立在已知基础之上的确定概率,还是只谈论所谓的"先天概率",会是不同的。然而,即便我们接受莱欣巴赫提出的更正,我还是认为这种更正不足以保住他的论点。为此,我想他必须证明,在涉及到概率值衰减的地方,表示目标陈述的概率的逐渐缩小的分数会趋近于某个确定的值而不是零。我对是否可给出这样的证明表示怀疑,我也不认为可借助他的"诉诸于串连的论证"来解决这一困难。诚然,我们可根据逆概率规则,或者通过"基础"的概率确定"结果"的概率,或者通过"结果"的概率确定"基础"的概率。但我想加以强调的是,正如莱欣巴赫所提到的,在你准备好把数值赋予这一规则所要求的"先期概率"之前,你不管沿着哪个方向都是寸步难行的,必须赶在用这一规则确定任何东西的概率之前将这样一些东西确定下来。如果给出的回答是,这些东西可通过这条规则的另一种使用加以确定,则显然可这样予以反驳:那样的话你就必须**在这样**使用这条规则**之前那样**使用它。只要你把稳了一个无限前进或倒退过程的正确终点——亦即这一过程的各环节由之可相继得到确定的那个终点——那么这一过程便不至于损毁理论目标。然而,在我们正考虑的这种情形中,人们总是处在这一序列的任何一个分段的错误终点上,总是需要在确定想要确定的东西之前首先确定某种别的东西。这样的假定,即不管什么东西的概率总是要依赖于别的某种其本身也只是或然的东西,是同任何概率的合理分派完全相违背的。莱欣巴赫主张,这种对确实性的追求乃是理性主义的残留物;而我则认为,这乃是一种维护经验主义的企图。

说得更直接些，依我看，概率主义构想所假定的是，如果可得到足够多的相互支撑的或然性的话，它们就都可以确立起来了。相反，我倒是认为，除非它们中的一部分可以独自确立，否则它们全都会轰然倒下。假如没有任何非分析陈述是可绝对地断言的（不受制于或然性条件的），那么依我看，整个这样一个系统就不能为其中的任何东西提供比一部好小说的内容所拥有的更好的保证。我看不出这种排斥纯粹给予的经验材料的融贯论有什么希望——或者说，这种理论要获得一线生机，除非加上一个公设，使得某些综合陈述成为先天或然的。例如有这样一个公设：每一知觉信念仅仅由于是一个知觉信念而具备某种或然性。①

我想在剩下的一点时间里简单谈一谈我对另一个论点的看法。古德曼和莱欣巴赫均要求记录句带有一致性——或称"归纳一致性"。这是同他们的如下假定相随而来的：记录句所报告的东西是可质疑、可修正的。简单地讲，任何一致性要求都和记录句没有多大关系。一个记录句就是关于所予现象、关于如此这般的经验的一则报告。我向台下观众投下一瞥，发现某处有个两头怪。当我把我自己的头抬高一些再看时，却只看到一个头了，但这并不构成我改变第一个记录句并否认两头怪存在的理由，我当然并不相信一眼看上去的那两个头是真实的。正是在这一点上，归纳一致性要求出现了。但是，我借以避免那个关于客观事实的结论的批判是对某种解释——亦那某种知觉信念——的批判，而不是对记录句所报告内容的批判。它所进一步表明的只是对这一怪物的某种客观说明的可取性。漫不经心的观察者的记录句、神经错乱者的直接经验以及做梦者所梦到的事情一定不能出于一致性考虑加以更正或排除；这样做只不过是对经验事实的否证。经验知识问题主要是关于客观事实的解释的问题，而这些客观事实是同所有真实的、言词表达准确的记录句所报告的经验的出现符合一致的。这便是对适当的经验知识的一种检验。而这种客观解释在说明经验的令人困惑的、表面上的不一致时所表现出来的能力，则是更进一步的检验。把

---

① 保罗·亨勒教授对我提出了这种设想——尽管这并不是他本人所采纳的假定。

第二部分　形而上学与认识论

一种所予经验称作一个幻觉、一场梦或者一次漫不经心的观察也便是指出了会为它提供说明的那类客观事实——正如光学定律以及我透过我的眼镜的边缘向外看这一事实为我们见到的两头怪提供了说明一样。不应忘记的是，经验就是为进行经验认知而提供给我们的那些东西，而我们所获取的关于客观事实的知识不过就是代表着我们对经验的总体解释的一整套信念。假如我们对所拥有的经验没有什么把握，我们便难以确定任何客观事实，或者难以确证关于某一客观事实的假定，或者难以把任何一种或然性赋予它。

我后悔未能就古德曼的文章做出更深入、更详细的评论。由于不相信我关于经验中的不容置疑的所予要素的构想可以维持下去，所以他没有把他的批评意见充分表达出来，以便更好地对描述经验的陈述重新做出一种可能的实用主义表述。

可以做这么一个简单的归纳：他所提议的是根据观察陈述引导我们以期待的预言意义来解释观察陈述。但是，这种提议所带有的实用性质恐怕是我所不敢奢求的。不管这种重新表述有多大可能成为现实，它都不会令我满意，因为关于认识论研究的任务我一直持这样的观点：认识论主要关注的乃是知识的真实性，而真实性涉及的是得到确证或辩护的认识的特征。

经验判断要成为知识，不仅必须具有关于什么东西将会证实或确证它的预言意义，而且还必须将它同只是幸运的或不幸的猜测或者以是否具有某种辩护基础来定夺的信念冒险区分开来。而事实上，为一经验判断提供辩护的东西也不可能是某种在它之后的、当下不可考的东西，而必须是存在于某种先于它或与它同时出现的某种东西中的。当所探讨的是知觉认识时，关键的一点是，对经验的解释——即知觉信念——所表明的是将来的、可证实的东西，但是，若要使这一信念具有真实性，作为其基础发挥作用的东西就必须是当下的、给予的。

我这里主要关心的正是这一论点。正是由于这一论点，我才感到有必要脱离或增补别的实用主义理论。正是由于这一论点，我才无法接受古德曼的实用主义提议：根据属于它们的东西去解释经验发现，势必会导致在存在着的、给予的知识基础与不存在的、只能预期的东西之间的混淆。也正是基于同样的理由，我才不同意当今盛行的其他各种说是经验的却又不承认经验中的材料要素的理论。我觉得，若依这样一些构想，关于知识的真实性的任何说明都是无法得到的，甚或是不可能的，而持这些想法的人如果不是自己走错了路，肯定会陷入怀疑主义的泥潭。

怀疑主义不只是不得人心的；说一个经验判断与任何其他经验判断没有什么两样（因为没有哪个判断得到证实），简直就是废话！暗含或纵容这种怀疑主义结论的理论根本不是对任何东西的说明，而只能是一场理智的灾难。

(李 霞 译　李国山 校)

唯名论悖论[*]

(1953)

我以下提出的是一个暗含于唯名论中的悖论。我既不断定所写下的这些论点，也不武断地坚持这些推理是有效的。但是，如果我能发现唯名论者对这里所写下的哪一点表示异议以及他是如何为他所持的异议进行争辩的，那么我便可以了解到一些我眼下还不了解的关于当今唯名论的东西。

1. 在两个场合是或可以是同一的东西是抽象的。
2. 没有任何不在两个场合是同一的东西是可被辨认的。
3. 不可辨认的东西不可证明是同一的。
4. 因此，如果有任何非抽象的实体是实在的，它们就不可被证明是同一的。
5. 不可被证明是同一的东西不可知。
6. 根据唯名论，只有非抽象的实体是实在的。
7. 因此，在承认唯名论的情况下，如果任何东西是实在的，它就是不可知的。
8. 因此，彻底的唯名论者同时也是怀疑论者。

---

[*] 选自 *Collected Papers of Clarence Irving Lewis*, ed. by J. L. Goheen and J. L. Mothershead, Jr, 1970.

怀疑论者不会做出关于实在的特征和界限的陈述，因为他们承认所有这样的陈述都是不可证明的。

论点4．或许是这一序列中最关键的一条。如果是这样的话，倒不是说非唯名论者认可4．，而是说他们有办法去消除它；而问题可能就成了：是否任何消除了4．的、前后一贯的知识理论都是可以接受唯名论的？

（李国山　译）

第三部分

伦理学与美学

价值判断和事实判断[*]
(1936)

"价值判断"这一用语要指的东西大致是清楚的。你所选取的任何作为价值判断的例子都不大可能在其所意指的东西之外。同样,"事实判断"所指的东西也是清楚的:它们是这样一些判断,其真或假可参照某一或某些可最终以经验术语表述的准则来确定。在这一用语中,任何清晰性的欠缺都归因于如下一些问题:关于什么是、什么不是真实和虚假的经验标准的问题,或者是涉及这些经验标准的运用问题。如果所有这些问题都消除了,就没有什么可继续探讨的了,但我们还是可以就与以下的讨论有关的问题略作评论。

眼下,涉及"价值判断"和事实判断之间关系的问题之所以会萦绕于我们心中,是因为关于预期规范意义的陈述通常被归为价值判断;而且,那些做如此归类的人通常也会认为,假如价值判断一般而言具有真假而不只是关于主观感情的心理断言的话,那么规范性陈述具有某种真实性或有效性也必定是可能的。

实用主义者和维也纳学派的追随者都持有这样的立场:有意义的陈述必须是可证实的,尽管"可证实的"一词在这里的意思还不太清楚。我觉得,我们已逐步意识到,提出这一命题实际上是揽下了一桩棘手的活计,必须用心对待才是。不过,"理论上的或内在的可证实性"比起较窄

---

[*] 选自 *Collected Papers of Clarence Irving Lewis*, edited by John D. Goheen and John L. Mothershead, Stanford University Press, 1970.

的"实际上的可证实性"要更切题些。在《语言、真理和逻辑》一书中,艾耶尔先生提出了这样的限定条件:有意义的陈述必须是这样的东西,某些经验上可决定的事情能够切实地影响到它们的可能性。例如,电子也许是不可证实的,但是它们的存在却是完全可能的。在一篇题目为"经验和意义"的文章中,我提出了一些颇为不同的建议,以便让"可证实性"标准变得可理解和可接受些。

然而,对于那些把规范性的陈述当作有意义的人来说,与认为这种规范性断言并没有理论上的意义而仅仅只有"情感上的"意义的维也纳学派的论点比起来,这一问题是一个不同的类型。如果规范的客观性的提倡者和反对者在这里一致认为,所谓的规范性陈述并没有断定什么超越断言者情感状态之外的东西,那么它们在哲学上就是可以忽略不计的——或者至少未能以这样一种方式获得意义,该种方式对于它们被其维护者所赋予的地位而言是本质性的。当然,这只是一个永恒话题的当下表现形式。极端的自然主义或者实证主义总是坚持对伦理学的惟一重要的阐释从根本上讲必须是描述性的、心理学上的或者社会学上的;而它们的反对者却始终把这一观点看作一个重大的错误。

然而,同时应该说在维也纳学派的核心成员那里,一般而言,对规范性陈述的客观真理性的否定显然并不表明对价值判断的真与假的否定。在《世界的逻辑构造》第152节中,卡尔纳普教授说道:"来源于某种直接的经验,即'价值经验'的价值构造在许多方面展示出与来源于'知觉经验'(更确切地说,来源于感觉性质)的物理事物的构造的相似性。一些这样的经验的例子足可以表明这一点。比如为了伦理价值的构造,我们应该拥有(在众多他人之中)良心的经验、义务的经验或者责任的经验等等。"接着,他进一步说道:"这并不表示价值的心理化,这正如来源于感觉性质的物理对象的构造并不表示物理对象的心理化一样。用实在论的语言说,价值本身不仅仅是经验性的或心理的,而是独立地存在于经验之中而且仅仅在经验中(更确切地说,是在其意向性对象的价值感中)得以被认识,就像物理的事物不是心理的,而是独立于知觉而存在,并且

第三部分 伦理学与美学

仅仅在其意向性对象的知觉中得以被认识。"

我必须承认我没有能力以与维也纳学派关于规范的一般立场——如石里克的《伦理学问题》一书中的立场——相一致的方式来解释这一段话。一部分解释无疑是基于下面的句子："自始至终，构造理论并不使用这种实在论的语言，但是对于实在论表述中的形而上学成分是中立的。"这一段话的整个语境也将是相关的，而且我一定不能给人造成卡尔纳普在这里追求伦理价值的客观性这种印象。我只是不知道这段话包含有什么样的意思。但是，由于构造理论不可能正好是在一个有意义的与一个可能是无意义的构想之间的中立的东西，所以关于各种价值就显然有某种不只是心理学上的真理；而且由经验所做出构造也不是一个没有经验指谓的概念。至少，这似乎意味着价值在某种程度上是独立于被感觉或被经验的，就像物理对象是独立于被感知的一样。由此似乎可以得出结论：价值论断在其本真的含义上并不比关于物理性质的论断具有更多心理学或社会学的特征。

然而，我们也许想到，承认作为一个种的价值论断具备经验的或事实的意义，并不意味着为作为该种的一个属的规范性的陈述假定了类似的意义。规范性陈述的倡导者大体上倾向坚持这种意味：他们相信某些规范性命题的真或假对于任何类别的价值判断的客观的真或假的存在是必要的——因为它们的存在不只是表达主观感情的陈述，因为它们实质上等同于任何为真或为假的命题，而与心理学或社会学的经验性的描述命题不同。

最终的问题很可能就在这里。但是，我们先大体检查一下可能与所谓的价值判断有关的一些考虑。卡尔纳普做出的与知觉判断的类比提出了一个对于我来说是明显的关于价值判断的意义的分析，并且这一分析赋予了它们像关于其他性质的判断一样明确的经验内容。

直接的善、直接的价值，正如直接的感觉性质一样是直接地、清楚地在经验中被赋予的——玫瑰之美是因为它的形状和色彩，夏夜的愉悦是因为它的静谧和婆娑的树荫，交响曲的辉煌是因为它的音调和节奏。事实上，玫瑰之美就是它的形态和色彩。我们会想到贝克莱关于火焰的灼痛和热的古老争论；我们并没有感知到两个感觉，而是一个感觉，它同时就是它的灼痛和热。尤其明显的是，关于特定经验的各种善与恶，它们不是与感觉性质截然分开的，而仅仅是可以通过抽象和构造来分离的。通常，主要是"认知的"兴趣抓住的是更无色彩的元素，即所谓"感觉"，而那些更加强烈的善和恶这样的元素则被放在后面，并且被贴上"感情的"或"主观的"标签。但是，我们都知道，玫瑰的红色和它的美同样都是感情的，也同样都是主观的。

正如我在别处试图说明的，关于直接感知到的东西——不管是感觉性质还是价值性质——的报告都有我们有时所标识的"主观的"特征，这部分是因为没有任何词汇的意义纯粹是指向仅仅被感觉的性质的。如果我说这朵玫瑰是红色的，我暗示了关于玫瑰的进一步的经验；我含蓄地预言这一当下给定的特征对这种进一步经验来说是一种或多或少恒久的可能性，例如，它将随着光线的变化以某些特定的而不是别的方式起变化。"红"作为玫瑰的客观性质是经验中给定的性质的一个完整复合体或系列；要确定这一客观性质的存在，个别的直接证据是不够的。正是由于这一原因——也就是，由于"红的"这一客观谓词在应用于这朵玫瑰时所要求的这种复杂性及时间跨度，"玫瑰是红的"这一断言才是某种可证实的东西，并且要求超出为确立其为真所需的直接感觉之外的证实。

正因为"红的"作为一个断定谓词具有这种意义，所以便没有任何词可用以传达这一直接感觉到的性质，也就是，没有任何词会明确地、不带任何歧义地意指这种直接给予的质的特征。这就是我所说的直接给予的东西是难以言状时所要表达的意思。

同样的观点也可用另一种方式提出。语言的占主导地位的用法是以语词指谓复杂事物或者可能的经验系列，而且由此所做出的断言含有预测性。然而，除了这种"认知的"用法之外，语言还有别的用法，特别是语言有可称作"表情的"用法，此时的旨趣是在直接经验自身的感觉性质上，也许就像抒情诗的情况。在这个表情的意义下，关于某个被看见是或被想像成红的东西的陈述不再是复杂的和有预测意义的，而只是传达所

第三部分 伦理学与美学

予经验的质的特征。语言主要优先发挥其认知的、实用的、预测的作用，于是诗人和其他表情陈述的创作者不得不费劲地用一种异样的方式说话，并且所说的并不是他们真实的意思。或许——由于我们的实用的或预测的意图与表情的意图常常一起出现，并且大多数陈述是这样被理解的——更准确的说法是，实用的和预测的意义通常被加以强调了：它们在逻辑中被精心地研究，并且成为知识论的主题，而表情的意义则相对被忽视了，各种意义理论似乎均不看重语言的表情意图的存在。

我们也应该注意到，表情陈述——关于如此这般被给予的东西的报告——在任何严格的意义上都不是一个判断，并且最好不要把它归为"认知的。"对于它的创作者来说，它的真实或虚假是毫无问题的。它要么表达了他知道为真的东西，要么它是一个谎言，而且他知道这一点。既然它没有什么超出所表现的东西之上的意义，它就不需要什么证实。人们可以说它是直接地被证实的，或者说证实与它的真是不相干的。但是，倘若一个人选择了这些可供选择的陈述中的第一个或第二个，那么也应该注意到他选择了一种略微不同的证实的意义。在一种情况下，这意味着指谓的意图与直接满足或符合这种意图的东西之间的一致关系。在另一种情况下，证实被局限于会出现疑问或错误的东西上，因此并不适用于没有进一步寓意、其真实或虚假被直接而确实地决定的东西。

我们通常使用的像"证实"、"判断"、"认知"、"知识"这样一些词语，到底是否包含着进行指谓的意图与直接而完全满足这一意图的东西之间的关系，其实是相当含糊的。这种含糊性要为目前知识论及意义论中的混乱局面负责。在下文中，我将在更窄的意义上使用"判断"、"认知"、"知识"这些词语：对直接所予物的领悟——就其自身以及没有对任何进一步的事情做出预测来说——并不算是知识。关于直接所予物的表达或报告不是一个判断，因为并没有什么是有疑问的，也没有错误的可能性。

但是，如果说这种表情的陈述不是真的或假的，也是非常荒谬的。而且，如果狭隘地使用"证实"一词，从而无法确保这类表情陈述或者关于直接所予物的表达与满足它们的指谓意图的东西之间的一致性的话，至少是令人遗憾的。显然就是这样，因为任何陈述的证实最终必定都是通过在某一或某些经验中对这种一致性的确定而发生的，当这样的证实发生的时候这些经验是直接的。而且，如果关于这种一致性的表达不能是真的或假的话，那么通常的认知和预测性判断最终必须被那些本身并不是证实的东西所证实。并且，如果"真"和"假"不适用于关于直接所予物的表达，那么，要么预测性陈述永远不能被证实，要么不可能说出什么将证实它们，因为能够证实它们的表达必须由既不真也不假的陈述构成。

接下来，我将在下述意义上谈论表情陈述的真或假：在它们的指谓意图与被呈示的东西之间的一致性，或者这种一致性的缺失。我将把这种一致性的获得包含在"证实"的意义中，尽管这种类型的证实是无可置疑的。

当然，说被视作可证实的陈述的通常是预测性的和认知性的而不是表情的，仍然是正确的，因为说任何其真或假业已被直接而确定地证实了的陈述是可证实的，当然是无意义的。

如果你们允许我在上述意义上使用这些词语的话，那么我们将得出这样的结果：有这样一类显然是经验的并且显然是任何经验知识不可或缺的领悟，尽管如果不用到它们，经验判断的意义就不可能得到陈述，而且对所有经验上有意义的陈述的阐释都必须在它们之上终止。但是，它们自身不是认知的实例，它们的表达式也不是关于任何判断的陈述。

基于这样一些考虑，特别要指出的是，在玫瑰的红色和它的美之间，在感觉特性和价值特性之间并没有本质的差别。如果基于这样的原因，价值论断被认为是主观的或是难以言说的，或者仅仅是表情的，并且不是有意义的或可证实的陈述，那么就需要指出，关于客观的感觉特性和其他事实的预测是有意义的，而且只有依据那些受制于同样的限制的构成部分才可能获得意义。如果假定对立存在于表情陈述和具有经验意义的陈述之间，那么在分析中似乎再难找出比这更明显的错误了。

价值特性和感觉特性之间的类似进一步表明了从仅仅是直接的领悟和表情陈述到认知的判断和可证实的、预测性的命题的转换——两种情境下

第三部分　伦理学与美学

的情况是一样的。当我说玫瑰是红色的，我所意指的不仅仅是它直接给定的和难以言说的感觉特性，因为我暗示了进一步经验的可能性，而经验的增加将证实我的断言为真。于是，我的陈述是关于一个客观性质的，并且表达了一个真实的判断。同样，当我说玫瑰是美丽的，我不仅仅指（或者也许不仅仅指）它的直接给定的和难以言说的价值特性，因为我暗示了进一步经验的可能性，这些经验由于拥有如此这般的价值方面或特性而不是其他的经验特征，所以将证实我的陈述的真实性。因此，我的断言是关于一个客观的价值特性的，并且表达了一个真正的价值判断。就感觉特性和价值特性来说，与仅仅是表情的意义相比，也许在客观的统计数据和认知的意义上有所不同。价值论断也许更经常地是要表达表情的意义而不是认知的意义。但是，如果是这样的话，这或许并不意味着任何东西比我们在生活中对感觉特性的优先的关注的必要性以及我们对经验的价值方面的兴趣的令人遗憾的偶然特征更重要。至少，就价值论断来说，这里并没有理由否定客观意义的可能性。

还存在着通常在两种情境下区分开我们的意图的某种进一步的差别。如果我对你说某一关于玫瑰的红色的"事实"陈述，我的交流旨趣将可能因为我的陈述对于你的可观察行为所产生的确定结果而得到满足。如果当我向种花人要红色的玫瑰花，他给了我想要的品种，我的交流旨趣就被满足了，而不管他看红色事物的方式是否就是我看红色事物的方式，或者说不管他由于某一感觉器官的特殊性而在红色事物中感觉到的直接的和难以言说的性质与我所看到的是多么不同。但是，如果我对你表达某一关于玫瑰之美的陈述，我的交流旨趣将可能不会仅仅被根据你的行为而得到的结果所满足。如果通过某种特殊性，你并没有发现我用"美"意指的那种对直接经验的满足的一贯可能性，那么，虽然你对同样一类事物使用了同样的词汇，虽然你也许在我称作美丽的事物面前微笑、鼓掌，并且做出满意的姿态，但是我的交流旨趣将可能会受挫。而且，假如我认为你理解了我的意思并同意我的判断的话，那我就上当受骗了。

实际情况就将是这样的，因为对关于感觉特性或"事实"的领悟的特殊兴趣是实际的和实用的——也就是说，这不是对被领悟的特性本身的旨趣，而是对它作为指向别的事情的、指导达到进一步目标的行动的工具的兴趣。与此形成对照的是，对价值特性的旨趣典型地是以其自身为目的的。事实上，这种与某一旨趣和目的直接符合至少是将任一特性划归为价值特性的一个标准。

由于两种情形下典型的旨趣方面的差别，所以在纯粹实用的、科学的等等情况下把行为的一致性当作共同的或者主体间的意义的标准就是合理的了，因为交流的主要目的就是进行相互合作。价值判断的交流在意图上同样可以是实用的，并且主要是指向协作的行为，因为许多也许是绝大多数，价值观念与其说是内在的不如说是外在的。但是只要被论及的价值是内在的，而且交流的目的涉及到这种内在的性质，那么对交流的兴趣就会关涉到进行这种交流的人们之间就直接的感觉经验（或者可能拥有的经验）可能达成的一致性或相似性。

到这里，我们已达到合理论证的终点。并没有什么律令反对通过参照行为的一致性来界定主体间的价值意义。但是，这样做的人只是在谈论别的事情，只是借某句关于语言的格言逃避问题罢了。哲学中定义的独断要比独断的形而上学断言更糟糕一些，尽管它更难避免，因为它要求的不仅仅是逻辑的清晰和精确，而且是对真正重大问题的定位的精确和清晰。只要把主体间的意义限制在行为意义上这种做法是基于某种确定的理论的，而不仅仅是基于方法的选择，那么我这里显然没有足够的时间去考虑它。

这最后一点与规范性陈述的意义的关联是显而易见的。"客观的"一词有两种完全不同的含义，虽然大多数时候它们在由它们引起的把所考虑的事项区别为"主观的"和"客观的"的那种划分中是一致的。就这两种含义中的一种而言，属于或关乎具体事物的是"客观的"，而随着心灵状态的变化而变化的则是"主观的"。在这一共同的含义中引出关于主观和客观的准确的标准是一件颇为复杂的事情。我这里很乐意避开它，只是假定在给定的经验中所看见的红色相对于物体的客观的红色而言是主观的。前者，从一次经验到另一次经验，通过对其给定的质的特征的考察而

第三部分 伦理学与美学

被确定下来；而后者，则是参照就从一次经验到另一次经验的变化——比如红色的给定性质随着光线的变化而变化——的一律性所做的概括而被确定。"客观的"的另外一层含义就是卡尔纳普（Carnap）所说的"主体间的"的意思——就是对涉及到的所有人都是一样的。如果最后这一用语的意思归结为行为的一致性，那么第二层意义上的客观性——"主体间性"——则是第一层意义上的客观性的一个复杂的实例，可称之为"第一人称客观性"（first - person objectivity）。

我已指出，被视为对所有理性主体（我使用这一用语仅仅因为其历史含义会告诉你们我用它指谓什么）均有效的价值论断要表达的意思是：他人的行为就其本身而言并不是它的一个充分标准。把它当作客观价值的一个充分标准就是如此界定价值以使规范性陈述变成没有意义的。但是，如果当我宣称一事物是好的或者用任何更特别的谓词断言它时，我想表达的是这样的意图：如果在不考虑他人的行为的情况下，他们对于呈现出的客体的直接经验在所涉及的方面与我的经验并不相似（并且我断言那就是我的意思，并且要求你证实它是包含在你的意思中的），我就应当把我的论断视为错误的，那么，一个价值断言的真实性就要求所涉及事物的那种被或可以被一般人所经验到的性质达成某种稳定的一致性。

（我们也许注意到，这并不要求对这一客体的价值特性的直接经验达成一种简单而直接的一致性——正如一个便士的主体间性并不要求所有人都把它看成一模一样。这意味着——让我们简短些说——在适当的条件下把它看作一样的可能性）

就主体间的意义来讲，如果价值断言的客观性有我所设想的这样的意思，那么，一方面它绝不能解决关于规范性陈述的所有根本问题，另一方面它又为解决其中的一些问题提供了简单明白的建议。就其是内在的或最终的并且适用于所有主体而言，价值具备规范的一个必要特征。关于这些主体间价值特征的论断要具备规范意义，必须保证这些内在的及主体间有价值的东西应该可以实现出来。我认为这后面一个陈述是一个同义反复，它包含在"应该"（ought）这一词语的意义之中。如果这符合"应该"

一词实际使用时的意义，那么，到目前为止，关于应该（oughtness）的问题就是关于客观事实的问题。

如果我们注意到"规范的"（normative）一词的平常用法引入了一个与关于价值的根本的、主体间的一致性的问题完全不同的问题，或许可以避免混乱。有些价值在影响事物的范围上是有竞争性的。某些美德是这样的情况，它们被一些人拥有和实现会影响到另一些人拥有或实现它们。造成这种情形的问题会导致下面的疑问："价值在他人身上的可能实现会对我的指向我自己的价值实现的目的提出什么样的要求？"这可看作伦理学的独特难题。我倒希望轻易就能看出，这是一个与我们上面论及的问题不同的问题——它与这个或别的一些同传统术语"至善"（the summum bonum）相关的问题联系在一起。

我猜想，对上面这种分析可能提出的第一个异议将会是针对价值断言的主体间意义的。有人会说，主体间意义是无法检验的，因此，声称具有这种意义的价值断言一定是无意义的。我不得不抗议说，这种反对意见产生于一个有关定义的教条——一个被教条地看待的意义的意义，它武断地排斥了我所相信的价值断言的实际意图的本质部分，几乎不可能提出什么来解决这一类问题。

不过，也许可以做些什么。我在别处谈起过这样一些意义，其中包括对他人心灵中的直接经验特性的指称，它不受制于证实，却受制于有意义的假定。我曾认为这样假定下来的词项拥有具体的指谓，并且这就是真正本质的东西。正是它把"本质上可证实的东西"（但是也许不是实际可证实的）与本质上不可证实的东西区别开来——也正是它使下述论断似乎是合理的：有意义的必须是可证实的。

但我们也许不必认可这么多。如果一个人愿意如艾耶尔先生所做的那样，后退到这样的立场，即只要断言的或然性会受到经验确定的影响，它们就是有意义的，那么，他人心中的经验性质就能够被"检验。"艾耶尔先生心中有电子；而做这个类比也许是有用的。电子的存在和假想的特征是这样一个假说，其或然性会受到证实其推论的实验的影响。显然，艾耶

第三部分 伦理学与美学

尔先生不会乐于说电子仅仅是或者意味着克分子质量的这种进行证实的和直接可观察的行为的总体。

考虑到人类在其他方面被特别加以拓展的并经过彻底证实的类比，以及所有归纳推理根本上都是类比性的这个事实，关于同相似行为有关的相似经验的假说，也许就是其或然性的确受到直接观察到的行为事实的影响的一种假说。但是作为这一假说的主题的经验并不能等同于行为，正如电子不能等同于在实验室中观察到的克分子质量的行为一样。

当我企图把关于客观价值的判断传达给你的时候，我对我所意指的东西信心十足。这种信心比对上面最后那一个论点即这种意义可等同于部分可证实意义上的"可证实者"亦即或然性假说的信心更强。我确信我想表达的意思。如果你力劝我不要接受这一意义，因为它前后不一致，我可以令人信服地回答说，如果我愿意，我可以是前后不一致的。除了诉求于规范以外，我不知道你还能对此做些什么，除非你认为这是会受到肉体惩罚的。当然，你不会企图证明这样的惩罚是正当的。你会保持前后一致，并承认它只是你的恼怒情感的表达。

（方　刚　译　李国山　校）

价值判断的客观性[*]
(1941)

我本应就一个严格限定的主题提出论点,亦即对一个有明确限定的问题做出决定性的论证。然而我却代之以一个庞大的主题。关于它我所要谈的不可能用一个简单的陈述加以精确表达。大体来说是这么回事:价值判断代表着一种经验知识形式,而且一般来说,正如其他经验领悟在某种或某些意义上是客观的一样,它们也在同样的意义上是客观的。

这当然是与许多流行观念背道而驰的。事物的价值特征通常被称为第三位的性质。评价被归结为仅仅是喜欢或者不喜欢:这种喜恶指向的是个人的反应而不是对客观的和实际的事物的领悟。价值断言被归为表情性的和劝告性的,被当作情感性的,被当作不对任何事实做出已证实或可证实的断言的。

我将错误归之于这些流行观念,与其说是它们仅仅赋予一些价值领悟和价值陈述以主观的意义,还不如说是它们未能注意到在物理陈述以及关于除价值之外的特征的领悟的情形下也存在的恰恰与之平行的意义。区别并不是存在于物理学和伦理学之间,也不是存在于种种时空特性和价值特性之间,而是存在于不同类型的领悟之间,以及可在任一领域就任一类主题观察到的经验断言的不同意义之间。为弄清关于价值的陈述,有必要一般地关注经验判断的主要类型。

---

[*] 选自 *Collected Papers of Clarence Irving Lewis*, edited by John D. Goheen and John L. Mothershead, Stanford University Press, 1970.

第三部分　伦理学与美学

我认为经验陈述主要有三个类型，亦即基于经验的断言可能具有的三种不同意义。首先，存在着关于直接呈现的东西、关于当下给定的经验内容的种种报告——亦即关于表象的陈述，关于我所看到的或听到的或者触到的、无需考虑任何关于引起这些表象或者它的种种客观真实特性的实在对象的陈述。我们的确并不经常做这样的陈述，很少需要这么做，因为它们所要表达的是一些直接而确定不疑地呈现的、并不需要口头表述的东西。在一些场合下，当我们希望如此做的时候，我们发现这么做很困难。语言并不是用来做如此表达的，而是意指某一客观的事实，但在这种情况下，我们并不希望就这一事实做出断言。我们必须运用习语——"看起来像"、"好像"、"似乎"——以表明这样的意图，即仅仅断言给定的或者直接呈现的东西。那些通过语言分析的方式来接近各种知识难题的人们，很可能会因为要假定这样的原初语句而泄气。但是做出系统表述所遇到的这些语言学上的困难与我们试图对之做出系统表述的事物本身并没有什么关系。从认识的角度来看，这些对已知事物的直接领悟是基础性的：它们代表着经验领域中的绝对材料，我们的惟一无条件的确定性。只有通过它们，才能给经验信念提供基础；也只有通过它们，如此种种的信念才有可能得到确证。经验知识建立在经验之上，而一旦经验本身是不确定的，那么一切就都完了，再也没有什么可指望的了。

穆尔（Moore）先生认为，除了纯粹给予的东西的确定性之外，还存在着其他的经验确定性——例如，这里有一张白色的纸。但是，我认为穆尔先生乐观了些。如果美国总统把这样一张东西塞给穆尔先生，并且提出要与他打赌说，如果这不是一张白纸，那么美国海军就会为了反对一项限制武器出口的禁令而开往英国，我想穆尔先生在接受这个赌注之前会要求再看上一眼或者伸手去再摸一下它的。确定不疑的是你我正看着的一个表象，即便是，如果我们试图如此去表达它，我们也很可能把它同从我们所看到的东西中自然得出的一种推论混为一体。

我想把这种关于直接而确定地给予的东西的表述称之为"表情陈述"。用这种方式所表达的东西几乎不是判断；被给定的东西不需要被断定，而如果我们把它们同所有的推论分离开来，它们该不该被称作"知识"是颇为可疑的。但是它们要么是真的，要么是假的——如果我们不是在撒谎，它们就是真的。

其次，存在着我们在特定的场合下，就经验的可能进程所做出的预测。在目前这个时刻，我正预测，如果我回过头看它，我会看到上面多了些墨迹，以及它不会突然爆开而化为尘烟。否则的话，我将会有不同的举动，而我也就不应把它称为一张纸了。一般来说，这样的预测形式上必须是假设的，因为对未来的经验我几乎很少或者根本不可能做出直接而绝对的论断，尤其是这有赖于我的行动。如果我从我目前正在看的地方往下看，我将会看到下一个句子——我希望是这样。然而，如果我闭上眼睛，我就做不到。这些关于经验的进一步可能性的、以行动为条件的预测，我称之为"终极"（terminating）判断。和那些仅仅表达感觉材料的陈述不同，它们是真正的判断，因为对于它们，我们有可能弄错。它们之为"终极的"，是在这样的意义上：它们所断定的东西是完全可以得到最终的证实的。

第三，存在着关于客观实在的常规断言——如此这般的东西存在着，某事物具有某种性质。同样也存在着以它们作为基础的、关于一类事情的一般性陈述。正如我们已经看到的那样，这些客观事实的陈述不能还原为任何直接观察到的东西的报告。甚至在最简单的事例中，它们也说出了更多的东西。然而，它们或许并没有说出任何不是内在地可以证实的东西。从理论上说，它们所说出的东西是可在进一步的经验中加以检验的——如果我们做出进行检验的行动的话。这么一来，它们便暗示着终极判断。仅凭这些暗示，它们便是可证实的。但是，它们暗示了多少这样的可进一步检验的经验可能性呢？很显然，若这一客观断言为真，则要多少有多少，而这个数字是无限的。原因之一是，无论对它的真做了多少检验，另一种检验总是可能的。这种陈述，例如，说这张纸是真正的长方形，包含着这样的意思：没有什么不能付诸检验；而它完全可以用如此众多的方式加以检验，且可以进行如此长时段的检验，以至于如果我们考虑到该陈述含蓄

第三部分 伦理学与美学

地预言过的所有不同的可能经验,我们就会发现要对它所暗示的所有东西做完全彻底的检验是绝不可能的。由于这个原因,我要把这种关于客观事物的常规判断称为"非终极判断"。它们有这样一种含义,这种含义尽管只能是经验的,却是经验上无法穷尽的。出于同样的理由,在任何一个特定的时间里,它们在理论上也仅仅是或然的而非确定的。过往的经验也许给了我们理由去相信它们,但是却并不能百分之百地保证它们是真实的。

如果你要进行一种最简单的陈述,即说明一件呈现在我们面前的事物,比如说"这是红的","这样东西很硬",你很容易就明白它试图表明的是这三种潜在含义中的哪一种。它是否仅仅想报告一种表象方式呢:"对我而言,它此刻看起来是红的","这样东西摸起来很硬"?或者是对一种特定的可能的经验做出预测:"如果我把它同光谱中的第一频带放在一起,二者看起来就会很相像。""如果我猛地戳它一下,它会伤到我的手指吗?"或者它是否意味着这最后一类事情:"如果对这样东西的红或硬做无数次可能的检验,那么它将会满足所有这些检验吗?"一般来说,关于究竟是哪一种含义的问题是不太可能提出来的,甚至想也不会想到;但是如果要问:"什么能保证那个陈述是真实的?"那么,上述问题就会被提出来,因为三种情况下的答案会截然不同。如果这个问题变为:"这个陈述肯定了一些主观的事情还是一些客观的事情?"那么,对这些含义必须做出区分,而答案也将取决于正在讨论的是哪一种含义。

如果真的问到了价值判断所断言的是主观的还是客观的东西,那么上述考虑就再重要不过了。因为价值陈述如同其他的经验陈述一样,可能是这三种类型中的任何一种。首先,存在着关于直接经验到的东西的某种价值特性的表情陈述。任何人在音乐会上说:"太好了",或者在餐桌旁边发表类似的评论,那大概就是在讲述一种如此这般呈现出来的感觉上的直接的经验特征。他是在做出一个关于某个价值材料的表情陈述。在此意义上,他的陈述比起他说"我喜欢这个"或者"我正在享受这个"来并没有什么不同。然而,他当然可能有着完全不同的意图:他也许试图表明那个音乐作品被演奏得出神入化,具有旋律优美、音调和谐等等特点,对我们的文化事业做出了持久而宝贵的贡献；或者是在断言那块他正在品尝的牛排含有一定蛋白质、矿盐等成分，具有一定的物理机理，具有烹调美味且富有营养的特性。在后一个例子中，直接经验到的价值特性或者材料——它的美味——很可能是通向他的判断的线索，但是所判断的内容并不是这种直接领会到的所予物的特征——这种特征不要求做判断，而是与他的盘子的真实的圆形相当的一个客观的特性。再来看看关于音乐的例子。如果所做陈述是要断言其恒久可证实的完美的话，那么这个听众的当下的愉悦的体验可能就是他的判断的基础，而为了对该音乐作品下一个完整判断，判断的内容则要求对整个音乐史有所甄别。

　　直接经验到的好（goodness），就像外观的红色或者感觉到的硬那样，可以凭其自身被弄成报告的主题。因此，一个价值论断除了断言所显现出的事物的明显特性以外，或许再也不想断言任何东西了。如果是这样，它便是一个表情陈述：对于构造出它的人来说，它是自我证实的，而仅仅在这个意义上，它才可被称为"可证实的"。这么一个陈述要么是真实的，要么就是虚假的（因为我们对于自己当下的愉快和不快有可能会撒谎），但是对于它的构造者而言它是不可能出错的——除了选择表达的词汇上发生的语言错误以外，它表达出的那种领悟是完全确定的。照此看来，它也不是一个判断，严格来说也几乎不能被归为知识。

　　还存在着用以表达终极判断的种种评价，亦即对在给定情况下关于感觉到的好（或者坏）的经验将会产生的预测。关于某种举动将会导致愉快或悲伤的信念，就是这样一种终极判断（terminating judgment）。这些信念可以通过这种正在讨论中的行为模式进行检验，接下来就能被最终证实或证伪。由于是预测性的和可错的，所以它们代表了一种知识的形态。

　　最后，存在着第三种，也是最重要的一类价值论断，这意味着将"是有价值的"这一客观属性归于一个客体、事件、事态，或者其他存在着的实体。这种关于价值的客观判断有着十分复杂的意义。它们也有各种类型——关于审美特性的判断，或关于道德价值的判断，或关于效用的判断。但是它们都具有共同的特征，亦即都是我所称的非终极判断。就此而

第三部分 伦理学与美学

言，它们与关于一件物品的真实颜色的判断，或者关于形状的判断，或者关于硬度的判断，或者关于任何其他客观特性的判断都没有区别。

这种客观价值判断与终极类型的价值论断（关于感觉到的好的直接经验的可能性的预测）的关系，也是首先要加以考虑的重点。正如我们在其他种种客观判断的事例中所看到的——例如，一个物品是红色的或是长方形的，如果我们考虑到它的真如何能得到检验，它将要如何得到确证，那么它所意味着的东西就是显而易见的了。任何可能的确证都必须落脚到某种在某些可辨条件下于直接经验中发现的东西上。它必须落脚到某个终极判断："如果有人如此这般地做了，那么就会导致如此这般的一个经验的结果。"这便是任何客观陈述可能造成的惟一可确定的区别，无论谁都能看出来。这样一个客观的经验陈述，除了由其为真在某人的经验中造成或可能造成的这些可发现的区别之外，并没有别的含义。如果一定要说还有更多的东西的话，那么那个更多的东西也不会对任何人造成可检验的区别，而如果这个假设还可能有意义的话，至少它肯定不会是经验性的。

如此一来，在断言某物具有真正的价值的客观判断的情形下，我们所说的会如此这般对某人造成一种确定的且可检验的区别是什么呢？那便是——难道不是？——在一定的条件下，这种东西可能会使某人高兴，给他带去满足感，在他的直接经验中引起某种好的东西（goodness）。莫非是我弄错了？难道尽管在任何可以想像到的情况下都没有人会为某事感到高兴，或者发现其中任何一种满足，或者体会到任何一种从未存在过的，同样也就不可能发现的好的感觉，而我们还能称某物是好的吗？关于"是有价值的"这个客观特性的断言——我以为——恰恰意味着：正在讨论的这件事物的存在，是能够给某人的经验带来一些直接可寻的好的；而它并不意味着其他更多的或者与此不同的东西。惟一的一件其自身是最终的和绝对的好的事情就是：某人会因此有一种满意的经验，或者摆脱了某种令人不快或引起痛苦的经验。所有其他的好事情，它们之所以是好的，就是因为这个——它们是好的，因为它们可以给某人的生命体验带来感觉到的正面价值。

然而，值得注意的是，这与普罗泰戈拉的相对主义者不同。后者坚持说，那个让你喜欢的或者高兴的就是好的，反之那就是坏的。我们应该记住，普罗泰戈拉也同样会说一件物品是红色的或者是长方形的——如果它对你而言看起来显得如此的话，否则它就不是。而说某物能在经验中带来满意的潜能就是它的客观的好，不能再与这种主观主义相混淆了，就像（例如）下述陈述不能与之混淆一样：说某物是长方形的，这句话所要表明的意思是，在直观的经验中，它将满足所有可在直接经验中就长方形做出的检验。不，这只是要说，断言一事物具有客观的价值就断言它是可检验的；而这样的检验导致的一个正面的结果，是在直接经验展现出某种感觉到的好。

人们一定也注意到了，这个关于客观价值的概念并不意味着一个事物的价值在于它被爱好或者被向往。有人可能喜欢坏的东西而不喜欢好的东西，就像一个人可能错把梯形或者偏菱形当作是长方形，而把一个真正长方形的东西当作是偏菱形的。人们可以那样子去看待一个长方形；同样，人们也可能用一种与事物的实际的价值特性不相吻合的方式去体验一件事情。人们可能会错误地判定一件事情会对经验起积极的作用。某人可能期望某件事情，并相信它可能会产生令人满意的结果，而到头来却发现他犯下了一个大错。

也许我们还应该指出，尽管说一件事物具有好的客观特性，意思是说它拥有善的感觉经验的潜能，但是，在一件事物中的这个客观特性也许还以其他的方式显示出来——就像有人除了看到它是如此以外，通过其他的方式会发现证据，证明某个事物确实是红色的或者是长方形的。例如，我可能相信我的邻居是一个好的音乐家，因为他坚持演奏装饰乐段和一些困难的乐章，尽管他这么做并不让我感觉愉快。或者当我们不幸割伤了自己时，我们可以肯定的是，那把好刀具有锋利的特性，但是并不是割伤我们自己的那个潜能构成了它的好。如果它能被设计得减少或者转移这种酿成灾祸的可能性的话，那么它就会变得更加好。那使得它成为好的是那种可以切割得很出色或者用它可以做其他合人心意的事情的潜能。

第三部分　伦理学与美学

事实上，我们可以对这里提出的价值概念做这样的总结：在最终的意义上具有价值的惟一一样东西，就其自身而言，就是正面的好在经验中的实现；其他所有有价值的东西之所以有价值的，只是因为它有助于这样一种直接善的实现。直接的好和直接的坏纯粹是发现的。因为就像看到红色或者感觉到硬那样，对它们的论断，不存在出错的可能性。它们均属于表象的领域。桑塔亚那（Santayana）也许会说，它们刻画了本质的特征；鲍尔（Prall）也许会说，它们属于审美的表象。从它是如此直接的或者说是显示的或者说是给定的这些角度来看，在本质和表象之间并没有区别。看似是直接令人高兴或者悲伤的，就是直接令人高兴或者悲伤的。作为某物的客观特性的好或坏是十分不同的。关于这些，我们可能且经常会犯错。然而，事物中的这种客观的好或者坏仅仅是功利性的；关于它的判断仅仅是关于在这一事物中直接体验到的满足或者不满足的可能性的判断。

这就是常常被称作主观主义的那种关于价值之本质的观点。但是如果这一称号是想暗指某种错误的话，那么就是有心要问，首先，当我们说某事物有价值或无价值时，所做的解释，主观主义的也好非主观主义的也好，是不是正确的。其次，我还想提到在如此描述的价值判断和关于其他特性的判断之间的经引申而来的平行关系。我假定，把无论什么样的一种特性归于一件事物，都意味着就某种可证实的东西做出断言。但是，除了在直接的体验中通过某种最后的发现，这种归于再也不能以任何别的方式加以证实了——亦即通过参照某种已给定或即将给定的东西，某种呈现出来或者被发现的东西，某种直接揭示出来的东西而加以证实。对任何经验的陈述或者信念来说，不存在其他类型的证据。甚至物理学也不可能发现能做出这种声明的别的基础，也不可能发现任何别的证据，以此来声称它是真实的。任何一种经验信念的基本陈述，除了关于当下领会的种种发现的表情陈述以外，再也不可能是别的什么了。如果这样一些表情陈述都要被当做无意义的而受到批判的话，那么，我敢肯定，其寓意对于物理学及由科学家们做出的种种陈述的重要性就如同对于伦理学以及由美学家们做出的种种陈述一样，是灾难性的。

　　进一步讲，如果说关于价值之本质的这种概念似乎暗指在一件事物中并不存在真正的好或者坏，而且价值被认为是仅仅属于观看者和鉴赏者所持有的话，那么我认为，通过一种审慎的思考，就会表明以上这种假设是未经真正证明的。一件事物是由于同实际的或者可能的经验以及它的被感受到的好或坏之间的关系而被构造成有价值的。但是从中并不能推出，被断定的价值或无价值是存在于经验中的，或仅仅在主体内，而不是在事物之中。做出这样的推论纯粹是一种坏的逻辑。例如，只有与一个孩子联系起来，一个父亲才成其为父亲，这种说法也是事实。但是这并不能推出那个父亲的身份并不真正地在于父亲而在于孩子。如果一件事物的客观价值仅仅通过与经验或可能的经验相关才属于它的话，那么这个客观的价值毕竟还是这个事物的特性，而并非任何与之相关的经验或者经验的主体的特性。

　　这里的麻烦不是价值理论特有的，它会一般地影响到我们关于经验知识的概念。它是常识二元论特有的表象主义形态的一种遗留物。这种理论表达的是这样的观念：被贴上了"表象"、"感觉材料"等标签的东西存在于人的心灵中并且是主观性的，在这个意义上我们不能说它们同样也处于对象中。比如，在幻觉或者错觉的事例中，常识表象主义会认为，我们所领悟到的东西仅仅是一个心灵中的表象或观念，而不对应于对象中的任何东西。这与其说是不正确的，还不如说是无意义的。它仅仅是一种字面上处理困难的方式——一种方便的方式，因为它已经成为习惯性的。但是无论如何，它没有解释性的价值。因为正如贝克莱所指出的，这种表象主义构想所提供的判定我们的知识正确或错误的标准，没有任何人可以拿来加以运用。如果我们被一个表象所蒙骗，我们就不能通过把心灵中的表象或者观念与一个永远不可能存在于心灵中的客观的东西相比较而发现这种错误，我们只可能把一个观念或表象与其他的理念或表象加以比较。而一个明智的且有用的理论将会告诉我们的正是我们如何这样去做：真正可发现的不同是在得知某个事实或某个真实的对象与被某个表象所蒙蔽之间。

第三部分 伦理学与美学

　　表象、感觉材料、所予经验的内容，都既不是主观的，也不是客观的；或者说它们都既是主观的又是客观的。我们可以通过在两种语境之一中看待所给定的内容来对它加以解释：我们可以参照一道意识流、一个心灵的历史、种种相关观念的上下文，或者时空邻近关系去看待它。有时，在其心理语境中看待给定内容的解释就是具有说明价值的解释；有时，这种有用的解释是通过参照时空语境做出的。但是所有的表达同样都拥有一个二者皆备的语境——甚至在幻觉的事例中也是如此，尽管在那里有着特殊意味的时空语境很可能在主体的感觉器官或者神经组织中被发现。而在处于这两种语境之间的时候，所予物就其本性而言，是完全中性的。称它或者是主观的或者是客观的，是一种事后的想法，是一种解释，而不是对其作为表象的特征的一种解读。

　　我们还应该看到，根据这一构想，尽管一个事物的客观价值是由它的可被直接感受到的价值实现的可能性所构成的，然而，这样的客观价值仍然是这个事物所具有的一个特征——如果它毕竟拥有这一特征的话——而无需涉及下面这个问题，即这种直接发现的善的潜能是否已在任何实际的经验中得到了实现。比如，一把锯子，只有在它能发挥锯木头的作用时，才是好的。但是如果它在被造好之后挂在了工具房里，并在被使用之前就被一把火烧掉了，那么这里就没有任何东西可以证明它不是一把好的锯子了。

　　落日的价值——举一个不同类型的例子——乃是它的美。然而，不具备这种能令观赏者直接满足的潜能的东西，不可能是美的。但是落日中诸色彩的形态及其和谐一致，都是它的特性，而不管它在无人观看时出现在撒哈拉沙漠中，还是出现在旧金山海湾成为数亿人瞩目的焦点时，都是一样的。它的价值跟它的颜色或者它的模样、形态一样是客观的，并且在事实上与这些东西是不可分割的，它们都是构成其复杂表达的本质特性。或者这样说，在一个特定的时刻，有人出现了，人的眼睛观察到了这个以前未被注意的落日，只有当它的令人愉悦的潜能被意识到了，在那一时刻，它才变得是美丽的。我们可以恰如其分地说，落日的这种美仅仅是被发现的。

可以肯定,我们很可能会说在旧金山港湾看到的那个落日比在撒哈拉沙漠所看到的那个更美,因为有更多的人们为此感到愉悦,就像在一种紧急情况下,家里的药物要比药店里的药物好一样。正如我们已经注意到的,我们对事物的价值的判断方式事实上是十分复杂和多样化的。以同样的或者相似的言语方式做出的价值陈述既然一会儿具有一个意思,一会儿又具有另一种不同的意思,那么就很有必要注意到意义的这种差别。目前的情况就是一个例子。但是对这种陈述所意指的东西的一个恰当的分析并不会表明,任何东西与我们的常识感所要教导我们说的东西是相矛盾的。最好在家里就有药物;最好在人们能看到的地方就有一个美丽的落日。但是家里的药物其实正与药店里的药物是一样好的,即使药物在药店里不方便我们使用它。而这个落日也正与出现在撒哈拉沙漠的落日一样是美丽的,尽管在那里没有人看到它。

然而,我尚未涉及这样一个论题:当评价的客观性或主观性问题提出来之后,它就成为所有论点中最重要的一个。这是在不同的人群中都存在的共同问题。同一类事物的出现所带来的被直接感觉到或发现的价值明显地具有个体的差异。使得正面价值体验能在事物中被寻得的潜能,对你我而言是十分不同的。因为这个原因,你可以说,我特意提出来的这种构想同意如下这个观点:正确的评价是相对于个体的,因而也就是主观的。

如果你要这么说,那么我必须立即同意你的主要前提——亦即在直接发现的价值特性(immediately found value‑quality)上存在个体差异。这种考虑需要仔细探讨,但时间不允许了。但是我同样也提请你们注意这个事实,如果你提出这种反对意见,你就跳到了一个结论——这个结论正是我想要说的:如果 A 正确地相信一事物包含着使他自己的满足或者愉悦的潜能的话,那么他就能正确地判断它是好的。而如果他如此下判断的时候,所根据的是它包含着满足 B 及 C 及 D 的潜能却惟独不包含满足自己的潜能的话,那么,他就不正确地判断了一件事物是好的。而且——我要提醒你们——关于重大的道德问题,我完全没有发表任何意见。这是一个

第三部分　伦理学与美学

尚未触及到的更进一步的问题。

要想更直接地触及这个问题的要点，需注意到两件事情。我的时间已经——或者说应该是——差不多到了，而我只能提一下。

首先，我要指出，无论就我所称的这一道德问题做出什么样的决定，对任何一个人来说，都需要不对事实产生误解。从某个角度看，它仅仅是从字面上决定在其基本的含义上用"好"或者"价值"这样一些词汇去意指（1）"对我好"或者（2）"一般地对人们好"。很显然，每个人事实上都在两种意义上使用这样的术语；而我们在此所有的——迄今——仅仅是一种模糊的语言。很遗憾，我们还没有不同的词句来表达这样两种不同的意思；而争论何为正确的用法是没有意义的。如果它们能被理解成这个说话者在任何一个特定的场合使用它们都想表达的意思，那么二者都是正确的用法。剩下的是道德问题，即说话者该如何行动以便做到一般地对人们好，而不仅仅对他本人好。这是一个极为重要的问题；它不是关于一种关于价值的正确理解所涉及的任何事实的问题。

其次，也许值得对以下事实引起重视，即就所讨论的问题而言，价值特性和事物的其他特性之间的区别被轻易地夸大了。其他种种特性在被直接领悟时同样也是受到个体差异的影响的。让我来举一个例子——重量。让我们假设，你是一个受过良好训练的运动员，而我则缺乏这样的肌肉训练而过着一种安静少动的生活。如果我们两个试图要举起一个炮弹的话，对于其重量的感觉对你我而言将是十分不同的。质量——重量与之密切相关——是一个基本的物理特性。如果物理学陈述是客观的话，那么重量应该是关于客观特性的一个很好的例子。关键的一点是，尽管举起物体并感觉到我们的肌肉牵引着它们是所有体验重量的方式中最普通的一种，但在我们做关于重量的陈述时，我们并不信赖这种方式，我们改用度量法。为什么？因为重量是如此重要以至于我们必须承认物体的客观重量——比如有关你卖给我的糖的磅数。出于这个原因，我们选择了用这样一个聪明的办法来定义重量，使得一件物品之称为重量的东西可以用一种不受到我们个体差异影响的方式来加以检验。而我的观点简单地说就是：如果我们把对事物的价值取得一致的意见，与对物体的重量取得一致的意见视为同样是根本重要的话，我们就可以轻易地建立起一个关于价值的通用标准。就像关于重量的标准那样，可以运用刻度来表示它们，并根据标准局（Bureau Standards）的标准来检测它们。在华盛顿，有一些人想要为我们的诸种价值建立起一套普遍适用的标准，但是我们之中也有许多人对这种想法不以为然，因为我们认为，比起通过用某种法律来克服我们在经验中的个体差异，在此还有更重要的事情值得去做。然而这又是一个道德问题。这个要点在于，在重量的客观属性和价值的主观属性之间——如果你把它称为主观的话——并不在于关于价值的经验受到个体差异的影响而关于重量的经验则不受影响。一者并不比另一者具有更多的一致性。这里的主要区别又仅仅是字面上的——是我们选择用"重量"这个词汇的方式与我们选择用"价值"这个词汇的方式之间的一种区别。所以我想提出的是，如果"客观"意味着"判断的公共性"，而"主观"则缺乏这个意思，那么在关于经验事实的公正的检查中就没有什么会证实这么一个观念，即事物的物理性质比起价值性质具有更多的客观性。我们只是常常更带客观主义意味地使用物理词汇，而在使用价值词汇时则带有更多的主观含义。而这种字面用法的事实是可以进行修正的，如果改变它是重要的或值得的话。

进一步说，关于判断的正确性与不正确性的主要之点是关于可证实性的问题。一致性作为对知识的一项检验之所以是重要的，主要是因为我们经常可以通过诉诸其他人的报告而确证或者修改我们的判断。但是，对判断的最终检验是预测和证实。而只要"客观性"意味着可证实性，这些关于价值的一致性或一致性的缺乏的问题，都不再是最重要的问题了。至少在可证实性这个意义上，价值判断要么是正确要么是不正确的，而且像我们所做出任何判断一样是客观的。

(方　刚　译　　李国山　校)

伦理学的基本问题[*]
(1946)

准备写作这部书时，所做的初步研究工作原是致力于伦理学园地中的论题的。不过在那些早期研究的进程中，已经看清楚，我想发展出的那些概念不应当独立存在；它们需要有关一般价值的进一步考虑加以支持。在具体方面来说，它们依靠于这样一个前提，即评价是经验知识的一种形式。而这个论点的发展，又需要大量的预备工作。结果，伦理学的研究就暂时被搁置一边，而这部书的内容就可以看作一个绪论。这里所写下的虽然还有其他意义并可服务于其他目的，可是至少可以说正是评价方面的结果指出了其余工作所采取的方向。

传统上在伦理学标题下所处理的两个基本问题——至善的问题和正义的问题——是两个独立的问题。第二个问题才标记出伦理学的特殊领域；第一个问题是属于价值伦的一个更广阔的课题。先验主义一派的伦理学，如康德的伦理学，可以使善从属于正当（right），并且认为最后正确的评价是依靠于道德上合理行为的原则，并受其支配的。不过康德却被迫坦白承认，单是道德上的善还不够：德性是无上的善，不过最高的、完全的善也要求满足人类享受幸福的能力，而这种能力是和道德能力厘然各别，而且甚至（按照他的说法）是和它对立的。康德的伦理学有一种洞察的性质和崇高的心情，这永远令人有深刻印象；不过他既然承认，最后的价值

---

[*] 选自 *An Analysis of Knowledge and Valuation*, 1946, preface。这里略有删节。——编者注

不是可以凭道德来决定的，那么就证明他的先验观点破产了。对于任何一派自然主义的伦理学来说，在确定什么是正当的以前，必须首先确定什么是善的，因为行为的辩解理由就依靠于它所期望的结果的可欲性。因而关于评价的正确性的一般问题发生在前，关于正当行为的问题发生在后——这两个问题能够分开来说。

本书第三卷所提出的正是这样一个自然主义的价值观。它的最一般的论点已如上述，就是那些评价代表着一类经验的认识；因此，那些评价的正确性与一种客观的事实相呼应，不过它是只能够从经验上学得，而不能够先天地确定的。只有当我们承认了这个说法的真实性以后，我们才能避免主张道德义务独立于人类可欲望事物之外的那一先验主义的断言，而同时又不陷于普罗塔戈拉的相对主义，也不陷入那种把规范性还原于单纯情绪的意义而予以消灭的道德上的怀疑主义。我写这部书的一个主要目的就是要阐明：认识论中的经验主义和伦理学中的自然主义并不暗含着那一类相对主义和犬儒主义。

要想澄清和证实关于价值的那个中心论点，自然需要我们认识并考察，有什么评价特征把那些评价划分成经验认识这个类别下面的一个种。不过经验认识中有一些根本的、一般的特征，使价值的识别和对其他事物特性的识别成为基本上相似的，而上述说法是更明显要求考察这些特征的。那两种识别是同样当作经验上的信念来被辩解，并且同样应当在经验中来证实的。只有借着指出评价和更平常地所考虑的经验知识类型之间有一种广泛的平行关系，才大有希望说服那些原来倾向于不同意先验主义者、相对主义者和怀疑主义者的人们，他们现在包括了很多人在内。因此，第Ⅲ卷关于评价的研究就要求第Ⅱ卷中对一般经验知识所做的预先分析。

第Ⅰ卷中关于意义的讨论和分析，可能显得没有那样必要：它或许没有同样的必要性。我在那里讨论的范围较狭，只限于讨论进一步的论证所要求的那些问题，而且对于提出的论题也未加以详细发挥。尤其因为自从皮尔斯和詹姆斯指出富有结果的研究法以来，关于意义的研究已经呈现出

第三部分 伦理学与美学

广泛而迅速的发展，所以对于那个题目的任何恰当的处理，都会要求多得多的篇幅。不过我所以不甘心把这个题目根本取消，也有一个重要理由。对于当代的经验主义来说，意义论和认识论之间正有一种密切的关联，正如先前理性主义的和唯心主义的思想所赋予形而上学的那种关联一样。所以有这种情况，乃是因为我们现在发现，凡可以先验地认识的事理，都是只借着参照于意义才可以证明的。这是本世纪精确逻辑的研究的一个重要结果。因此，就没有必要假设：先验的真理描述着实在的某种有形而上学意义的性质，或假设共相有一种特殊的存在方式，不是感官所能窥见，而只能直接呈现于理性之前。关于我们离开感觉上特殊事物所知道的东西，我们能够借着理解我们自己的各种意义和它们的彼此联系，对它们产生确信。考察各种意义，可以不参照于它们在存在的事物上所可能有的任何应用；不过要把它实体化为异于感官所呈现的对象的另外一种对象，那却不在要求之列，而且会把人领到认为各种本质（essences）有某种宇宙的效力（cosmic efficacy）的古人那个错误上。

但是现在流行的经验主义，在驳斥这种理性主义的唯实论的同时，却走向相反的唯名论的极端。这种唯名论认为意义只是语言上的约定的产物。这样一来，逻辑上的真就可以被人认为是相对于语言体系，而一般的分析也可以被定义为可由句法上推导出来的了。但是如果分析的真理"关于"一个独立的实在"毫无所谓"，那么，它"关于"语言也就"毫无所谓"，而且也不依靠于语言了。不论语言符号怎样受约定和任意的规则所支配，这种约定和操纵的自由并不能扩充到用符号所表示的意义上。一个分析性的陈述是有所云谓的；它所云谓的这种事情的事实性是独立的，纵然它在意义上是并不存在的。语言的内涵一经确定，人们就不能影响这些意义或改变它们的关系，正如人们不能光借用不同的方言谈论存在的事实而改变那些事实一样。在那一点上，柏拉图的唯实论是比较接近真理的。

约定论的错误对价值理论有一种特别的破坏作用。这里也如在任何研究部门中一样，必须有一些最初的陈述，说明那些将要被论究的特性；而那样的陈述只能是定义性的、先天的。就如在价值的领域中，这一类基本陈述并不代表对任何事物的评价，而只是被用来分析价值本身或某种价值的本性，并指出有价值的东西的标准。在数学和逻辑中，所研究的特性本身是形式的。在这里人们如果把这一类最初的命题解释成为表示约定的语言形式的关系的，或表示操纵符号的单纯的手续规则，那么也不至于有严重的害处。不过在任何经验的学科中，基础概念必须找到某种直接的应用，而**价值**一词所能应用于其上的事情永远有一个特征，即它对于行为有一种命令作用。正如如果人们说："善是快乐"，那么，他这个陈述如果不是正确说明指导合理行为的那种东西的本性，那么它就是虚妄的，并且会产生具有破坏作用的结果。如果另一个人说："善是合乎人性的一种活动"，那么，他和快乐论者的差别，不在于他使用善这个词时，他心想着另一种东西，而在于当他面向内在地可欲的东西时，他是以另一种眼光来看它的本性。否则，在这些观点之间便不会有争论的问题。善、快乐和理性动物的恰当行为所表现的那种生活性质之间的各种关系，正是它们那样，而不是其他样子，并不管我们说到它们时所使用的语言是怎样约定的。

因此，在约定论的意义观和对客观标准的排斥之间所可能发现的某种程度的相互关系，也许不是完全偶然的。我所以把第一卷的内容包括进本书以内，其主要的动机就在于企图描述使各种意义既不能受操纵，也不能被改变的那种"意义"的基本含义，而同时也承认在我们的分类方法方面，在语言符号的方式的约定方面自由选择的范围和重要性。

倘或在最后的结果中，我显然是绕了很长一段弯路，才达到我所计划的目标，并且企图顺便观察全部知识范围，那么，这也不是因为我想要重新建造新的体系：这种研究方法似乎是由认识和评价的内在逻辑所指定的。我们终于逃不掉这个事实，即伦理学和认识论、意义论本质上是关联着的。伦理学虽然是顶石，而基础必须打在意义的考察上。

（关其侗　译）

审美客观性

——一个本体论范畴[*]

（1946）

  美学至今还处于相当落后的状态。这不是对任何个人的批评，而是一个不容否定的事实。美学的次要原则——某些艺术中的"创作原则"——已经为数可观，而且也还颇有依据。然而这些不过是目前美学所仅有的确定内容罢了。人们已经注意到，美学界至今甚至还未就某些基本范畴取得一致的意见，而以上提及的美学原则却恰恰需要在这些范畴内最后确定。美学进展甚微的原因之一是人们公认的审美兴趣的对象具有显著的多样性，这些对象中的某些种类至少是非常复杂的现象。

  例如，试考虑一下，名为"贝多芬第五交响曲"的究竟是什么样的对象？一部乐曲不是一个物体，对它的任何一次演奏本身就是一个复杂的物质实体，但是在演奏和作品之间却有一种明显的区别。演奏也许不会，一般人也认为它不能，准确地反映作曲家的音乐意向或这部作品所蕴涵的审美可能。至于存在于一首十四行诗或其他文学作品本身与其理解之间的差距就更大了。在欣赏文学作品时，我们总得有自己的理解，而这样，我们不仅可能放过原作的一部分底蕴，而且可能由于粗疏，在理解中随意添油加醋。戏剧是最复杂的一种审美对象，它在某些方面与音乐有共同之处，在另一些方面又与诗歌相似。但有一点可以肯定：我们不能把一出戏

---

[*] 选自 *An Analysis of Knowledge and Valuation*，1946.

与任何物质对象混为一谈。

在这些方面,一张画、一座教堂或一件雕塑似乎与一部音乐作品或文学作品有所不同。一幅画、一幢建筑或一尊雕像也许不能充分体现艺术家的意图,但这类审美客体至少全部包含在个别的物体中,而这样一来,人们就没有必要将艺术实体从它赖以存在的物质载体中分离出来了。然而,只要重新考虑一下这个问题,我们就会看到,这种差异是程度上的,而不是本质上的。例如,当我们站在一幅名画或一尊名雕前,就可能联想到与这一事物同类的某种东西,想到对它的各种充分的或不充分的表现,其中一些我们已经见识过了。那么,这张画布、这块大理石究竟是审美关照的对象呢,还是关照对象的"独特的"、最恰当的表现形式?而这对象是否是种抽象,被这些褪了色的颜料或饱经风霜的石头具体化、形象化了的一种抽象呢?甚至对于自然物体,人们的审美倾向也针对着某种以非物质形式存在的理式:即使面对一片使人倾倒的风景,一位写生者也会在他心灵的眼睛里移动下这个或去掉那个。在任何情况下,观察者的眼光都会起类似的作用。从以上理由来看,我们难道还能将任何种类的审美客体视为一件物体吗?若不能,是否又必须把艺术家的作品视为对一种抽象的和理想的实体的具体"模仿"呢?那么在限制它的表现的物质条件和对它在任何主体眼里的形象起限制作用的更深的、心理上的条件之间究竟存在着一种本质上的区别呢,还是程度上的和表面的区别?是否有那么一系列的偶然现象——一些是表面的和物质的,一些是内部的和心理的——把真实的客体和我们的理解分割开来?

以逻辑方法来武断地对待这些发人深省的思想未免唐突可笑。在这里,我们至少可以看出三种东西。其一,艺术家的意向或他意在表现的某种理式;其二,在一首诗的两种版本和一部乐曲的两次演奏中都可以找到的那种抽象实体;其三,表现这种抽象、模仿这一理式的事物,它们有时是表现这一抽象或理式的形式。以上三者,无一可以忽略,因为它们之中任何一个人都会被人们用来代表美学的基本内容——审美客体。

首先,让我们来考察一下任何艺术创造都旨在表现的理式吧。在任何

第三部分 伦理学与美学

作品中，理式都可能成为我们的审美关照的对象。任何人在面对一件艺术品时都可能——也许还应该——力图透过作品表面，探求作者的意向。这一点对音乐和戏剧尤为重要，因为它关系到演奏或表演是否忠于原作的精神。对任何一种审美现实体①做类似的尝试，对那些企图通过对以往艺术成果的探究了解未来的艺术的可能形式的人来说是有其价值的。再者，如果我们要揭示绝对准确和可靠的美学规律，那么这些规律也只会将理式，而不是物质作为其样品推到引人注目的地位，无论这些理式见诸艺术，还是存在于自然之中。这一点是显而易见的，也是毫无疑义的。

然而，以上两方面的考虑都没有揭示任何让我们把审美对象视为超验实体的充分理由。在艺术以外的其他事物中，也偶尔有这种情况：一个人并未实现自己的意图，甚至还对这个意图还不甚了然。可是我们却理解了他的意图，而那么曾完全实现的意图，仍不失为他的目标，尽管暂时未能实现，却是可以实现的。在这种情况下，我们的"理解"只有通过移情活动，借助丰富的想像才有可能。其所以如此，是因为这种意图人人都可能有。的确，透过现象探究意向的努力，无论在美学还是在其他范围内，总是存在着以臆测代替真知的危险。而如果我们还要去确定自然物的什么意向的话，那么若非"感情误置"，就只能是迷信。而在科学的美学中，是没有这种迷信的合法地位的。被表现出的实体使一种特定的美学想像和艺术构思得到了完美的反映。这种实体绝非深不可测，要理解它，有赖于审美理解和审美批判。但是，人类的目的是具有极大的一致性的，这使我们偶尔能超越审美现实体，直接抓住它们包含的美学目的。在音乐和戏剧中，它使我们能通过符号来重新创造、模仿和表达这些目的的审美现实体。关于这一点，我们实无必要故弄玄虚。这种事实没有给我们提供任何理由，使我们可以在对待美学目的时采取一种与对待经济或技术问题时不同的超验态度。也没有提供任何理由，让我们为美学理式寻求某种仙境，就像我们没有理由把"新大西岛"视为一种形而上学的现实一样。

---

① 审美现实体指艺术品。——译者注

美学法则的典范将是理想的实体，不会是现实。这一点不会给美学中的超验主义提供任何依据，也不说明美学与其他科学有任何根本区别。例如，在物理学上就有这种情况：我们对它的规律的认识产生了对某些理想状态的设想——绝对真空、无摩擦表面、绝对可塑固体、百分之百功率发动机等等。此外，在物理学的任何运用中（这些运用在实际生活中总是旨在实现一定的目标），参与这种创造性活动的人必须依据一些理想性质，虽然他们同时也应看到材料和人类工艺方面的局限。

有一种抽象可以通过物质被忠实地体现出来，另有一种却只能被具体的物质实体所接近、模仿。研究前者比研究后者更重要，也更为有用。这首先是因为某些审美客体就完全是这样一种抽象，而其余的也大致可如此看待。譬如说，一首十四行诗就不同于任何具体的物体。这不仅是因为我们和我们的邻居在不同的书里读到的这一首诗都是一个样，而且还因为这首诗的本质不是白纸黑字间的物质存在，它的本质只是通过某种形式的物质符号从一个人的大脑传到了另一个人的大脑，一种复杂而又普遍的、根深蒂固的习惯使诗的确切含义与这种符号连接在一起。甚至属于美学现象的语言中的音韵、节奏，都不是直接显示于读者的眼睛，而只是与物质表面联系在一起。它更像乐谱，而不是演奏。然而这首诗又是实在的，它绝不同于那种无人想像过的东西。惟一原因就是，这种语言形式有具体的、以物质形式出现的实例。由于有了语言习惯，这首诗才有了可能，而以上具体实例便是审美客体的表现。没有它们，便没有表现出来的诗，也没有可表现的诗。

我们还有必要看到，在文学中，作为审美对象本身的这一抽象实体，实际上并不包含在表现它的物质手段中。确切地说，这种抽象，或这种抽象的实体存在于物质对象的某种结构中。在这里，它是一种由思维组织起来的结构。不过这种观点极可能被一些人用来蹩脚地证明审美现实的主观性。一首具体的诗究竟有何含义，取决于它的语言的实际形式。不错，审美客体需要主体根据语言规范以及有关解释的不成文法则来进行再创造。这种情况，使文学客体极易受到理解中的主观因素的影响。我们甚至可以

第三部分 伦理学与美学

怀疑任何绝对普遍、绝对客观的解释的可能性。有人曾说过，一位老人和一个小孩尽管读的是祈祷书上的同一段祷文，但这些文字对这一老一小的意义是绝不可能相同的，因为老人以他一生的经验充实了祷词的内容。这种见解对任何由语言表现的东西都有重大意义，尤其当它们是审美对象的时候，因为在这种条件下传达的意义会特别富于表现力。① 然而这一事实却并不宽宥对这一现象的任何主观臆断。一首诗就好比一条法律，它的实现有赖于语言环境，但并不听凭任何随意解释的摆布。这一点说明，对一首诗的理解和其他任何艺术品的理解一样，总有优劣高低之分。为了理解它、评价它，人们可能需要一定的经验和领悟力，但是这些主体方面的条件对主体来说只是他面前的表现形式的条件，而不是他所需要了解的真正内容的条件。它们是审美经验的条件，而不是审美对象的条件。

这里有一点值得注意：当审美现实体，亦即这首诗由白纸黑字或一位朗诵者的声音传达出来时，是以物质形式表现出来的。但这一审美对象无论从空间还是其他什么有关角度来看，都不应该被放到表现它的物质或物质形式之内。这首诗的某些性质，如它的语言形式，构成了书页上的印刷符号或音响的时间顺序的特点。然而这首诗本身的绝大部分，却是由物质符号表现出的意义构成，存在于与表现它的物质实体相联系的结构之中。其次，值得强调的是，那的确属于诗的特点的东西，总是存在于以物质方式表现它的结构之中，而不在物质实体本身之中。这种东西仍然不是主观的，而是像规律一样固定不变的。这类东西的固定方式也是同样的——它们总是由支配创造和解释的众所周知的习惯固定的。对它的理解（或误解）有主体方面的条件，表现它的物质形式的物质属性所揭示的东西越少，这种条件就越多。但是，如果要正确理解这首诗，主体所必须给予表现形式的任何解释，都不应超出这首诗的范围。如果主体做出的解释不能反映出这种关系，那么对审美对象确有的审美特性的理解就失败了——主

---

① 纯文学与较低劣的文学的界线的划分似应参考表现意义在其中的重要性而定。这种意义对想像力有启示作用，对逻辑理解则不然。

体或者误解了它，或者根本没有理解。

　　这首诗是一种抽象，它通过某种物质中介，由其表现形式具体化。从本质上来看，它是一种可以由任何表现它的形式重复的或为它们所共有的实体。但是我们又必须看到，这种抽象跟诸如三角、诚实或不可调和性等普遍概念的抽象不一样，后者使这些普遍概念与任何具有感觉性质或想像成分的东西截然对立。这种抽象具有感觉的忠实性，我们称它为审美本质。

　　我们可以相当清楚地看出，在我们论题的范围内，并非所有的审美对象都像诗。各种不同的审美对象组成了一个系列，文学作品为它的一极端，以后依次是戏剧、音乐、绘画、造型艺术，最后是自然中的审美对象（若要做全面的探讨，我们非对每一种艺术做仔细研究不可，但这非本文力所能及）。但是，虽然这种顺序一目了然，其规律却不这么简单。一首诗是表现它的物质形式体现出的一种抽象，但是夕阳或一座山峰却是物体。而在抽象和具体之间，不可能有什么中间阶段。

　　从物质表现方式的物质特点在审美中的重要程度，从审美的本质对象在以物质形式呈现的关联结构中所处的位置，可以看出以上顺序的规律。在这方面，审美兴趣的对象不仅可能，而且的确有程度上的差异。也许我们可以用图来粗略地表示这种情况。下图中实线内为审美实体，虚线内为物质载体。

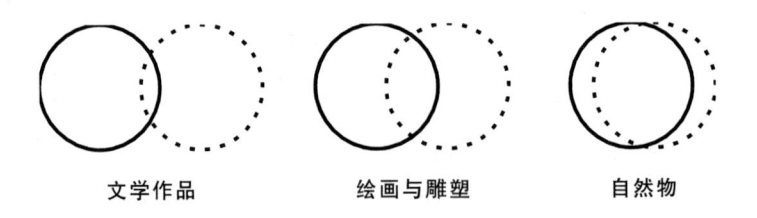

文学作品　　　绘画与雕塑　　　自然物

　　另外，如果我们想说在自然中发现的审美对象是完全具体的，那么就必须记住以下两件事实：（1）对于任何自然物，如果我们只观察其表面，是谈不上什么审美关照的。即便有，也不会有多大成效。本质的东西并不

第三部分　伦理学与美学

是它的物质属性，只是与这些属性联系在一起。正是由于这一事实，我们应该把真正的审美价值与"较低级的"东西的固有价值——如水于口渴的人之可贵——区别开来（我并不认为，"较低级的"价值就完全是表现他们的东西的物质属性，与任何结构不发生关系；但我的确认为，审美价值特别取决于结构）。（2）我们还必须看到，在审美兴趣的任一物质对象中，都有与它的审美价值无关的性质。这些性质无论有何变化，都不影响它的审美价值。因此，即使审美本质包含在物体之中，也仍然是这物体的一种忠实的抽象。从理论上讲，这种本质还可以在其他事物中得到同样的表现。

所以，我们可以说，审美经验中发现的实体无一例外地被物质的表现形式具体化了。但是关照的直接对象是一种审美本质，一种从理论上来说可以照样被其他物体表现出来的抽象。无论在什么情况下，这种审美本质都包括了某种不存在于它的物质载体中的东西。它只是在一定的结构里，以某种非武断、非主观的方式与之相联系。至于作为载体的物体的结构对被表现或传递的东西的审美本质和审美价值的重要程度，则因审美对象的不同类型而异。

当我们认为一件东西具有某种审美价值或其他什么价值时，我们必须搞清楚这种价值究竟属于谁。它可能是一般的具体对象——一首诗、一出剧、一支曲子、一幅画、一尊雕塑或一处风景。但是，如上所述，它也可能是有目的地具体化的理式或虚构的东西，也可能是一首乐曲的**演奏**，一出剧的**表演**，还可能是作为审美表现工具的物体甚至具有这种价值的审美经验本身。如果我们要想知道有审美价值的东西究竟是抽象的还是具体的，就必须去观察自己的判断所需要的事实根据。当我们评价一首诗的时候，我们的评价对象不是任何有形体，因为我们甚至想都没想到印刷的书页，这一点颇能说明问题。如果我们评价的是音乐，那么就必须弄清这种评价的意旨——是评判任何物质演奏形式所共有，可以为它们模仿的东西呢，还是某次演奏中的音乐内容？同样——尽管不如以上情况那么显而易见——当我们评价一幅画时，必须明了我们的对象究竟是这幅画呢，它上面的物质形式呢，还是这幅画与其复制品可能共有的东西。至于风景和其他自然物，如果说我们评价的不是这些有形物体而是另外的东西，听起来可能有些荒诞不经。然而，这里的确包含有那种抽象本质。从理论上来说，它是可能在其他物体中得到重复的。的确，对任何一种评价，都可能有这样的问题：客体究竟是有形实体呢，还是其中包含的本质抽象？即是说，我们欣赏的究竟是苹果呢，还是所有苹果都有的那种香味？最重要的是，不管被表现出的是什么，我们都必须仔细分析，搞清具有这种价值的究竟是否是某种客观实体，或者我们的判断对象就是审美经验本身？美学上的许多不幸的错误都是由于把本来仅仅属于经验的那类价值划归客体造成的。所有拙劣的审美判断都似乎要说明，世上只有一种客体。这种判断只能导致混乱。

我们可以对一件有形物体进行审美评价这一事实，一点也不与另一事实相矛盾：这就是，世上不可能有这样一种物体，对它的审美评价完全独立于它与它所包含的某种结构的关系（这种物体应该被看作审美表现的工具）。物质的客观事物的一切价值都是外在的。一切物体所可能具有的审美价值都是内在价值，但是，说一种价值是某物的内在价值，并不等于把它归入该物的物质属性。根据我们的定义，说某物具有内在价值，意思就是说它只能由一特定的客体而不能由其他客体在经验中具体表现出来。因此，如果一个物体有助于表现确定的审美性质，那么它就具备了审美价值。但是，如果根据这种见解，就断言任何**抽象**实体都不可能有审美价值的话，我们就应该看到，这种推理包含了一个错误的前提。像诗歌、乐曲这样的抽象是有审美价值的，它们可以通过物质事物中介而得到表现；虽然它们可以在不同的物质形式中得到反复表现，但它们本身就是感官性的和形象化的。

关于所有具备审美价值的物体，我们只能说它们的价值取决于组成审美本质的各种属性的综合。这些属性的一部分在作为表现工具的物体中得到了或能够得到体现，其余的则属于这一物体的内涵结构。这种结构与这物体之间的联系并不完全来自主观。无论作为审美判断的直接对象的实体的性质如何，决定它有无审美价值的审美本质都是一个抽象实体，而这种抽象就是美学的一个基本范畴。

以上仓促草率的论述是难以说明本文的标题的，而且可能有含混之处。然而，它们却能够说明任何足以指导审美的科学的具体原则系统的普遍性。这一科学的规律的秘诀无论是由个别的理论进展显示出来的，还是作为这一科学的进展的产物，都可以在我们称为构成审美本质的性质的综合中，在作为现象格式塔心理学的这种科学的特性中，在使它成为某种结构整体的各组成要素的相互关系中找到。

寻求这些特定原则的普遍方法应该是一种对可作为审美关照中较为持久的快感所揭示出来的价值的试验。如果在什么地方有更特殊的或经验性的原则尚未确定，或存在着疑问，我们也正是通过这种试验来检验审美评价的正确与否。

（邓　鹏　译）

论 审 美 判 断[*]
（1946）

一

截至目前为止，我们探讨的主要对象是可能被人们称为的审美的现象学以及经验中的审美性质和条件。除了顺便提及之外，几乎还没有谈论审美**判断**。对直接表现出的东西的简单估价是算不上判断的。如果要把这些估价诉诸表达，那么表达出的或者是给定的经验的一种价值特性，或者就是这种经验的现象内容的价值特性。对确实的价值特性的直接发现，可能证明在被表现的东西中有一种客观价值属性，正如经验中触摸到的坚硬或眼见的红，就可能是被表现出的东西的坚硬、红色的客观属性的证据一样。如果我们乐意而不假思索地从对经验内容的现象特性的认识跳到对事物的客观属性的判断上，那么无论在上述例子中，还是在价值问题上，人们对此都已习以为常了。它代表了一种解释的习惯，这种习惯由以往的有关经验的普遍特点造成，也在其中找到了相当可观的依据。但是不管这种对直接经验中的内在价值从揭示到对事物的审美或固有价值的认识的过渡是如何不露痕迹，根据如何充分，也只配作为一种推断。在经验中发现的价值是对象中的价值的**证据**，甚至是可

---

* 选自 *An Analysis of Knowledge and Valuation*，1946.

第三部分 伦理学与美学

能的最好的证据,因为这种价值的发现代表着对该对象的价值的普遍的证实(而对坚硬这样的非价值属性来说,触摸中感到的坚硬就无从构成这样的证实)。但经验中的某一价值发现却绝不可能成为事物的客观价值的结论性证明。在任何情况下,这样做出的价值判断都可能出错,都可能受到后来经验的更正。

正是在这一点上,价值理论很容易误入歧途,因为它没有把在经验的特性中的内在价值与对象的可能导致的固有价值区别开来。这种错误充分说明了两种观点之间的区别:一种观点把价值视为主观的东西,只与个人和特殊情况相关联,因此价值判断也是"情绪的"、非认识性的和无所谓客观上真伪的判断;另一种观点认为对事物的评价是客观的和认识性的,只要它们不同于对非价值属性的发现,那么便独立于任何个人和特殊场合。

一件事物的任何属性都是可以通过经验得到确认的,在这种意义上,它也可以在能够充分证明它的经验范围内得到界定。为此,我们可以称它为事物在适当的条件下产生某种特殊经验的潜在因素。而如果我们把"关联"一词做含糊其辞的应用,甚至还可以说这种属性与经验"相关联"。但是由于任何特殊的经验都可能无法表现它能够导致的普遍经验,因此这样指明的属性,严格地说是不与任何特殊的经验或与任何个人的经验相联系的。它是事物一种独立的特性。再者,如果说作为经验的可能性的属性是独立的和客观的,那么一事物的任何可能性(潜在性)都取决于它可能要导致的东西,而不一定取决于它事实上产生的东西。对于客观潜在性的实际经验,不仅可能是片面的,而且可能引起误解。它充其量是一种肯定或否定,而不会是证实。此外,事物究竟包含了什么样的可能性,与它实际上是否经过了试验这一问题是无关的。

于是,这种由对客体的直接个别经验的特性构成的审美价值或内在价值的概念,便代表了一种与个别主体相关联的价值。如果我们不能将经验的特性与对象可能具有的价值属性区分开来,就势必陷入这种主观主义。

但是它作为产生某种经验中的积极价值的可能性，却代表了作为一事物的独立属性的审美或内在价值。这种属性与其他属性一样受到经验的检验，但又不依赖于任何个别的经验或个人所发现的价值。

在主体方面也存在各种影响着对这种价值的理解的条件，但这种情况也不是审美或内在价值中的主观性的标志。这些条件在美学研究中是极其重要的，因为它们明显地影响了艺术实践，以及那些要发展自己的审美欣赏能力和培养一种洞察力的人所必不可少的训练。他们一旦具备了这种能力，便能在对任何审美对象的考察中更有把握、更准确地判断该客体的潜在因素，从而使自己以及他人能进一步发掘更多的价值。这意味着，这种主观条件之所以在审美评价中举足轻重，并非由于它们是呈现在我们面前的对象中的价值的条件，而恰恰由于它们是一种价值的可靠的检验方式的条件，这种价值的真实性是独立于任何个别价值的发现的。

那些强调审美价值的主观条件，似乎唯独事物的这种特殊属性，唯独在事物的价值被指示出的情况下才有这种条件的人，看来忘记了这一点；其他属性在主体或观察者方面也存在着检验条件。如果我们的双手冰冷，就不能可靠地确定事物的温度；不参照自己的空间方位，就无法判断事物的形状；单凭眼睛不用双手也很难确定物体的重量。但考虑到这些情况却并不影响事物的颜色、形状和重量的客观存在，也不影响观察对象对普遍经验的潜在属性。如果有人用以下这句话来表达紧闭双眼就看不见颜色这一事实："睁着的双眼是颜色存在的基本条件"，那么他对语言的使用至少是别出心裁的。如果另外有人根据这种观点对事物的审美价值做出陈述，那么这种陈述就很可能把人引上歧途。此外，这种人还可能犯了"情人眼里出西施"或"趣味无争辩"那种主观相对主义的错误。

事物的价值是它们的一种潜在因素，这种潜在因素有助于人们去经验它们的确定价值。这种观点毫无相对论的含义。在任何情况下，无论在主体方面是否具备在经验中认识这种价值的条件，物体的这种属性都保持不变。同样，它也毫不意味着数学上的加法与审美价值这样的内在价值有什么相干。①

　　虽然欣赏像《大夫》这样感伤的画的人，比欣赏《苹果》的人多一些，但这并不关系到它们的审美价值的高低。甚至对茶叶这种其价值的最大意义就在于使大多数人喜爱的东西（我们的中国朋友不会同意这种意见），也有品茶专家这号人，他们的鉴别比别人对茶叶的质量鉴别更为可靠。在评价工作中，我们用以引出自然科学的真理的社会活动，对审美价值的估量同样适用：有些人的判断特别可靠，因为他们在有关方面的经验要丰富些，或许他们有更强的洞察力，也可能由于他们在代表了人类批评能力的社会功能的传统发展中占有特殊的位置。他们的判断可以与凑合拢来的任何数量的反面意见抗衡，因为他们的判断是客观的，不依赖于任何个别的甚至盲目的经验。如果这种社会活动在美学中不如在自然科学中那么重要、那么可靠，如果艺术鉴赏家的地位并不那么显赫，那么也是有原因的：一方面，具备理解美的主观条件的人要比具备认识量子力学的真理的主观条件的人多；另一方面，在艺术中没有决定性的试验。无论在科学还是艺术中，都存在着揭示被研究的事物的特性的主观条件。这些揭示的条件在不同的经验中，在不同的人的经验中，得到不同程度的满足。但是，这些条件只能影响对事物的特性的揭示和鉴别，却不能产生作为揭示和评价的对象的客观特征。如果事物的审美特性没有这种独立地位，我们就没有必要培养、训练洞悉它们的能力，在确定审美价值的过程中也无任何错误可言了。由于事实上事物的审美价值的客观性为人们观察它们时揭示它们的确定价值提供了可能，因此，人们不可能做出与它相反的解释。我们已经说过，事物的价值以外的其他属性，作为导致可预见的经验的可能性，同样是可以解释的。对这些属性的可预见的经验来说，也有主观方面的条件，而这种经验则证实对这一事物的判断。

---

① 在这方面，经济价值情况特殊，因为它只是根据东西的销路好坏来确定，因此是相对的。某些社会价值也可能有相似的特性。

那种认为主观条件对价值的创造有所作用的相反意见是错误的产物，要么就是人们没有弄清价值判断的对象，要么在运用价值判断这一术语（或其他同义语）的地方根本无任何东西可判断，二者必居其一。如果我们要报告的是现实经验，例如我们对艺术品的经验中的审美价值特性，那我们不需要做任何判断。这种存在于经验本身的现象内容之中的特性，仅仅是发现的。把判断运用到这种直接发现中去，不仅用词不当，而且易于造成误解。这种经验可能为一种对事物的可能性的判断提供线索或证实这一判断，这样，对更高级的经验来说，它就有了认识论上的意义。但是我们绝对不能把以这一经验为基础的预见性判断，与这一经验之中的直接的价值发现混为一谈。判断中的可能性是对象的属性，对它的判断需要证明；而直接发现的价值则属于特定的经验，对它的认识不需要，也不可能得到证实。

不过，有些问题颇为棘手，我们不可以不注意，尽管它们根本上与我们上述观点并无抵触。首先，在某种意义上，在特定的经验中发现的价值也可以说得到了**评价**；其次，在进一步的意义上，经验的审美特性也可能受到判断；再其次，审美判断的对象常常不是物体而是物体的某种成分，人们很容易将它与经验的特性或精神实体混淆起来。前两个问题我们将依次进行讨论。第三个则隶属于美学的规律或具体原则这样更大和更重要的课题。

二

我们常常评论经验本身，这是因为性质特殊的经验的获得与否，我们没有绝对把握，但却有普遍的兴趣。有的经验比其他经验更高级，因为它们包含了某种更高级的确定的价值特性，而我们也热衷于对不同的经验进行比较。很明显，这种比较就是一种特殊的评价。只要我们对其性质了如指掌，那么是否称它为判断是无关宏旨的。

第三部分 伦理学与美学

我们不妨先打一个简单的比方。如果有人同时把两个苹果摆在我们面前，我们可能看到其中一个比另一个红些，说得更确切点，我们可能一眼看出，一个比另一个显得红些。我们可以对明显的红色的现象或表象的特性做出直接比较，从而对这两个苹果表面的红的程度做出估量。这种估量是否称为判断很值得怀疑。比较是直接的，比较的对象是直接给定的，结论"这个苹果比那个显得红些"，除了可能出现语病之外，在其内容方面是不可能出错的。因此，也许说这是不牵涉任何判断，只有对一种现象的认可更为妥贴。

然而，可能有一种略微不同的情况。我们可能把一个苹果与昨天自己看到的另一个苹果相比，在这种情况下，就肯定需要做出一种判断。不过这是一种特殊的判断，因为我们要比较的两件物体之一不在我眼前，而它在我记忆中的形象在需要比较的方面可能与事实不尽相符。那么，如果我确定"这个苹果比我昨天看到的那个红些"，就做出了一个可能是错误的判断，但是这种比较中的判断因素**只与不在眼前的**一方有关。眼前的东西与不在眼前的东西的关系之所以需要判断，并非由于眼前的这个苹果的红色表象可能有些模糊，而是由于它与那种不在眼前的东西相关。眼前的表象的红色是明确无误的，但是它的**相对的**红却受到了判断，因为与它相联系的东西只有判断才能确定。

还可能有第三种情况：我们面前摆着一个苹果，我可能认为它是一个非常红的苹果——我无意之中把它拿来跟我生平见过的所有苹果的表象做了比较。这种对眼前的表象的红色程度的估计无疑是一种判断，或包含了一种判断。但是，我们也不难看到，我们在这里判断的是这种在记忆中的其他苹果的表象，而眼前的表象的红色是明确的，并未受到判断。

对直接经验的某种程度的性质的估量与对眼前的苹果的红色程度的估量有两点不同。首先，如果说摆在我们面前的苹果的红色只是表面的，那么我们就必须看到这种经验中的价值表象就不仅仅是表面价值，而是确有的或内在的价值。它是我们确定其他价值的依据。其次，虽然同一给定经验的价值特性都不能直接与另一种经验的价值特性比较，因为它们都不可能直接观察到。当我们估量直接经验的价值特性时，我们用的是以上第二或第三种方式。这样，在确定直接经验的价值特性的程度或它的现象内容时，我们就要做出一种判断。然而在上述意义范围内，我们判断的并不是直接的或明确的价值特性，而是其他过去的经验的价值特性。我们有意或无意地将它拿来与直接经验的价值特性比较，它才是判断的对象。

这种考虑对审美价值的估量是有意义的。甚至在我们想做出审美判断的对象不是直接给定的表象而是显示出的实物时，我们也可以主要或完全根据自己对它的直接经验的特点对它进行判断。这样，我们对事物的审美价值的认识，就可能以对构成我们的直接经验的特征的相对价值的估量为基础，并反映这种估量。对在经验中发现的价值的估量、对摆在眼前的实物的价值的估量虽然不同，但其差异我们却不一定看得出来。

所以，首先我们可能把在经验中呈现出来又被直接发现的价值特性与对它的比较评价混淆起来；其次，我们还可能把对它的比较评价与展示出的物体的客观属性混淆起来。这种混淆造成的结果是，我们把经验中发现而非经过判断的价值特性，与观察对象的客观价值等同起来。这种客观价值是对象的一种属性，我们必须对它做出判断，当然我们的判断也可能是错误的。因为这种客观价值不是直接给定的，只是通过我们的直接经验的特性得到部分地证明。由于我们不能正确地区分以上概念，很可能导致我们不恰当地用判断来称呼我们对审美价值的直接认识，并使我们错误地假设一件东西的审美特性多少是关照它的经验的性质的产物，或仅仅是主客体关系的一个特点，因而也只能在颜色、形状或其他属性的同等意义上归之于一件呈示出的物体。

但是，在所有这一切当中，至少有一点应该自始至终都是清楚的。尽管我们根据直接经验的价值特性，或根据对该经验本身的相对价值的估量，对某一对象的审美价值做出了判断，但经验中直接显示出来的价值仍是无需判断的。我们不需要为了揭示欣赏一种直接发现的价值而对它做出估价；也无需为了认识它的特性而将它与另外的价值相比较。在任何对这种价值的比较估量中，惟一确定不变的因素就是这种直接的价值特性。那些使对它的评价有可能成为判断的不确定因素，不是这种给定的经验的价值，而是我们可以把它与之比较的那种经验的价值。

三

现在我们来谈谈以上提及的第二点。我们也许会看到现象本身的价值是发现的，而不是判断出来的，但即使以这种意义来衡量，经验中的审美特性也仍可能是判断的结果。如果我们对审美经验与其他具有内在价值的经验的差异的解释是正确的，那么就不存在任何纯粹的现象特性，足以把真正的审美经验与非审美的趣味满足区别开来，足以把它与小孩在某种新奇诱人的声音中感到的满足或一个作者看到自己的出版了的著作时感到的满足区别开来。直接的欣赏虽然程度各异，但仍可归诸一类，很难说明任何纯粹的审美欣赏。为此，我们必须求助于间接的标准，这种标准要能说明事实上审美经验是能长期存在，而非转瞬即逝、使人失望的经验。在经验中，有的特性是持久的，有的则昙花一现。持久者使欣赏能跻身于审美欣赏的行列，而不能持久者则阻碍欣赏上升为审美欣赏。在某种程度上，我们就是要学会在这些特性的信号出现时就立刻识别它们，但衡量它们的标准却不是可欣赏性本身，不是给定经验的直接价值。艺术家和鉴赏家无疑有超群的能力，比常人更善于根据直接给定的线索判定一幅画或一首乐曲给人的满足是否能持久，而他们对这些能持久的满足的认识，也必定渗入了在他们的有素养的欣赏中存在着的微妙的直接特性。但是，如果品茶专家的经验使他具备了预见某种茶会失其香味，或这种茶味道不正的能力，说明这种茶质量低劣的仍然不是它那微妙的直接特征，而是带着这种特征的可预测的事实。如果美学家对持久的艺术的第六感官，使他能根据直接的或直接影响着他的欣赏的线索区分审美与非审美欣赏，那么鉴别经验的真正审美特性的充分标准，仍然不是直接的可欣赏性，而是通过某些特征表现出来的欣赏的持久能力。这种判断是对对象的审美特性的直接估价。对经验的真正的审美特性来说，它只是间接的估价。

在这种意义上，经验中的典型的审美特性就不仅仅是揭示出来的，它必须经过判断。但这种判断应该能指出这种经验的审美性质（它在某种程度上需要预见），而不是针对一种直接价值本身。所以，即使（或正因为）经验的审美特性必须由判断来确定，经验中被直接揭示出来的价值，不管是否为审美价值，都不需要判断，而一经发现，就是明确的。经验中的这种可直接揭示的价值，乃是对价值的一切判断的根本依据和绝对参照。

四

本书并不旨在对审美科学做出什么新贡献。我们的目的是对审美判断做出分析，并对"某物有审美价值意味着什么"这样的问题以及与它相关的若干问题做出解答。审美的实证科学关心的是另外一个更进一步的问题，即"我们可凭借什么具体的标准，参照什么法则来对一特定物的审美价值做估量？"或者"为了使艺术实现自己的审美目的，人们必须用什么原则来指导艺术的创造活动？"首先，且让我们来看看，主宰着对审美判断的分析活动的目的，与主宰着确定美学的具体原则的活动的目的之间有何差别，同时也来考察一下这两种目标之间有什么样的关系。

我们眼前的难题，也许可以通过对另外两门科学即逻辑学和物理学之间存在的类似差异的观察得到解决。就推断中的题目的有效性而言，这里有两类不同的问题可以和以上问题相提并论，第一类问题是："一般推理是有效的这句话意味着什么？这种有效性又是什么？"这类问题属于分析，属于**逻辑理论**。根据我在本书第一卷的论述，我们可以对以上问题做这样的回答："如果一种推断仅仅根据内涵意义就能得到证明，那么它在

第三部分 伦理学与美学

逻辑上就是有效的。"第二类问题是:"我们在判断某一推断有效时,根据的是哪些具体原则?为了使推断有效,我们在推断过程中应该遵循哪些原则?在人们对推断的有效性表示怀疑时,我们应该用哪些具体标准来检验它?"回答这类问题,我们需要一套推理的准则,需要一套属于逻辑的实证科学的原则。这两类问题是相互联系的。这种联系在于,对第一类问题,即分析问题或理论问题的解答,确定了一种根本的、普遍的标准。参照这一标准,我们可以决定某种被当作逻辑规则提出来的陈述究竟可靠与否,究竟是否能对我们的推断有效性进行具体的检验。任何人,只要他掌握了合法的逻辑推断的普遍本质,就可以着手解决第二类问题,即寻找逻辑的实证科学的规则的问题。然而为了达到这一目的,仅仅理解有效的逻辑推断的意义还不够,还需要了解更多的具体意义,以便根据它们来表达这些明确的逻辑规律。①

在物理学中,我们也是首先有理论上的一般问题,它们针对着物质对象的各种基本属性的描述的意义。例如,说一种东西有这样长是什么意思,一颗粒子在某个位置有多大的速度是什么意思,两个事件同时发生又是什么意思等等。这些问题属于物理原理范畴。要回答它们,必须进行分析,必须对物理概念做出充分而准确的解释。② 毋庸讳言,正是根据这样的理论,我们才能去发现实证物理科学的规律(那些明确的界说或它们的纯逻辑推论)。但是,若要解答这一物理学的具体规律的问题,我们还必须对物理现象进行观察。为了将物理学与美学进行比较,我们还应该注意到,对于以物体为原料的工程和其他创造活动来说,物理学的这些明确规律还起着某种规范的作用。

---

① 我们在第一卷中已经谈到,就逻辑而言,还有一个更进一步的问题:"哪些能证明推断有效与否的陈述被人们经常使用,因而可以作为逻辑的原则?"对于这样的问题只有传统的或实用主义的回答。
② 在这里的"理论"的意义上,我们可以列举出以下物理学理论的例子:布里奇曼(Bridgeman)的《现代物理学的逻辑》,伦曾(Lenzen)的《物理学原理》以及埃丁顿(Eddington)的《物理科学的哲学》一书的前几章。

但是，在对实证科学的成效攸关的现象认识方面，逻辑现象与物理现象之间存在着根本的差异。逻辑现象本身是意义和意义的关系的现象。任何意义都可用某种陈述来表达，而这种陈述的真实性是不言自明的和先验的。在逻辑科学中，我们无需求助于经验性事实（除了那些用符号来**表达意思的事实**）。如果说它的研究是归纳性的，那也只是像亚里士多德（或苏格拉底）那样，根据一些例子归纳出某种可以通过"推理"来检验的东西。但是，假设我们对要求不言自明的答案的物理理论问题做出了正确解答，那么第二点有关物理学的实证原则的问题，就只能用通常意义上的归纳概括来回答。逻辑是一种先验的科学，这一事实也符合逻辑理论；而虽然对各种物理性质的普通规则的确定是不言自明的和先验的，而且非此不可，虽然人们在物理实践中为了用物理学来解释一些意义不自觉地遵照它的固有法则，物理学毕竟还是一种经验科学。

在美学中，我们也有关于审美性质的第一类理论问题。这类问题的答案是不言自明和先验地确定的。无论这种答案是多么重要，我们在寻求它的时候，都应该注意实际中和具体的评价中业已存在的某种东西，并以其作为研究的圭臬。但是，假设我们对审美价值的性质问题斗胆做出解释说，这一性质就是一种特性，这一特性引起人们的关照，并为关照者提供了一种意味隽永的乐趣，那么就会有第二类问题，诸如"**究竟是事物的什么特性使其成为意味隽永的关照欣赏的源泉？**""在引起疑问的情况下，我们应该根据哪些凡给人以关照欣赏的艺术品中都有、凡不给人关照欣赏的艺术品中都没有的标志（特征）来认识有审美价值的东西？""在以创造有审美价值的东西为目标的活动中，我们应该以哪些具体原则为指导？"这一类问题只有用归纳法来回答；也就是说，我们必须根据观察到的具有审美价值的例子来进行概括。这类问题的解答属于审美的实证科学。

这样，正如在逻辑或物理学中一样，对美学价值的意义的明确解释，就成了一种根本标准，人们用它们来衡量那些关系到任何具体原则的确定

第三部分 伦理学与美学

的现象。这种解释因此也成为那些实证科学中的研究所必须公开地或隐蔽地依据的基础。但是美学与物理学一样，是一种经验科学，它的定律应该通过归纳和概括从个别美学现象中总结出来。所以，关于美学价值的性质问题是哲学研究的课题，应该用分析方法先验地来解答。但是美学的实证科学的定律这一问题只有那些谙熟各种美学现象，有能力在这一领域内做出切实可信的经验性概括的专家才能解答。①

然而，在美学的实证科学的范围内，也有某些普遍原则值得我们认真考虑。其中一部分与我们所关心的基本认识问题，尤其是审美经验的主观条件与事物中的美学价值的客观条件之间的区别非常密切。因此，我们最后对有这种区别关系的某些事实做一简要论述就无任何不妥，虽然在本文中我们不可能对它们做详尽的探讨。

（邓　鹏　译）

---

① 当然，具体的审美判断既不一定是实证科学的发展的产物，也不对之起什么指导作用。在任何领域中，实证科学的发展都需要有一套预先确定的具体真理。在亚里士多德之前就已经出现了正确的逻辑判断，在欧几里得之前就有了几何定律，在伽利略和牛顿之前就有了经受检验的物理事实，没有它们，实证科学便根本不可能产生。

价值判断的经验基础[*]
(1950)

开头我想简单谈及一些题外的问题，以指出为什么在我看来它们不能与价值的一般理论问题同时讨论。对于我冒昧涉猎的这个有关价值的论题的大多数讨论，原来都是有关伦理学基本问题的讨论。我对这些问题极感兴趣，但我却认为首先必须解决一般价值理论的难题。而且道德上的善是自成一类的（sui generis），包含着"正当的"、"命令的"和"义务的"等内容。

甚至把正当的行为和正当的意图当成仅仅是善的，也是不合宜的，因为有非常独特的标准来判断道德意图、道德行为和道德赏罚。如果一行为源自行为者确信他应当作，那么它就是道德上正当的。在世界的某个地方无疑会有人确信他应当用原子弹摧毁整个人类，因为在上帝眼中我们犯了罪并且我们是不健康的。让我们设想这位先生隶属某一机构，但无论他在哪，当且仅当他极力使自己的行为与信念一致，他才是一个道德上完美的人。如果此人坚定地做在他看来是正当的事情，我认为任何合理的伦理学都应该承认他在道德上是可嘉许的。不过，我希望我们也可以对他的价值判断表示惋惜。

还有一个不同类型的问题，它关乎道德感会促使他做什么——也就是

---

[*] 选自 Collected Papers of Clarence Irving Lewis，edited by John D. Goheen and John L. Mothershead，Stanford University Press，1970.

第三部分 伦理学与美学

这样的问题，即预期行动的完成是否有助于使那些被牵涉进来的人过上他们觉得满意的生活。这第二个问题是关于经验事实的问题，亦即关于因果关系的问题。这两个问题是紧密关联的，因为如果不考虑他必须做出抉择的行动对自己和别人造成的价值效果，任何人都不能决定他应当作的究竟是什么。我假设，只有当一个人考虑任一行为对他及别人的价值后果时，道德问题才会提出来。但一个人在这种价值判断中所犯的任何诚实的错误都不影响他决定做或不做的道德性质。然而当他对这个经验事实问题运用了他的最佳判断力以后，选择了会给自己带来最大满足而却会给别人带来毁灭性后果的行动，并提出利己主义作为合理原则为自己的抉择辩护时，那么我们就有了一个道德正当性的问题。对价值后果的预见并不能解决此问题；而且对于这一行为过程的价值后果究竟怎样这另一个问题，任何就那一外部问题所做的决定都无关紧要。

我所以要区分开这两个问题，是出于两个理由。第一，因为反对价值判断是经验问题这一结论的常见动机，是对专属道德意义上的善的先入之见。我的批评者中有一些我赞赏其态度并尊重其意见，他们往往担心，承认价值判断是经验事实的判断，不利于承认道德命令独立于经验及基本道德原则的自律性。如果价值判断是经验的这一观念确实有他们担心的这一后果，那么在我看来这一价值理论必须放弃，因为否认道德原则的自律性是不合理性的。然而，第二，我将出于正面的旨趣做出这一区分，以便指出，基本道德原则本身从不确定，对一个有理性的人来说，什么样的具体行为是正当的。无知愚蠢之人可能是很道德的，但我们其他的人却需要保护，以免受其完全正义的意图之害。或者，援用更传统的术语，我将一如既往地指出，要么康德的绝对命令必须求助于对某人若按一条准则行事便事实上会发生的事情的经验理解（这与康德自己的解释相反），要么康德的伦理学根本不能确定任一具体行为的正当与否。康德的伦理学只是提供了正当意图的判据，它却不能解决有道德头脑的人的这一实际困境：此时此地什么行为将被其对行为者和其他人的后果证明是合理的？仅仅有了善意还不够，还有道德善之人愿意取得的价值结果这一问题。或者相反，仅仅有了恶意还不够，还有道德恶之人欲加于他人的无价值结果这一问题。

如果道德之人的善意通常给他人带来痛苦和悲哀，而不道德之人的恶意通常有助于他人的幸福，那么这将是一个疯狂的世界。如果善意通常不由关于什么是有价值的，什么是无价值的善的经验判断来补足，我认为这个世界将同样疯狂。

因此，我愿在本文中将这些伦理学问题放在一旁，并非因为它们不重要，而主要是因为它们关乎完全不同的问题。试图同时讨论两类不同的问题会导致混乱。为回答诸如"氢弹是好的还是坏的东西"此类问题，需要价值判断。这种判断不需要参照回答特殊种类的善的独特问题所需要的判断，譬如说回答"布兰克先生竭力主张生产氢弹，他的行为是道德的吗？"我愿分开此两类问题，因为布兰克先生可能具有圣人的品格，而氢弹却是魔鬼的发明，或者布兰克先生是毫无道德的政治投机者，而氢弹是拯救文明的惟一希望。将诸如布兰克先生的正义或非正义的动机问题放置一旁，关于氢弹的问题是一个经验的真实性问题，尽管这真实性即使最聪明的人也难确定。

这种意义上的价值判断尽管与道德善恶问题有联系却独立于它们。由于价值术语的多义性和价值判断样式的多元性，关于价值判断我们仍有许多困难。关于价值和价值判断之本性的争论相对来说不得要领，和三个印度盲人摸象的争论一样。众所周知，他们触到象的不同部位，却每人坚持根据摸到的部位来对大象做出整体描述。我们已经试图将那些根据道德善的特有性质来描述通常的善之人划出去，他们很像那位抓住一条腿就坚称大象如一棵树的智者。的确，价值是一头有着变化多端部分的奇兽。但毫无疑问，这头动物的端点（head end）是"内在的价值"：其价值仅仅是因为对其自身来说是有价值的。这就是端点。因为很显然，任何在任何其他意义上可称为有价值者，是由于与因为自身的原因而有价值的东西有某

第三部分　伦理学与美学

种假定的联系。

现在我希望你们承认没有什么最终是靠自己——为其自身的原因——而有价值的，除非是某种生活的品质：如果它可以如其所是地被完全清楚而真实地设想，它就是人们希望有这样一种可能的品质的生活。我希望你们不会反对如下说法：对于任何关于善之生活之善的问题都没有一个普遍的答案。我并不准备讨论善之生活的配方，要放什么配料，以怎样的比例，以及如何混合它们。以什么配料，或者用橱柜里可以现成找到的什么配料来烹调出善的生活，实际上是每一个人的亲身实践的问题。但是如果他不知道他期望获得什么，如果他没有终极目标中最主要的目标的成功或失败的标准，这就是一个绝对没有希望解决的问题。所谓善，在基本的意义上，就是一个人一旦拥有它就别无所求了的东西。善之生活的证据将在现实的人的生活中被发现。这就是密尔想说的。他注意到，除了就是人们想要的之外，并没有什么能作为最值得向往的东西的证明——虽然很遗憾这并不是他实际所说的，因为他忽略了这样的事实：没有什么被具体追求并被事实上向往的东西一定可被证明就是我们所意欲达到的。正是这种在现实中发现的最终不可批判的善的特性，我试图通过谈到我的作为自然主义的价值概念来表述它，尽管就"自然主义"被用来标志的许多其他内容，亦即我无法加以维护的那些东西来说，这也许是一个错误。特别要指出，"快乐"并不是基本的善的一个恰当的名称。猪可以自得其乐，而人却不行——这一古已有之的见识乃是一个中肯而充分的理由。这种观点就是：善的生活中的这种善的品质就是完全满足的品质，而且这种既必然又自然的目标的正确性并没有受到批判。如果任何像康德那样的道德论期望表明，我们大家都明确向往的东西是不值得向往的，那么这种道德论就是令人困惑的和不恰当的。成为道德的、做正当的事是一个无条件的命令；而否定它，我认为是自相矛盾的。成为道德的常常意味着牺牲掉某些我们否则会明确向往的东西。这里的确有一个不可回避的伦理问题。康德在区分幸福与善、恶与有害和痛苦时确实面临这一问题，即使他把德行称作至善来一再模糊这种区分。他并没有掩盖而是清楚地指出了这样的事实："你是一个有道德的人吗？"这一问题就是"如果你看出你有责任在某种程度上要牺牲你所欲求的也是所有人都希望的幸福，你将做什么？"他同样指出，一个无需面对这一问题的人就根本不会有道德感，也不会面对道德问题。正如我们所知，除了通过上帝的假定，他无法解决他在这一事情上遇到的麻烦。我不赞成康德，但就这一问题我不得不停下来向他脱帽致敬。然而，这样的问题并不属于一般的价值论。

终极的善就是在实际生活中发现为善的那种品质。如果一定得找个同义词，那么亚里士多德的"幸福"（happiness）一词就是个不坏的选择。在任何别的意义上，所谓有价值的就是从与这最终的和直接可发现的善的本质关系的含义中衍生出来的。

这种派生的善中最切近的一种是在各种构成经验中即时出现的善，这些经验就是构成生活的要素，而且就其特性来说，它们或是有助于或是有损于总体上为善或恶的生活的某一时期的全面格式塔（gestalt）的。这种一时经验的当下的善与恶并不"一点点地增加"整个一生的善或恶，后者是最终的，因为生活中的善是完整的而不是添加的，任何增加的善的累积都是毫不相关的。任何暂时的满足或伤害会受到其对整个生活施加的影响的进一步评价。暂时的不利也许会导致整体的善，或者暂时的善也许在整体上会使生活更糟。不过，暂时的经验并不是某种外在于生活整体并从外面影响着它的东西，而是既影响着生活的其他组成部分，又是生活本身的要素。就像一幅画中左下方的细节，它既对整幅作品有——或好或坏的——影响，也是这幅画的一部分。把它的好或差称作"工具性的"（instrumental）可能是用词不当。那我们能说"有帮助的"（contributory）吗？经验的组成部分的善或恶对于生活的善或恶来说，既是内在的也是有帮助的，因为它们就是其组成部分。它们是具有固有的善或恶的组成部分，缺了它们便不会有完整的格式塔。这种作为组成部分的经验本身固有的善或恶——正如由它们所组成的整体的内在的善或恶一样——仅仅是作为经验中既得的善的或恶的品质。

然而，只要暂时经验的善还不是在其自身之中，而是在它对其他的经验从而对整个生活可能做出的贡献——或者可能造成的损害——之中，那么，它到底是有价值的还是无价值的就还有待于判定。当一个人还在享受吃喝时，要停止下来就需要人生智慧，而要在总体上妥当地安排工作、娱乐、事业、家庭以及社会服务的时机从而过最好的生活同样需要人生智慧。孩子们发现难以学会这种智慧。它需要一些吃苦的经验，即使是在最容易的地方，并且某些东西是一个人永远也学不会的。只要善的生活之善不是在暂时偶然的经验中当下意识到的满足与不满中发现的，而是在它们的总体关系以及它们彼此的影响中发现的，那么，对它们的评价就是一个判断力的问题，它必须被学会而且只能从经验中学习；而且并不会因为我们可以通过别人告诉我们，而不是通过艰苦的途径来学会其中的一部分，它的经验性质就少些，就像并不会因为我们可以通过书本而不是实验室来学习大部分的物理知识，物理学就不再是一个经验的和归纳的知识部门了一样。

一种瞬时经验在其自身的界限之内所拥有的善或恶并不需要评判；它是一个事实材料（datum），正如表面的红色的视觉性质是一个事实材料。这种价值的事实材料和红色事实材料之间的区分（做出这一区分是至关重要的）在于，在瞬时的经验中直接发现的价值是真实的（real）价值——不是像红色的事实材料一样，是受制于如下价值的判定的：它是客观真实的还是仅仅是表面的。甚至这种差别也随我们的观点、目的或者仅仅言词的用法的不同而不同。对于表面的红色的经验是一个真实的经验，的确具有这里提到的特性。当事实上给定的视觉性质是黄色的，心理实验的受试者说"我看见了红色"，他就说了假话。这里的关键是，瞬时经验的价值特性是一种内在价值。正是这种经验的特性，不管是暂时的或者在整体的生活之中的，它都是任何其他善的或恶的东西凭以为善的或恶的东西。与此相对，红色的事物不是由于被看作是红色的而是红色的。这种语言是废话。"内在的"或"外在的"区别并不适用于红色、硬度以及与此类似的任何除了价值之外的其他属性。

一旦我们从在瞬时经验中发现的直接价值后撤一步，并且同样把它看作是影响其他经验和它也是其中的要素的那种生活的，我们就会同时发现，它所具有的这种作为起作用的因素的价值是必须要加以判定的。同时，关于这一价值我们可能会理解错，并且这一被要求做出的判定需要一般的生活经验而且不得不从中学习，从而也是归纳的和经验的。

到目前为止，我们仅仅把价值当作经验的一种属性，不管是瞬时的经验，还是总体上的生活经验，抑或是生活里的一段时间，比如一个星期，或者一个假期，或者我们的中年生活。只有经验自身才为其自己的缘故而具有价值。而且所有其他有价值的东西都是因为它，因为在生活中可直接发现的善的特性而具有价值。如果你否定这一点，我将不知道该怎样进一步向你辨明——除非我偶然察觉到了隐藏在你的否定背后的思想混乱，或者看到了它取决于我们之间在用词的意思上的分歧。

随即便可推知，除了为了别的事物而有价值这种意义之外，在任何其他的意义上并没有在对象之中或者对象的任何性质之中的价值——最终都是为了这一对象或者其客观特性能够对某些经验的性质所起的作用，亦即它可能做出的对于可在生活的品性中直接发现的可能的善的贡献。

然而，客观存在物中的这种外在价值有两种类型。有一类价值是好的图画和好的食物的特征，可称作固有的价值；还有一类价值也许是一把好刀或是好的铁锹所具有的，即使它看上去或使用起来都不是令人愉快的，因为它服务于一个目的。我们也许可以称其为工具的价值。如果一对象具有一种可在其自身的呈现中实现的价值，那么这一对象本身就是好的或有价值的——比如一顿美食可以在品尝中发现其美，一首好诗可以在阅读中发现其妙。如果一对象能产生可在某一其他的对象的存在中而不是在这一我们目前所评定其价值的对象中被发现的固有价值，那么该对象就具有工具价值。工具和原材料当然就是具有这种工具价值的对象的首要范例。对

第三部分　伦理学与美学

象在任何程度上有价值最通常都是既有工具的价值也有某种程度的固有的价值，特别是因为，通过心理学联想法则，那种典型地以其出现导致或助生愉悦的东西，会因此而成为一个若拥有它或者看见它在我们周围便会给我们带来满足的对象。例如厨房里的一个水池，通常并不是一个审美对象，但是我们男性会惊奇于一个好的家庭主妇可以在看着一个漂亮方便的水池时所得到的直接的快乐。

但是，不管对象中的价值是固有的、工具性的还是两者兼有，它都永远不是为其自身的价值，"内在的"这一形容词最好专门用于后者。"内在的且为其自身的"——这一词语仅能用于善之生活之善，或者在善的生活中可以发现的某些组成部分或要素的善。一个对象，或者对象的属性，或者任何客观事态之所以能够是善的，仅仅是就其是某种可以为善的生活增加善的东西的意义上来讲的，而且正是因为它是这样的东西，它才是善的。

如果你们愿意跟我走这么远，那么，如下这一点就是很明显的：一个对象所具有的任何价值都必定是在经验中所发现的某种性质或特征，就像事物的其他性质一样，因为一个对象的价值就是某种内在于对象本性之中的性质。由于这种性质，对象将产生或者能够产生对人们的生活品质产生冲击的某些影响。就像对象借以产生某些特定结果的一般因果关系和属性是必须通过观察和实验来认识，并且作为归纳的概括表达出来的东西一样，一个对象所具备的借以直接地或者间接地通过某一联系的因果链条带来可在人们的生活中发现的善或恶的性质或特征也必须通过观察和实验来认识，并作为归纳的概括表达出来。事实上，人们从经验中的学习，在其最终的意义上，很大程度上就是致力于发现什么样的好的或坏的潜力是存在于什么样的事物之中的，以及在一个我们在其中所能做的全部事情就是捡起某种东西并把它放到别处的世界上，事物所拥有的这些有价值的潜力才能最好地被开发利用。对存在于对象、客观状况、实际事态以及我们能使其发生的事态中的价值的正确评价，就是人类行为的任何形式的成功的支配性的条件，并且设定这样的目标：人类的其他各种学习只是实现这一目标的手段。

我不会说这种评价是一门经验的科学，尽管它本质上是一种先于其他科学中所发现的任何意义的知识；如果没有正确的评价，所有的科学对我们来说都是无用的。我并不把这种评价称为理解，因为对客观事物的正确评价主要是一桩在拥有实践智慧的人们的常识能力范围之内的事，而不是一个要求广泛的专业知识或是某些特别的训练和技艺的问题。然而，我愿意指出两件事。第一，任何科学的价值（除了为其自身的原因在知识中发现的完全真实的满足之外）是这样一种价值：当科学的知识通过工程师、技术员或者工匠而应用于生产、设计或者事物的管理，以便在更大程度上有利于产生人们在他们的生活中找到满足、避免带来悲痛和忧伤的事物时，其价值就会随之增加。正确的评价是所有知识中第一位的和最重要的，如果没有这种知识，任何其他形式的学习都几乎没有价值。

我会进一步指出，在所要求的实践智慧的这一广大区域中，有一些包括在内的领域确实要求比在其他方面忙忙碌碌的人所能得到的更高的特殊能力和更广泛的信息。应该有与人们的需求的主要类型，以及服务于这些需求的工具或活动形式的类型一样多的价值科学。这些就是（或者应该是）社会科学的领域，从中我们应该能够学习到：什么样的事物、管理、制度以及社会合作的方式将最大程度地带来人们生活的满足。我们应该能够指望经济学家告诉我们什么样的组织物质资料的社会生产力的方式，以及什么样的对其分配的社会管理将会产生这种物质资料所能带来的需要的最大的或者最佳的满足。我们应该能够寄希望于法律科学，不仅是为了从学术上对各种法律实体以及制定、解释、执行、实施法律的方式进行分析，而且也是为了让专家们就这些东西是有助于生活中可以实现的善还是有损于和阻止了本来可以实现的善的，而对它们对人类生活的影响做出评价。正如我们可以期待医生以及那些从事医学科学研究的人士那样，我们也可以期望社会学家、政治制度方面的专家以及人类学家，不仅可以系统

第三部分　伦理学与美学

表述描述性的科学事实，而且可以提供这样一些价值判断以及对人的价值实现的通常劝告，对于它们在对经济的、法律的、政治的和社会的价值进行评价时的正确性，这样一种专门信息及特殊技能的背景，如果不是绝对必要的，至少也是极有帮助的。

在这些特殊地处理人类生活现象的每一科学之内或之旁，我们同样需要一些关于这些现象深受其影响的独特价值的专门的和有见地的评价。但是，这些所需的专门评价今天几乎并不被当作是任何人的事业了。医学科学也许是惟一明显的例外。这是如下事实的一个方面：现代文明由于其科学的头重脚轻的现象而开始显得荒唐可笑，而且，在我们利用这些为改善人类生活而提供的潜力时，我们似乎很可能被它所毁灭。我认为，这一事实应该提醒我们注意到我们的文化特别是我们的教育中令人吃惊的和难以理解的特征。

这一令人遗憾的事态本身就是非常复杂的现象，是由许多因素参与其中而造成的。其中之一是这样的事实：许多社会科学的专业人员和教师都效仿较为古老和专门的描述科学的方法，或者甚至认为没有什么发现是科学的，除非它是纯粹普遍性的描述并且与任何评价的旨趣不相干。另一因素似乎是：许多社会科学家已经从我们的新普罗泰戈拉主义者那里染上了相对性疾病，或者已经为他们自己复兴了那一伟大发现。所有的价值都是相对的，并且他们以为这意味着，不存在任何要靠客观的方法去发现和表述的价值事实。这两种描述主义的和相对主义的趋势会导致对价值问题的犬儒主义的态度。经济学家也许会说："经济的价值只是一件物品能卖多少钱"；法学家也许会说："法律仅仅是法庭的判决"；政府方面的专家也许会说："我只研究政治组织的不同模式的事实和运作，道德判断不关我的事"；而社会学家也许会说："除非联系到所论及的社会的主导文化趋向，否则要对任何社会价值进行评估都是不可能的。"如果说这是我所草就的一幅漫画的话，我想其中的主题还是可以轻易地识别出来的。

我希望你们会原谅我的如下感觉：我持有的这种关于价值的观点是正

确的，而且，甚至还因为这种正确性，是有某种用处的。我不愿接受"最大多数人的最大善（利益）"作为对任何伦理的或者别的什么有效方针的满意表述。但是作为对于某种极为重要的东西的十分接近的把握，这句用语还是有用的。在任何一组选择面前，什么是最接近于最大多数人的最大善的，就像坦克车的重量或者来复枪子弹的速度一样是无疑的、确定的、客观的和无情的事实，虽然它是某种更加复杂和难以决定的事情；并且你不会通过画出任何统计曲线去发现它。就任何问题而言，是什么代表着最好的可以达到的价值乃是一种经验的实在性，尽管难以发现。或许，如果我们能够说服我们的社会科学家相信这一涉及到价值问题的客观实在，并且相信对这一问题的尝试性解决完全具备科学的尊严，那么，我们也许可以催生一种氛围，这种氛围更易导向对现存的或已经规划的社会制度的实在主义的而非愤世嫉俗的评论，从而科学就更有希望继续作为一个仆人为人类生活的改善而发挥其作用，科学也就较少可能去造出一个弗兰肯斯坦来毁灭产生出它的文明。至少，我认为我们都确信世界突然变得太小了，又被人为地弄得太复杂了，以至于对于紧迫的评价问题和价值工程问题来说，如果没有某种程度的明确和仔细的关注以及某种方式的共同努力就难以解决。

　　让我们放弃微不足道的和自以为是的说教，回到那些我们应该更加胜任的问题上来。

　　我们在有关评价的明晰性以及在认清所提出的问题具有客观答案方面遇到的主要障碍是：我们被要求做出的价值评判在类型或模式上的纷繁复杂的多样性。不仅价值有诸多种类——经济的、审美的、审慎的、道德的、工具性的、内在的以及更多的，而且评价方式也各不相同。其中，有的是根据所讨论的问题去评价被评判事物在一定的实践前提的限定条件下所起的作用，有的是根据代表着要实现的最终目标的理想去评价某个项目或计划。还有对于我的价值，对于你的价值，对于公众的社会价值等等。后果便是，以一种方式指向一个问题的评价所导致的结

第三部分 伦理学与美学

果，就可能会与对同一事物以另一种方式进行指向或者指向不同问题的评价相矛盾，这些就是所谓的价值"相对性"。要解决这一难题，必须找到正确的思路。作为第一个仓促的解决之道，让我们指出，这种相对性——如果它是这样的——不仅仅限于评价上。物体在空气中的重量、在水中的重量、在真空中的重量、在月球上的重量、由弹簧秤所称得的重量，以及由天平称得的重量，在不同的情况下这些重量也许是不同的。物理学家解决这一难题是通过发现每一个这样的物体的重量的确定都可以是正确的，虽然各不相同：事实上，除非重量是不同的，否则它们就将不是正确的，不是物体客观质量的显示。物理学家通过将其具体化而克服这种相对性：重量＝质量×重力，并没有不变的重力常量，除非用关系术语表达它，这些术语使得它的度量对于它在与系统中其他质量的每一不同关系中同样都是不同的。

我们之所以有大量不同种类的价值判断模式，主要是因为价值是事物的一个极为重要的特征。说到底，只有价值本身才是重要的。我们在对象中能够发现的其他特征之所以值得注意，只是因为这些特征的某些结合体与某类以特殊方式评定的价值具有可确定的相关性。

不过，还是有一种一般意义上的价值，其中别的价值类型和价值判断的模式代表着某种进一步的限定和阐明。概括地讲，一个对象的价值是有助于导致某种可以在经验中直接发现的内在价值的潜在能力。简单地说，如果存在于对象的性质中的潜力得以利用，它就有使生活更好或可能如此的价值。

正是这一在事物中作为潜能的价值的特征，和刚才提到的"相对性"一起，该为对价值根本不是客观地被归与的这种怀疑负主要责任。剩下的时间不足以让我充分展开这一话题，我只能努力给予一个概要的叙述。

首先，让我们来指出，由"倾向性谓词"所归与的潜能，并不因此就是非客观的，或者仅仅在同潜能于其中成为现实的其他事物的关系中才被正确地归与的。盐是可溶解的意思就是如果它被放入水中将会溶解，但是很多的盐从来没有被放进水中（至少在我们观察的范围内是这样的）；这与依靠如果它在水中就将溶解而得出的客观属性无关。盐被放入水中是可溶解的，尽管盐没有被放入水中。事实上，如果这里有矛盾之处，这种自相矛盾在于在盐溶解时把它称为可溶解的。

一个对象的价值也是如此。或者，这样一种东西会对经验中直接满足的实现起到如此这般的作用，或者，如果你创造了把握所归与的价值的如此这般的条件，那么你会发现这一对象没有产生出期望的满足——如果是这样的话，你对它的价值判断证明是错误的。但是不管所讨论的事物在未明言的条件下实际上能够或是实际上不能够带来这个价值效果，这都是关于对象客观性质的一个客观的事实。你可以吃一只鸡蛋来消除你的饥饿，而假如那是一个瓷质的留窝蛋，你就不能满足自己的需求。缓解饥饿的潜能存在于前者而非后者的客观性质中。那只鸡蛋具有这一特征，它乃是所有鸡蛋共有的一种价值，即使一个饿得要死的人把它储藏起来而不用来满足他的最后的需要，并在被营救起来并给予食物之后，最终把鸡蛋扔向岩石以示庆贺。这是一只好鸡蛋，这种好是没有实现的潜能。它客观地拥有作为潜在的营养品的价值。

其次，如果假定，就其是对象的这样一种潜能而言，价值是不同于事物中的其他属性的，这些属性中至少有一些不是潜能而是——怎么说呢？——无活性的（inactive），那么我们必须指出，这只是一个古老而持久的迷信，它与那种过时的在第一性质和被当作与可感知的生物体的感觉器官相关的第二性质之间的区分是一致的。

不存在在任何不同的意义上可归与对象的属性。事物的所有属性都是潜能，并且都同等地与特殊的环境和可能的观察方法"相关"，这些都必定能被发现是隐含在要加以确定的属性的清晰概念中的。布里奇曼①曾非常适宜和有力地指出了这一事实，虽然皮尔斯之前就更简洁地这样说到

---

① Percy Williams Bridgman（1882~1961），美国物理学家。

第三部分　伦理学与美学

过："试考虑，我们设想我们的概念的对象会有什么样一些可能具有实践关联的效果。那么，我们关于这些效果的概念就是我们这一对象的全部概念。"① 或者用布里奇曼的话（我认为带有一些关键的补充）来讲，任何物理属性的概念都是特定的操作的概念，其实施所带来的可以观察的结果被接受为所讨论的对象的属性的证明。如果一物体被放在秤上，我们看到指针指到 10 的位置，那么这一物体就是 10 磅重。当它是摆在地板上，或是浮在水中，而且如果它从来没有被置于任何秤盘上，它的重量还是这么多——它具有被如此测定的同样的客观属性。常识的属性概念是与常识的检测"相关的"；科学的概念则是与被规定的和标准的条件相关。但是理论上不能检测的就根本不是什么属性，任何对它们进行的归与都是扯淡。所有属性都是会在可指定的条件下产生特定结果的潜能。就其可以产生其预期的结果而言，潜能是存在于对象中的。我们把可溶解性归与盐而盐并不是正在溶解，或者把美归与米洛斯的维纳斯而并没有谁在看着它，或是把实用性归与某人的剃刀而他并未在剃须。与此相比，对事物的潜能的归与并没有本质的不同。

但是人们会说，至少客观属性是这样的，就是在进行试验和观察的那些人之间有一致性；而价值则不能通过这种客观性检验。如果时间允许，首先我将试着说明，对于客观性来说，一致性不是必要的，而且客观性也没有隐含这种一致性。其次，大多数如此容易假设的一致性事实上都是假造的。但是在剩下的一点时间里我恐怕连其中的一点也说不清楚了。我认为去观察试验中事态的实际的一致或接近的近似也许可以更清楚地说明这些看似科学的却仅仅是肤浅表面的事情。它们主要是一些精心设计的社会装置，用以保护这样一些报告，即使对所讨论的事物的属性不同的人有非常不同的经验，它们也可以弄得相互一致起来。

重量再一次可以当作一个好的例子。历史上最早的重量测量无疑是把

---

① 参见 Charles S. Pierce. *Chance, Love, and Logic* (New York, 1923), p. 45.

东西提起来或是看在你的劲头用完之前你可以提着它走多远。那个时候，个体的不同就是尺度。但是，甚至在有秤之前，大概也没有人愚蠢到把所体验到的重量的相对性归与所提的物体。经过深思熟虑的盘算，我们通过使用秤量重量的仪器来避免借举起物体判断重量的相对性。如此使用的妙计对于"精确的"测量变得很普通了。不是通过甲的、乙的、丙的经验来检验事物的属性，而是通过尽可能少受观察者影响的标准程序用标准的工具来进行测试。在你的设备上安装一个有数字刻度的表盘并配上一根指针，这样，如果观察者没有报告同样的数值，就把指针做得更长一些，把刻度的间隔做得更宽一些，直到他们得出相同的数值。这些是极其有用的社会设备，通过消除众多不同的意见来进行社会的协作。要尽一切可能在公众的旨趣方面坚持这样的做法。但是，每个人必须了解他自己的敏感性的系数以及他自己的疲劳点，并把这种人为设计的一致性转换成指针读数所标志的对其个人经验的特殊的意义上来。两磅牛排本来并不意味着什么，但是它可以转换为半天的工资，这就与收入相关，或者转换为餐桌上的肉食，这就与孩子们对于牛排的胃口有关。

然而，说到价值问题，我们虽有测量其一致性的设备——比如，作为经济价值尺度的边际效用，但我们对与机器或习俗相关的间接决定的兴趣相对较小，因为我们对依据个人经验来评价的事物的变化多样的表现形式更感兴趣。换言之，我们对一般意义上的价值较少兴趣，而对高度特殊的测试和判断方法更有兴趣。

价值判断的两种最重要的一般模式是对于个人的价值和对于社会的价值或是对于共同体的价值——最终可能是对于整个人类的价值。

对我来说，价值的确定就是对在我的生活中有助于善的实现的事物之潜能的评价；并且只有当我获得了对这类事物的客观的和正确的判断之后，才有这样的可能性：即我能够做某些事情使生活更好。而如果我没有做出那种判断并且采纳那种行动方式代替某些随便的选择，则不能使生活更好。一个人对于某个所考虑的对象做出如此判断，也就意味着，如果他

第三部分 伦理学与美学

以这种或那种涉及或参照这个对象的方式去行事，那么他就会从中得到某些满足或者得不到某些满足。而且一个人如此判断的是一个绝对的事实，因为如果他错了他肯定会发现并对他的判断进行检验。

与人们相关的价值判断的正确性也不是就限定在它对于这样的第一人称判断的重要性之上。如果我们希望对别人做出任何有益或有害的举动，我们必须找到关键性的经验事实——什么样的东西放进他的汤中将满足他的需要并给他以营养，什么样的东西会使他生病。即使我们是一贯的自我主义者，如果我们希望生活得幸福，我们必然要对他人的价值给予关注，因为人们普遍不能像别人对待我们那样对待别人。

社会价值判断显然代表两件事情：（1）试图找到一个具有一致性的评价的核心，以及（2）获得关于所讨论的事物对整个群体是造成了有价值的影响还是造成了无价值的影响的完整评价。只要稍加关注便可发现，存在着一些颇不同的模式，人们可以用它们去指导这种整合的尝试并确定社会价值。这一主题与伦理学的关系尤其密切，其原因在于，例如，在像康德这样的原则伦理学（ethics of principle）和像密尔这样的后果伦理学（ethics of consequence）之间的差别，恰好就取决于如下这个问题：什么样的社会评价模式被用来决定一个道德上正直的人应该做什么。在这一问题上，康德正确地看待了他自己的观点。它为对事物的理想状态的个人信念留下了空间，然而，为最大多数人的最大幸福却没有留下什么东西——除了那种反映出我们不可避免的无知和愚蠢的不确定性。

（方　刚　译　李国山　校）

伦理学理论的转折点[*]
(1954)

我认为,伦理学有三个主要概念:善(the good)、正当(the right)和正义(the just)。任何一种特定的伦理学理论在相当程度上,如果不是说全部的话,就取决于对这三个概念的分析以及构想它们彼此之间关系的方式。

正义(justice)在此显然是一个派生的概念。正义的东西就是对他人而言是正当的东西——亦即从我们的社会关系来看是正当的东西。善和正当,它们中的每一个都有着比正义更为广泛的应用。正当就是指正确的、得到辩护的、有效的、非如此不可的事情。正当与非正当的区分遍布人们的种种决定和审慎的行为中。它运用于我们所有的思想和推断之中,就像有效和无效结论之间的区分以及得到辩护的信念与错误的或者虚妄的信念之间的区分一样。它运用于指向任一种目标或任一类目标的行动,运用于艺术创作活动,运用于任何一种技术活动模式,以及运用于这样的行动和决定:做出这些行动和决定,就像去吃一顿早餐或挑选一双舒适的鞋子那样,无需对他人负任何责任。于是,相应地,就存在着逻辑上的正确的或者错误的,认知上有效的或者无效的,得到审慎辩护的或者未得到辩护的,正如存在着审美的正当、政治的正当、算术上的正确解答、正确投资的选择,以及结交朋友和影响他人的正当方式一样。总之,"正当"包含

---

[*] 选自 *Collected Papers of Clarence Irving Lewis*, edited by John D. Goheen and John L. Mothershead, Stanford University Press, 1970.

第三部分 伦理学与美学

着做出评价。

善和恶同样有着广泛的运用,其范围超出了那些涉及我们与他人关系的领域之外,从而也是正义的或非正义的。善与所有令人高兴的或令人满意的,或者会给人带来满意的种种事物有关,因而总是吸引人的和被人们合理地期望的。尽管正义的概念显然是派生性的,但它在伦理学中却占据了如此显要的一个位置,其原因有二:首先,因为它看起来要求某种在其他类型的正当行为的情况下所不需要的特殊原则,以涵盖指向他人的正当行为;其次,因为在伦理学界有如此众多的思想家对此大书特书,似乎道德上的正当与非正当只是一件关乎我们对他人的责任的事情。

让我们假设关于正义的问题是种种道德难题中最为紧要的问题,任何一种伦理学理论都必须对之做出回答,而对这个问题的回答就是该伦理学最为重要的特征。但是,这难道是关于道德的惟一问题吗?比如说,难道只有审慎的问题才是伦理学问题吗?以及难道伦理学要做的就是得出关于审慎的原则吗?如果你回答:"是",你就得罪了康德的追随者们;如果你回答:"否",你就冒犯了边沁和功利主义者。在今天这个时代里显得不同寻常的是:关于伦理学的边界在哪里以及伦理学的研究主题是什么的问题,从未有过一个清晰而共同的理解。

我并不认为我们如何划分我们的种种难题是一件重要的事——尽管我认为如果发生下述情况就应该认作一种不同寻常的缺乏,那就是:不努力对正当和非正当行为进行一般的、超出正义与非正义范围之外的系统研究。我确实主张,关于生活行为以及这类行为正当与否的问题是非常需要加以研究的,而事实上没有谁会不关心这件事。而且,这个范围内的所有问题都与道德感有关,因为所有事关生活方式和行为举止的抉择都与对什么是正当的或非正当的看法有关。如果伦理学被限定在仅仅关心何为正义上,那么关于正当和非正当行为的更大领域也许该被称为"实践哲学",而伦理学将仅仅是其中的一个分支。

我将进一步关注伦理学在试图找到对关于正义的主要问题的任何清晰的、可理解的并被一致接受的回答时所遇到的麻烦,这个问题就是:"我有义务在行动中同等地考虑我个人的与他人的利益吗？如果是，为什么？"造成这个困难的原因会不会在于它忽视了这么一个事实呢：和他人有关的正当和非正当仅仅是诸多正当和非正当中的一种？而如果那个关于正义命令被当作是特有的、没有任何平行物的话，我们是不是不大会发现这一命令的根源？如果正义和非正义只是普遍的正当或非正当行为的一个种类的话，那么很可能关于正义的命令就仅仅成了更为普遍意义上的命令中的一种模式或一种运用；在这种情况下，这也就不足为怪了：如果我们等到关于同他人有关的正当行动的这个特殊问题出现在眼前时，才提出关于行动的命令的有效性这个问题，我们随后发现对此能说的东西将会被证明已是太少和太迟了。

我想指出，从理论理解的角度来看，对正义问题的这种探究是充满希望的，其最好的切入角度是对如下的广泛主题进行审查：一般性的正当和非正当、一般性的命令、有效性原则以及对其整个范围的评价。这一般是照着规范去做的。然而很显然，我在此连勾勒出如此庞大的计划都不可能。我只能零星地涉及它，希望能够指明那些特别重要又可简明叙述的论点。

"正当"和它的反义词"非正当"关涉到行动——任何决定了去做的、可加以评价的、行为者可被要求或主动为它辩护的行为——的某个属性或特征。"正当"和"非正当"这样一些术语，通过表征语言的普遍用法的转喻，被扩展用于任何与行为中的正当与非正当有关的事物上。然而它首要的和最初的意思——从中能得出更多含义的——是这么一个意思：它的适用范围是被限制在行动领域中的，而且这些行动是经过深思熟虑的或可以修正过的。

我这里希望在上述意义上使用"行动"和"行为"这些词，把它们的用法限制在那些经过了抉择的举动上，而排除那些不可修正的行为和甚至是未经考虑的行为，除非非考虑到不可。这是比通行的用法更为狭隘的含义，但在伦理学上更常用，因为它把行动限定在"举止"的意义上。另一方面，无论如何，我将超出常规更宽泛地使用"行动"和"活动"

这些术语，而通常将这些术语扩展到包括决定本身。决定不仅仅是任何有意识行动的本质，决定自身就是一个积极活动，受到批评性评价的支配并要求辩护。事实上，虽说一个自然的举动与有意识地去做不是同等的事情，然而任何一个自然的举动之所以是正当的或是非正当的，事实上就在于它是被决定去做的，而那个决定是正当的或非正当的。决定的正当性和非正当性于是就成为一般的正当性和错误性的根源。所有决定都是正当的或非正当的，除非是伴随着一个正当或错误的决定而来的，否则任何事物都不可能是正当的或非正当的。而所有的决定之所以是正当的或非正当的、合理的或不合理的，是因为所有的决定都是受到某个命令的支配的。遵守命令，那就是正当的；而与之相违背，那就是非正当的。

我确信，有这么一些人可能不会承认这个事实，因为按照习惯的思维，他们把"命令"这个词仅仅与对他人的责任感联系起来。我在此只能非常简单地指出：还存在着除正义的命令以外的其他命令，而它们更为常见。

比如，存在着针对推理正当性的命令——就是关于我们的思想必须前后一致的命令，因此当我们发现有不一致时或者如果我们拒绝一个我们已经接受了其前提的结论时，我们不得不叫道："说得有理！"在当前这个时代，通常会把逻辑原则当作是表达了某类事实的，而不是当作规范性的规则，对这些规则的遵守乃是指导我们的思想行为的得到公认的命令。但是，几乎无法否认，这些逻辑原则是有这种规范作用的，并决定着所得结论中什么是得到辩护的，什么是未得到辩护的。后面我还要回到被认为由逻辑表达的这类事实上。

同样，一般意义上的相信和不相信，也有它们的命令。让我们顺便提醒自己：被称作认知活动的很大一部分仅仅是根据证据给予肯定。如此迫使我们做出关于信念的决定是很常见的。于是存在着许多我们想要去相信却被迫要去怀疑的事情。同样我们时常会后悔地说："我必须把它作为事实接受下来。"如果有人能容忍这种命令的形式，那么他们就是能习惯性地顺从它的人，因为在他们看来，它代表着一种心灵倾向与职业性的自律，而任何一种痴心妄想他们几乎都自动地放弃了。

审慎的行为也有自己的命令。无论审慎的原则是被包含在伦理学之内还是被排斥在伦理学之外，至少有一点是肯定的，它们关涉到一个不同于社会正义问题的问题。如果说审慎与偏好更为接近的话，那么至少我们从对儿童的观察中可以看出，理智的决定和行动既非自动的，也不是从偏好中产生的；我们中的任何一个人只要曾经为了我们最大的益处一再推迟一项任务，就会发现审慎正如同命令一样在发挥作用。事实上，审慎的人在依然坚持一般的命令并不能被等同于社会义务的同时，又为在偏好和任何意义上的命令之间做出区分提供了一个特别有用的例子。

但是，在进一步探究这个问题之前，可以先简要地考察一下善的或有价值的这个概念，它是伦理学理论的第三要素。好和坏，以及其他的价值术语，都属于那些最为模糊不清的术语之列——在这一点上，无论哪种语言都是一样的。它们之所以会如此，并不是出于反常或者我们的粗心，而是因为需要我们去做出评价的事物的极端多样性。然而，在如下两种不同的善之间却存在一种严重危害伦理学理论的模糊性：一种是代表着作为命令的某种目标的善，另一种是给人以愉悦或满足的善。许多——也许是大多数——伦理学理论都试图把其中的一者还原为另一者。比如，享乐主义者就试图从给人以愉悦的善中推衍出作为命令的善。如果他们像社会功利主义者那样反对个人主义并认为他人的善是每个人的义务，那么，他们就根本找不到这种正义命令的基础。与此相反的理论，如康德的理论和利己主义者的理论则将作为命令式的目标的善视为首要的，并试图通过对正当生活的至极幸福的颂扬和鼓吹来提供令人愉悦的善。我要停下来向他们脱帽致敬，但是我并不认为他们的观点能证明一个人就无法不绕弯子地获得快乐。还有另外一些伦理学理论，尽管没有犯其中任何一种简单还原主义的错误，但却错得更厉害：他们教条主义地坚持上述两种意义上的一种必定是善的真义，而且还以教训式的态度谈论他们择定的善，以贬抑的态度谈论另一种意义上的善，并以此沾沾自喜。我在此希望既不做一个简单的还原论者，也不要做一个教条主义者，但是我认为对于伦理学的清晰性来

第三部分　伦理学与美学

说，区分开这两种含义是至关重要的。并且它们中的一个已经有了它自己的专名，即"命令"。因此，我希望，在仅仅为了清晰性的目标而又对正当生活的优越性不存在偏见的情况下，冷静而清楚地区分开这两个不同的概念，并且这里只是把善的或有价值的东西看作就是生活中的满足或者看作是有助于这种满足的东西。我在别的地方已经谈到过这个问题，为了简洁起见，请允许我在这里不加论证或讨论就做出一个小结。

很显然，人类生活中的善和恶的重要性远远超出了我们有意做出的决定和行动的范围，也超出了用来回应命令的东西的范围，而仅仅在于这么一个事实，即人像其他动物一样，经历着快乐和痛苦。道德和正当的重要性都依赖于此，尽管并非与之完全一致。如果生命不受任何快乐或苦痛、高兴或悲伤的影响的话，那么也就没有一个人或动物会感到某一行为而非另外一行为是必须做出的了。行动的第一促动力在于这样的事实：生理性的举动本身感受到了好；第二个促动力在于随即感受到的欢乐或者痛苦的消除。人与动物的一个主要的不同（尽管只是程度上的）是人学会了去认识那些伴随着他们的行动有可能带来的更长远的痛苦和欢乐。他们在行为上的深思熟虑一般来说就源自这个特性或能力。

直接的善是在经验中被直接感受到的种种满足的特性。直接的恶是经验中我们所不喜欢的那种特性。当被讨论的经验是直接的时，这些好与坏的特性仅仅是被经验到的而并不需要去评判。当这个被讨论的经验是一种被预期的——也许作为行动的后果——或者仅仅被看作是有可能的时，它们的这些价值特性也就同样是被预期了的或做出评价了的。

任何别的被称为好的或坏的东西之所以被如此称谓，意思是说，它们有助于这些直接的好或直接的坏。其他所有有价值的和无价值的事物，作为工具性的（就该词的广义而言）东西而有其价值。对象和事态的所有价值和无价值都是这种工具性的好和坏。对象的这些派生价值都不得不借以得到评价的那些从属的模式是非常多样化的。

但是，还存在着善和恶的另外一种意义，正是在这种意义上这两个术语可运用于经验自身。一种生活总体上就是一个直接性的连续体，而它在总体可能被看作是好的或者被看作是不好的。一种生活在总体上被看作是好的，仅当过这种生活的人发现它是好的。它的任何别的、外在的标准，要么，是把它作为他人的善或社会福利的工具加以评价，要么，它就代表着进行评价人的某种奇特的假定。从总体上评价可能是他的某种可能的生活的价值，乃是我们每个人都要服从的不可避免的且给人深刻印象的必然性。（顺便提及，一个人发觉没有什么命令，既然这样——那么，我希望自己永远不要与他争论。我想用"命令"一词所能表明的，恐怕已在他的理解力之外了）我也许会把这种附系于生活总体的价值视作其最终的善的特性。与此相关，直接经验的特殊过程也许会被要求做出再评价。直接的满足也许就是从中导引出来的，而直接的匮乏或许也可以归结其中。但是在任何情况下，生活最终的善或恶并不等于直接好的总和减去暂时坏的总和，也不是任何一段时间里某种强度的产物。这样一种对算术的不当热情是太天真了些。生命（生活）是一座时间性的格式塔，作为一个结构体自有它最终的价值，而并不是银行式的收支平衡。生活的善不是数量的叠加，而是一种完满。

正如每个人都过着自己的生活，价值也是相对于个人而言的。也就是说，什么是善是针对着这样一些或那样一些人而言的；对于甲而言是善的，也许对乙而言是恶的——而这与他的主观意愿或倾向无关。存在着一种社会的善，正如同存在着社会的判断：亦即从代理式的社会观点来看的个人判断，或者个人判断的某种一致。社会的善是对个体的善和恶做出某种校正的结果，把握它的适当的方法是伦理学的一个最为关键的问题，但在此我必须略而不论。任何关于人性的绝对的善在相当程度上只是一种言词的象征说法。正如赫伯特·斯宾塞所观察到的那样，人性并无核心意识。把社会比做有机体是一种引申，并且给人留下深刻印象，但那只是类比，并不是真相。人性的善只是一个集合性的事实，尽管就其是集合性的而言它确实是一个事实。然而是什么促成了它，或者它可能是由何种行为造成的，或者它可能由何种事件的客观因素导致的，则是另一个事实，尽管是一种很难做出评估的事实。

第三部分 伦理学与美学

总而言之，我们可以得出这样的结论：所有的善和恶都是经验的事实，而那些并非是直接的而必须加以评价的善和恶则必须在经验基础上加以评价，也只能如此来评价。价值学是一门经验的科学，但它是新近才兴起的（尽管对它的兴趣由来已久），所以尚未真正达到科学阶段。我们所有人一生都在对生活的价值做出评价，而也许我们做出了很好的猜测，以至于怀疑如此算来算去有什么用。

我业已指出，没有价值就不会有命令。但是，如果我们试图直接从价值中推导出命令，我们就肯定会忽略掉它的与众不同的特点。命令就是命令，无论我们是否喜欢它。但我也已指出，我们不可能通过依赖于那种强迫我们自己去尊重他人的善的特殊命令来轻易地看到它的性质。

倒不如说，我们对命令的感知仅仅是我们对事实的感知——但不是作为直接性的事实。当我用批判性的眼光打量我们自己的好生活时，我使用过关于严肃判断的例子。正是这同样一种命令——甚至连休谟也承认——促使我们实际采取行动，仿佛我们的认知领悟表达了这样一个真实的客观世界，在其中我们可以根据过去的经验做出关于未来的预测，无论我们是否在理论上对这个实际态度的前提予以过思考。如果一个人做了某个投资或找了某份工作，或者为这个职业而学习或者在某个年龄结婚，那么，什么事将会发生这个事实和它们是不是可以带来美好的生活这一事实，是两件不同的事情。我们一旦做出决定之后接着带来的后果是不在我们的掌握之中的。即使我们能预见未来，我们也还是会犯很可笑的错误，弄不清我们所预言并一直相信的东西会有什么样的价值特性。沉溺于当下的倾向和未经反省的情绪冲动，正是我们要避免的。如果你愿意的话，可以把这看成一个审慎的判断，尽管你会说"审慎"对于负责任的态度来说是一个贫乏的词汇。我同意并赞赏这个观点。我们的目标是把未来的事实如其将来发生时那样加以尊重：按它将会被经验到的那种样子去鉴赏它、理解它，而不是像现在这样试图用想像的方式去表达它——亦即一厢情愿或浪漫地给它加上色彩。在此，有两种事实值得我们尊重：作为对行动的当下选择所造成的自然后果的原因—结果事实，以及关于这些后果作为未来生活中的令人满意或不令人满意的因素的价值事实。从这两个观点来看，在我们必须做出决定时，我们仅有的线索就是某种直接陈述的方式。但是我们在控制我们的决定时，不应根据这种陈述的直接特性，而应根据它所表达的东西的特征。注意到这种命令就将是根据我们直接表达出的客观实在来做出决定和付诸行动，而不是仅凭当下感觉的提示去做决定和行动。

从心理学的角度看，我觉得，命令的根源是很简单的。赫伯特·斯宾塞曾把它视作复杂的表象情感对简单的呈现情感的统辖。但是，我认为在这里的"表象情感"是一个不恰当的用语。一个更合适些的名称是我们已经知道的。将直接情感归于客观事实——在这种情况下，是归于我们的行动所影响到的东西——这乃是理性的本质。但是我认为，我们知道当明天牙齿要被拔掉时的感觉是什么并不是一种我们现在凭以感受到我们所预言的东西的精神上的痉挛，而带着对那个被呈现的实在性的性质的充分尊重去行动，几乎不会受到某个当下表象经验的当下力量的控制。

这便是——正如我们通常认识到的——人与动物之间的差别。动物们面向未来而行动，并适应性地趋近未来事实。然而我们却假定，它们这样做只需要一种本能，这种本能的此刻被感觉到的情感力量超过了任何一种当下的相反倾向。人类则不会受到此刻感觉到的领悟性情感的推动或阻碍，但却会在做出决定的时候受到指向客观性的命令感的推动或阻碍。因此之故，我将把这种命令描述为人类经验中一种被感觉到的要素，而它的原则仅仅是客观性的原则：尊重现实，这些现实是按它们客观上是什么被领悟的，而无需参照你的主观感受，无需依据使你领悟到它们的那种直接感觉的特性和强度。换言之，要理性，不要感情用事。要服从你的理智完整性的支配，而不要听从你的未加审查的情感的指挥。我希望你们能注意到，把上述原则当作一般的正确决定以及最宽泛意义上的道德行为的基本原则，正是与关于道德的情感理论截然对立的。

与此相关，这种观点还把它自身与如下这种认知概念联系了起来：它不把关于事实的直陈式陈述与劝告、说服和建议对立起来，而是指向在每一个事实陈述与相应的行动命令之间存在着的本质联系。但是，与我们中

第三部分 伦理学与美学

的某个人向另一个人下达的命令或者诱使对方去做我们所希望的事情的说服工作不同，这些行动命令要诉诸于对方的人格完整性并依据它向他提出劝告，但并不去侵害这种完整性或者侵害他做出决定和行动的自由。

我在别处阐述过这种实用主义的思想：每个关于客观事实的简单的直言陈述（分析的陈述除外）都与一系列关于可能行动的结果的假言陈述相关联或者可被其所解释。这只炉子是热的这个陈述意味着：如果你碰到炉子你就会被烧着。因此，告知这一事实的直言陈述同样也告知："如果你不想被烧着，那么就不要去碰炉子。"但是，由关于事实的简单陈述"炉子是热的"所传达的这一假言命令不是一个出自说话者的希望或意愿的，并且被提供给听者的命令。如果有不正常的傻瓜回应说："炉子是热的，如果我碰它我就会被烧到。那又如何？"我们很自然地就会回答："你可以去做一切你想做的事，但不要说我没有警告过你。"这个假言命令的要求来自于事实本身，即排除了如果碰到炉子不会被烫着的可能性。我们仅仅是把它加以告知，而这个有关行动的建议是针对对方的理性而发出的。"不要碰这个炉子！"作为一个绝对命令，乃是他面对客观事实发出的出于自身理智和意愿的审慎命令，否则便没有什么命令。

如果接下来问到这样的问题："客观原则的命令性在哪里？命令为什么要尊重客观事实而不受直接情感的支配？"那么，答案是："这一命令面对着客观事实，存在于你的自然本性中，否则，对于你而言，就没有什么命令。但是如果你在关于事实的言说中找不到命令的话，那么我们就一定不会再关心你——除了我们也许会同情那些我们不能把他们当作同伴来对待的可怜的笨蛋，或者认为有责任保护我们自己免受他们所作所为的伤害。"

这里所选择的是这样一个例子，在这里，关于正确行为的隐含命令仅仅是审慎的，或者，在我们看来仅仅是审慎的。但一个小孩子看到那个发光的炉子，感到很想去碰它，并这样做了，受伤害只是他自己。而与此类似的情况还有粗心的成人，或者患有强迫性自我施虐病的病态心理的人们。但是让我们指出，这个细小的例子要说明的就是关于善的生活的命令。那种为当下需求牺牲将来的善的倾向,尤其是当那个预期的将来很遥远时,是很常见的,而违背客观性原则的情况也很常见。这种命令要求你多多留意关于你将来真正的乐事和不幸的客观事实,不要因为做了能即刻满足你的事而去损害它们——不要为了一锅燕麦粥而牺牲了你生来就有的权利。这并不像我们所举的例子那样看起来显得微不足道,但是道理是一样的。这里我们也要指出,如果那个考虑到总体上的好的生活的命令的有效性受到以下蠢人所说的"如果我这么做了,损害了从现在开始今后10年的我的利益的话,那又如何?"之类问题的挑战的话,那么真是无话可说了。而如果他的当下的需求也影响到了我们自己的利益的话,那么除了尽可能地保护我们自己以外,就没有别的什么好做的了。

这是我们人类天性中一个共同的失误,那就是不能全方位地看到或感受到遥远的和将来的利益——就好比,一再拖延学习直到考试前一周。正是由于这类事实,作为审慎和善之生活的准则的客观性原则才有了作为一个命令的重要地位。但是它是一个必须自我加与的准则,而且它的有效性也是必须被自我认可的,否则的话,它就什么也不是。

当所讨论的正当性乃是正当信念的正当性时,情况也是一样。在那里,客观性准则很明显:相信你所经验到的客观事实,不要受你的简单的表达性情感、你的情绪,或者你想要去那样想的东西的支配。爱打如意算盘是人类的又一弱点。就此而言,关于正确决定的明显原则就有了作为一个命令的地位:相信那些被证明是真实的东西,或者,将你的经过客观确定的概率衡量过后的信任进一步拓展。

附带地说,从理论上看,这一原则在某种程度上比表面上看起来还要重要。正如你们中的一些人将会发现的,把一个根据给定的数据而得的客观概率作为一种客观事实表达出来是极端困难的。我认为,可以通过记住一个客观概率就是对正当行为的一个建议来解决这一难题。"在给定的前提下,X 的概率是 0.8"给出这样的劝告:"如果 X 在 10 种情况下发生 8 次,有 2 次没有发生,那么就照你的意愿去行动吧。"比如,如果事故的概率 X 是 0.07,即如果它发生你受损失的概率小于百分之七,而你又

第三部分 伦理学与美学

可以就这一事故投保，那么正当的决定就是参加这项保险。我认为这就是什么是概率这一难题的答案，亦即一个关于正当行为的、不确定的劝告。而且，如果我们确信，大多数的信念不过是或然的，那么这个关于正当相信的准则也就很重要了。

我将进一步指出，逻辑的正当性除了这个自我加与的关于客观原则的命令之外再也没有别的基础了。现在几乎没有时间对这个问题详加讨论。然而，主要的事实也许是清楚的。如果要问"为什么要符合逻辑？"这个问题，很难拿它当真。而如果我们试图认真对待这个问题的话，我们可能会倾向于去寻找一个审慎的认可：不遵守逻辑就很可能遇到各种各样的麻烦。但事实上，我们对于作为命令的推理的正当感不大可能局限这样一些情况，而是随着推理的意图的扩展而扩展。而且，尽管在推理中有意而为的反常相当罕见，但在推理过程中的疏忽大意却并非如此。在诸位面前，我就不需要强调这样的正当性是一个自我加与的命令，以及在缺乏这种命令或者命令并未得到回应的地方，除了从我们中间驱逐出不守规矩者以外，就没有什么好做的了。再进一步说，逻辑的正当性是一个关于行动的建议：保持前后一致；你不能在吃掉了你的馅饼之后还拥有它。

关于理性态度的忠告乃是逻辑命题的实质。逻辑原则作为规则而具有意义，但是作为事实陈述，它们并没有传达出关于任何对象或事态的信息。它们告诫我们坚持已考虑过的意义和已接受下的前提，但是，除了我们至少已隐含地知道了的东西以外，它们并没有告诉我们任何别的东西。

但是，独特的伦理命令（亦即正义的命令）又如何呢？我认为我们并不需要在任何一处理论的死角里去寻找它；对它的主要考虑都是明明白白的。其他人的欢乐和悲伤和你自己的一样真实和强烈。把它们当作客观实在加以尊重，不要听凭任何略微感觉到的、直接的同情感，而它们正是用这种同情感来折磨我们的。当然，涉及利己主义与利他主义的对立的问题，还要考虑得更多。但时间太短了，来不及讨论它。如果要找的就是关于正义的命令，那么它就在客观性原则中，在涉及影响他人的决定和行动的问题的应用中。而一个人如果对此作为一个有效的命令毫无感觉的话，那么也许除了把他当作一个我们不能在共同体内予以接纳的和作为一个同胞来对待的人而驱逐出去之外,对我们这些剩下的人来说就没有什么好做的了。

然而,如果说这个概念显得有些缺陷的,当遭遇到当前形形色色的犬儒主义的时候,就仅仅固守着一种独断的信条,那么,我认为这里存在着一种用于回击对手的论证,尽管我们应该首先注意到我们在论证如此带根本性的问题时会遭遇的一个困境。正如我曾试图表明的,这里的问题涉及一般的命令,而各种基本命令——最后,这个客观性原则本身——必须是绝对的,否则根本就是无效的。但是康德在绝对命令和假言命令之间所做的区分却让我们感到迷惑;二者的区分并不是在那些道德的命令和那些要求一个技术支持的命令之间的区分。相反,这个区分是在最终的、普遍的、运用于所有情况的原则和它们在特殊事例中的运用之间做出的。任何一个这样的一般命令都不意味着在任何特殊情况下的关于正当性的一个直接的和无条件的准则,这需要其他一些表达该情形的独特性的前提。绝没有任何一个具体的行动在任何和所有情况下都会是正当的。甚至有这样一些时刻,你应该屏住呼吸而不是进行正常的呼吸。相应地,在任何特殊情况下,在被充分表述时,关于正当的命令都是假设性的——尽管我们也不要忽略这个平常的事实:当关于它的假设被满足的时候,一个假言命令就变成了一个无条件的命令。

接下来,我们来看一下使基本的绝对命令生效这一要求的极端重要性。它要求人们在没有逻辑的前提,也不遵守相关的推理规则的情况下去使作为推理的有效知道的逻辑原则生效;在没有关于被相信的先在真理的事先承认或者关于尊重被确证的事实的任何承诺的情况下,去使关于相信真理的准则有效。它要求人们在反对者彻底否认任何事物的真正和基本的正当性的同时去表明一个行动原则是正当的。

然而,存在着这么一种论证,我认为可以拿它来应对任何一个犬儒主义者——这一论证只是让人们注意到如下这个事实:所谓的道德命令并不是可以单独成立的,而只能通过彻底放弃行动的正当性才可能成功地对它

第三部分 伦理学与美学

们发起挑战。

时间很有限，我必须做到简单明了，但是让我提出这个论证。它是一个归谬论证（reductio ad absurdum），也是一个以待决之问题为论据的窃取论点（petitio principii）——正像任何逻辑都必须是的那样。但是我认为，要否定其力量需要一个坚强的心灵。

试考虑这样一个人的立场：他说不存在关于正当行动的命令，并且通过暗示承认每当他感觉喜欢它的时候或者它符合他的目的的时候，他都撒了谎或说了他想要说的。但是这个已被承认的病态的说谎者试图进入到我们认真的讨论中来，他希望我们感受到他的逻辑的力量从而去相信他所论证的结论。他所说的，正如艾比门尼德（Epimenides）说的，也许并不是自相矛盾的。但是当一个被承认的克里特岛人说："所有的克里特岛人都是说谎者"时，他所做的陈述也许对一半的听众来说是真的。但是一个克里特岛人说出这句话时的断定行为却败坏了他凭据说出了它而获得的任何可信度。事实上艾比门尼德只是想开一个小小的玩笑。其中的矛盾在于这个断定行为本身是自身不一致的，也许可以称之为实用性的，而不是严格地逻辑性的。

这个寓意是显而易见的。一个论证不存在任何约束性的行动命令的人是想做出一个断言，但却败坏了他所说的任何事情的任何可能的严肃意义。如果我们告诉他我们并没有感到有什么好笑的，或者我们相互这么说："那是个什么噪音？让我们找到它并让它停下来"，那么他就可以被很好地回击了。如果说我们应暂且假定他说出了关于他自己所处情形的真相，那么我们一定可以发现他无法妨碍我们认真而负责地寻找真理。而且否认所有命令的人——如果这种否认是真诚的话——是无法与之理论的。他只能被一根大棒所说服，因为那样可能会改变他的情感。当诉诸理性没有效果的时候，力量是惟一的仲裁者。

（方　刚　译　　李国山　校）

价 值 和 事 实
(1969)

　　这里的论题是以价值及其和事实的关系为对象。事实是什么？这个问题大概是人所共知的。不过，鉴于"事实"有常见的歧义，简短地考察"事实"一词意指什么，也许是适当的。

　　我认为一种事实是使有些真的命题成为真的东西。因为每个真的命题总有其相应的事实，同时每种事实是为真的命题所表达的。一种事实是那些被称为所发生的事情的东西。事情的存在是不依赖于有人提到它和有人正确地或错误地了解它的。但是，它必须为命题所能申述，这是为其本性所规定的。在这种意义之下，一种事实是和一种客体或一种事件有区别的。客体存在，而任何被提到的客体存在或不存在是一种事实。但是，客体本身则不是一种事实。因此，说一种事实存在或不存在是坏的文法。相似的，事件不是事实。一种事件只能发生或偶然地发生，或者一种被谈起的事件也许根本没有这回事。一种事件发生或没有发生是一种事实，但是，事实不能说发生或不能发生。如果说，一种客体或事件是一种事实，这就是说，客体存在或者事件发生，没有其他的意思。

　　如果认识是真实的，而这样了解的事物的陈述就会成为真实的陈述，在这种意义之下，任何认识的事物都是一种事实。如果我们容许这个一般的假设，那么说任何事物被认识了就意味着这样被认识的事物是一种事

---

* 选自 *Values and Imperatives*，1969。

第三部分 伦理学与美学

实：因为常识要求任何称为知识的认识要有其真实性。但是，按此可以看到，如按照其他用合理方式掌握的知识可以看到那样，说一种客体或一种事件的存在之被认识，严格地说，是坏的文法，尽管语法通常允许这样做。我们必须把这种说法看作习惯的说话姿态或者简便的略语，是要断言被认识的客体的存在或者断言被认识的事件的发生，更常见的是要断言有些事实之被认识，是和一种存在的客体以及一种发生的事件有关联的。任何存在的客体和发生的事件具有一定的特性和性质，没有其他的特性和性质。一种存在的客体或一种发生的事件有或没有一定的性质和特性，也是一种事实。但是，性质如同客体或事件那样，不是一种事实。如果我们说，一种性质是事实，这就是说，它是一个实例——有些事物有这种性质，或者一种特殊事物有这种性质。

在客体和事件的特性中间有它们的存在或发生的时间和空间。客体和事件两者都有其时空界限。但是，一切事实则无时日和场所；事实一旦成为事实，则永远是事实，事实在某个地方是事实，则在其他地方也是事实。严格地说，将时间或空间加诸事实是坏的文法，尽管时间和空间是构成事实的因素。

谈到客体、事件、性质和事实时，不得不碰到一种需要，即必须肯定错误地思想和做出错误的、但不是无意思的陈述的可能性。用正确的文法说到不存在的客体、没有发生的事件、没有出现的性质以及将事物没有的性质加诸事物这样一些可能性，是同样必须肯定的。如果我们关于指定的客体、涉及的事件、谈到的性质以及凡被看作存在的事态的东西都承认一种重要的现实或非现实的两分法，那么这整个事情都可能被掩盖起来。但是，我们并不因而避免语言上的矛盾，即没有非现实的实体。用普通的语言来说，"是一个X"意味着"是一个现实的X"，"是一种事实"意味着"是一种现实的事实"。但是，没有理论上的曲折性能够避免下列情况，即非现实的实体之被思想以及之被谈起，而且这样实体不仅仅能被谈起，还能对之做出断言——在错误的陈述之内，凡是非现实的东西，对于任何范畴来说，都是在思想上可以容许的，在思想上允许好像它真是现实的似的——这是无法避免承认的一点。如果是这样,那么有人**谈到**非事实的事实,他没有必要承认他犯了错误,他的包括这样言论的整个陈述,可能是真实的。但是,有人把不是现实的事实**陈述**为事实,则他的这个陈述就成为错误的了。关于非现实的事实之所以能够谈论和断言,这个问题剩下来的,还有这样的情况,即每种现实的事实如原来那样和不能不是那样,人们对它的认识或错误的见解是无需注意的。①

"价值"这个词如同"颜色"或"形状"这个词一样,是用以表称事物显现的性质的范畴,多数的"价值"(values)用以指点这个一般性质价值的种类或多样性,如同"颜色"用以指点一般性质颜色的种类或多样性那样。颜色的种类有一词的名称:"红"、"橙"、"黄",但是,价值种类的名称是组合的:"美的价值"、"经济的价值"等等。任何价值的种类当然可以说成是"一种价值",如同任何颜色的种类说成是"一种颜色"那样。正如任何颜色的种类是更细致的描述对象那样——有各种各样的红颜色,如深红——那么价值的种类也有其更细致的描述对象,即美的价值可能是音乐的价值或文学的价值。同样,正如任何一种颜色种类的多样性当然可以称之为一种颜色,那么任何一种价值种类的价值可以称之为一种价值。任何能辨别的颜色特性是一种颜色,任何能辨别的价值特性是一种价值。

那些有一种价值特性确定可以断定的事物有时本身被说成是"价值"。这是事物和颜色不同而和真理或或然性相同的地方。但是,我们敢断言:就价值的情况来说,这种说法是不适当的。同时,如果有人说那个有价值的事物本身就有一种价值,那么,可以原谅他说得能懂,但说得不

---

① 这个事情被轻率地掩盖起来了,然而,它是比我们上面所指出的要复杂得多,这是明显的。特别是"事实"是否应该扩展到分析命题所指的东西或限制于经验命题所指的东西,我不想提出这种限制:因为有关于意义关系的事实,而且分析命题就是表述这些事实的。

我在别处应用"事态"这个词,是用以指称这里所指的"事实",但是这就引起一部分人的误解,即他们所想的"事态"是有时间—空间的界限,我认为,甚至于经验的事实没有这样的界限。

第三部分　伦理学与美学

精确。

无论什么有一种价值的东西都有程度不同的价值，无论什么有价值的东西总比其他一些事物有或多或少的价值，正如无论什么光辉的东西总比其他一些事物有或多或少的光辉那样。这是价值不同于颜色和形状，而和光辉性与或然性相同的地方。但是，价值也有和或然性相同而和光辉性不相同的地方，即一种无价值的程度可能说是一种价值的程度，还有，就或然性的情况来说，人们应用这个词如此多种多样，以致到了最后，形成了一种语言上的混乱。但是，我们这里是在有价值或无价值意义之下来谈价值，如果为了扼要和不引起误会有其必要的话。

一个更重要的事情是关于范畴问题，或其价值能断定的实体范畴问题。我认为赋予范畴以价值根本没有什么意义可言，如果这种价值对人类像对其他动物那样所感到的愉快和痛苦的事实，对人类的经验影响他们的喜悦和悲哀，满意和厌恶的性质的事实不发生关系的话。但是，人类和其他的物类都学会认识客体和客体的性质，认识外界发生的事情及其各种性质，并把这些事情看作产生他们经验特性的因果作用。而且，"善"和"恶"以及其他价值词都可以应用到这些客观事物和它们的性质上面，这些客观事物和它们的性质是作为直接经验特性的因果关系来认识的；这种直接经验使我们感到当前的满意和善，以及当前的厌恶和恶。因此，一般的价值词和有些更特殊的价值词有两种不同的意义：（1）应用到经验的进程和表称它们直接的愉快或痛苦的经验性质；（2）应用到客观实体——客体、事件或者客体或事件的性质，以及表称这些实体的潜在性，这些实体的潜在性指导我们认识愉快和喜悦，或悲哀和痛苦的经验。说经验是使人愉快的，这是一回事；说使人愉快的客体是使人愉快的，这又是另一回事。从一方面来看，经验是变动的，客体多少是持久的，还能再影响经验；另一方面，每种经验是个人的或私有的，但客体可以影响许多人的经验。说一种使人愉快的经验是一种使人愉快的经验是一种同义反复，但是，说一种使人愉快的客体是一种使人愉快的客体则不是一种同义反复，因为它可能在不同条件之下使我们痛苦，还可能使其他的人痛苦。说客体使人愉快是说：它明显有其可能性引起那个经验它的人在经验中的愉快。或者，如果有人认为把愉快看作客体的宾词是一种含糊其辞的说法——因为我们偶尔说过，一种客体使人愉快只在当前情况之下才有使人愉快的意思，那么，我们认为这样做，最低限度给"有价值的"和一般客体的价值以歧义的机会就比较少了。

　　简单地说，经验的价值或经验内容就是在它里面见到的价值性质。一种经验是一种经验进程，一种意识到的事件或意识事件。经验是变动的，但带着性质的经验的产生是一种事实——一种给予的事实，同时对那个经验它的人来说，它是事实，而且当它产生的时候，它是一种无可怀疑的事实。这个事实是不变动的，没有事实是变动的。因此，我们直接了解的事物是事实，不过，人们可能后来忘掉了，或者错误地回忆起来。而且，在任何时候，它可能为其他的人所不认识，或做出错误的判断。大概任何由某个人所经验的直接的经验事实，后来变成不那么确实和可靠的东西，这是由于记忆所引起的。不过，某个人经验的事实对于其他的人来说，没有比或然有更多的意义。这种事实是从观察到的行为中做出的推论所确定的。但是，任何为有价值或无价值刻画的直接经验事实，始终是那样的，不会不是那样的，不管任何人可能对它的看法，是无知还是对它做出错误的判断。

　　否认一切直接显现的给予事实，坚持他们自己看法的那些人绝不会深信，他们自己是不是愉快还是痛苦，如同他们绝不会深信，他们自己所见到的颜色是不是红的，或者所感到的是不是寒冷，甚至于他们自己是不是正好现在活着。但是，任何这样的反对者最低限度会承认，经验的显现，正如我们所了解的任何经验事实那样，是接近真实的。在这些经验中间，价值赋予了直接的经验和当前的经验。因此要注意，有价值的东西就是为实际的价值性质所刻画的这种经验的产生，价值是关于这种经验的产生的事实。

　　更进一步说，我们应该可能以一定程度的信心预言价值性质在未来的和可能的经验中的实现。这是一个首要的问题。这样的预言如一般的预言

第三部分 伦理学与美学

那样，没有比过去的预言所达到的或然更好。但是，它之所以如此，只由于我们所能做出可信的预言是属于这种类型的，即我们借此来驾驭行动，以便为我们未来的幸福服务和避免祸害的发生。我们对未来生活的价值性质没有一定程度的控制，则任何影响我们未来生活的其他方面的力量都是无价值的。我们这样做出关于未来经验的价值性质的预言这种东西，是一种现实的事实或者不是一种现实的事实。还有，对于我们自己经验所做的预言和对于客观事实所做的预言的不同之处，在于前者何时成为现实的事实，将会彻底地证实或证伪。而且，只要我们能以一定程度的信心做出关于我们行动对其他人的经验的价值影响的预言，那么，我们的作为就会给他们带来某种好处或祸害。我们这样做出的预言同样或是事实或不是事实，虽然对于我们来说，对于其他人的经验所做的预言不是可以彻底证实的，而是只能证实到如他们的行为所能允许我们事后推论出的那种高度。

对于我们自己经验的价值性质所做的预言这种看法，如果加以试验，是能彻底地证实或证伪的。这是一个首要的问题。因为它不仅仅带着对行动合理的决断，而且还由于这种经验价值的发现使我们赋予客观实体价值的检验性达到最接近决定的地步。一种客体有其促成经验中的满意或厌恶的潜在性这一说法，最好的证明，是找到那种为客体所影响的经验性质。

但是，我们应该考察一下：属于那个作为使人感到愉快或痛苦的直接性质中的有价值或无价值的经验所说明的，价值不仅是经验属性的惟一意义，因为经验的进程本身不仅有这样直接发现的美德和祸害，而且还能使这些经验进程对美德和祸害所起的作用扩展到那个把它们看作构成因素的整个生活范围。一种美的生活不能惟一地为痛苦的经验所构成，任何为愉快的经验进程构成的生活也不能说是过了一种恶的生活。但是，由于种种的理由——这些理由是我们熟悉的——所以无需在这里详述了，一种直接使人痛苦的经验可能受人的欢迎和对于生活的美德较之任何其他选择起更多的作用，然而一种直接的愉快在某个特殊条件之下，可能给由它所构成的生活的美德以明显的害处。

人生的美德或者说**一种**生活的美德整个地来说，是最终的善、最高的善。在我们能控制或影响我们经验范围之内,我们接受这种美德是合理的,正如我们的经验服从任何一个经验性质中的利害关系那样;正如这种经验性质直接从属于我们所达到的一种生活美德的利害关系那样。同时,我们力图决定行动,并付诸实行,或者允许我们借助于这种关系使可能的经验实现。这样做,将会比只借助于愉快或痛苦那样直接的性质更容易形成一种善的生活。我们称这种使经验可能对于一种善的生活的最终目标做出贡献的价值或无价值为有贡献的价值(contributory value)。我们应稍加注意:这种价值和直接发现的价值的不同之点,即有贡献的价值必须有所判断,而且可能错误地判断;也不同于赋予预言的经验的价值,即它必须为后来的发现彻底地证实。关于任何经验的有贡献的价值只有看作我们未来生活中那样多种多样后果的实现才能加以检验。做出任何将有助于形成善的生活的判断,确实是复杂而冒险的。但是,不管对此做出判断怎样困难,任何经验的有贡献的价值是关于善的生活的事实,它总是如其自身那样,而不能不那样的,不管任何人对它做出的判断是正确的还是错误的。这是一类我们必须持续不断地和合理地力图确定的事实;确定这一类的事实是为了我们自己一种善的生活的目的,或者为了另一个他的幸福和我有关的人的目的。

  关于有贡献的价值的判断和赋予客体、事件、客体性质和事件性质的判断是类似的,是一种以从过去经验推出来的证明为根据的经验判断,而且和一般的经验判断相同,没有比或然更好的效用性。但是,这种赋予客观实体的价值的样式较之那种赋予经验和经验内容的价值的样式要多种多样得多,要复杂得多。我们用不同方法或为不同目的评定关于客体事物的价值。关于个人的价值,即我的价值、你的价值和 S 这个人的价值,都是为个人的不同和个人情况的差别的理由所评定的。这些理由影响到价值,这些价值是一种特殊的客观实体可能具有的而且适用于个人,因而也影响个人的经验。**非个人的**或**社会的**价值是作为大多数人们或对社会的价值来评定的。如上面提到的那种交叉的分类,客观事物的价值可以区分为固有的价值和工具的价值,一种客体的**固有的**价值是客体的性质,这种客体性

第三部分 伦理学与美学

质指导实际的价值性质在这个客体自己的面前体现出来。美的价值是固有价值的例子。**工具**价值是一种事物的价值，这种事物的价值不是指导实际的价值性质在事物自身的面前，而是在其他事物或许多事物面前体现出来；这些事物的产生或利用这些事物对于经验来说，是很方便的。客体具有多种多样的实用性或许多实用的种类，这说明了客观实体的工具的价值。还有其他的和更特殊的样式，可以赋予客体和事件以价值。对于这些价值的考察，从了解可预言的价值中语言上的说法来说，是重要的，但是，我们对此的考虑必须省略了。

所有这样从属于客观实体的价值的样式，其真实性就是依据上面说到的实体赋予实际的价值来断定的，这样的实际价值能够对它直接或间接地影响的经验的价值性质做出贡献，或者可能做出贡献。在客体的存在所能影响的生活范围之内，客体对生活影响的活动只增加而不减少。经验的愉快性质是这类事情中一种最好的东西，而且，任何客体都具有其依据这类影响经验的潜在性而产生的价值。这一点对于一般客观实体来说，是同样真实的，这也是关于外在现实性的"价值"的普遍意义。

如果想到有其例外之处，即那种看作客观事物可预言的价值应该和制造特殊类型的经验的客观事物的潜在性一致，那么，我们可以观察一下有一种类似的想法对于任何一种被证实属于客体的其他性质或特性来说，也许是存在的。除了找到为客体影响的经验中某些性质或许多性质之外，没有客体能被确定有一定的颜色或形状，或者任何属于它的其他性质。这是确定客体性质的惟一方式，此外就没有其他的方式。认识客观事物的特性，除了通过认识和证实之外，也无其他的道路。只有根据经验的发现所了解的东西才将证明：O 客体具有 C 的性质，同时，这种发现也将是 O 客体没有 C 的性质的证据。这是我们所能证实或检验任何这样外在事物的真理的根本原理。但是，一种红的或圆形的客体并不由于产生红的或圆形的视觉经验持续不断地把它的客观特性显现出来。它只有在一定的观察的主客观条件之下才会产生这样特殊的证据。而且，这个显而易见的想法强调了下列的事实，即这个具有连续性和证实性的性质是能看作一种产生特殊性质或特性的潜在性，或者看作许多在不同条件之下产生的种种不同性质的经验，来正确地加以描述的。这些经验是我们上面描述的性质惟一可能的证据。在这一点上，不存在作为一种客体性质的价值和其他能被认识的客观性质的根本区别。

　　出于同样的理由，这里指定对价值规定的意义说明了经验知识的起源。直接经验中的价值性质的产生是一种经验的给予事实，如果这种经验是给予的话，则不需要对它做什么判断。给予任何未来经验这样的价值性质，是一种关于经验的预言，是在预言的经验中可以证实或证伪的。一种经验的有贡献的价值和一切属于客体的价值，都是经验的事实，都是以经验为根据来判断的，都是以可预言的经验来检验的，而且是把它们看作一般的经验事实和客观的事实来判断，来检验的。如果有些人说，这里说明的那种"价值"和"价值"的真正意义是不相应的，那么，它至少说明一种可能的意义，不管这种意义是不是真实的还是约定的，而且真实的那一种意义对于生活的事实也许有一定的一致性和重要性。此外，这种意义无论有怎样的优点，都和看作经验的发现和经验的判断的类型的价值互相一致，而且这种类型的真理或错误如同其他的经验的发现和经验的判断那样，可以用同样的一般方式验证。

　　我想人们对于把客观范畴看作价值的怀疑会被上面所指出的看法所排除。如果这样的怀疑还继续存在的话，那么，它们可能和这些价值的相对性，以及对于这种价值一般验证的"非科学的"特质有关。如上面指出的那样，这种赋予个人的价值向我们提供一种评定价值公认的样式，同时这种样式和确定物理性质采取的样式没有相同之处，这一点似乎可能加强了这种怀疑的根据。当前价值论这种争论的重要性使这个问题成为一种更不相称的讨论，这是特别令人感到遗憾的。不过，我们对之必须简略地谈谈。

　　首先，让我们注意一下，如果直接的了解的相对性是问题的所在，那么，就会牵涉到当前的实验心理学。承认任何感性了解的性质没有如此这般的相对性这种假定，或许是天真的。在这一点上，最多能够承认的，是

第三部分　伦理学与美学

个人的奇异特质影响到价值性质的经验，而这些影响在程度上是比较常见或巨大的。我们能直接地感到音乐中的价值的理由，是由于价值的相对性对于个人要比对于赋予声音的音量更多。但这不是说，音乐的感受性是一种比识别音量更重要的个人的事情，而是说，耳聋的人愿意接受更多识别音量的规定的听众的舆论，但不愿意使他们对音乐的反应为那些具有更多识别音乐能力的听众所支配。价值可能是更多有关个人的事情，至少这是一种理由。因为我们对客观实体价值的评定和我们个人的——合理的——行动方式有着更多的联系。这里还面对一个问题，即我们尊重他人的个人价值，但同时也要求他人尊重自己的价值，而个人感性见解的不同，则不需要那种一般人称为"尊重"的态度。对于个人的尊重是对于那种影响他的生活美德的东西的尊重，这种尊重只能在它们对事物的价值直接地或间接地影响范围之内才有。至于在价值之外识别其他事物的性质，是没有什么重要性的。重要的是**价值**或无价值。那种对任何人的经验不起更好或更坏作用的东西，会是完全可以忽略的榜样。

还让我们注意一下，甚至于价值对人的相对性是一种客观事物的性质，价值是这种事物性质所具有的。用这种方式评定事物性质具有的价值，都是可以正确地或错误地确定下来的。如果两种不同的客体在不同条件之下对任何人的经验产生不同的影响，那么，事实上，这种差别是正确地赋予上面提到的那些客体。具有同样性质的客体不能在同样条件之下产生不同的影响。如果 X 声环每秒钟的颤动不影响大多数人的耳鼓，而只影响我个人的耳鼓，那么，我所听到的声音还是从属于某些物理的现象。如果我听到的声音那么难听，那么，这种使我听到这种声音而感到难受的原因的潜在性是一种关于经验事实的一种报道。我对这种经验的判断如同我对任何其他客体的性质所做的判断那样是可以检验的。而且，这种判断会是真的或伪的，不管任何人对它有什么想法。

我们还要观察一下：作为"科学的""物理性质"相对于个人经验在程度上较少的原因，基本上是由于那个排除个人见解不同的相对性的社会愿望所促成的。假定物体原有的重量在举起和担起时有其一定程度的困难，那么，这是和不适应的操作方式直接相关的，以及和个人膂力的不同成比例的。如果重量能够抛开个人对它的了解不同的相对认识，那么这要归功于标度的发明。这种标度的读数对大多数的个人都是相同的。应用读数方法确定"物理性质"的科学样式是一种得到可靠的科学协定的确证方法。但是，我们辨别在事物中各种各样的"科学的"提示会失去其重要性，如果这些提示不可能使我们推出更多的客体的直接经验的特性，如同标度读数之能帮助我们判断购买的东西能否拿着回家的适度性那样。关于我们其他性质的感性知觉的非相对性较之价值的非相对性之所以更少，基本上是因为前者是归功于那些方便的社会假设或约定。科学的非个人的客观性之所以有其保证，主要的是要求一切陈述的样式依据实验室之外那些直接的经验来形成的。那些经验总的来说，给任何科学地确定的事实以重要性。

属于科学之类的实验，即容许和保证一种更广泛的社会判断和一种更高程度的精确性的方法，如果在同一时间内和公共经验中发现的更直接的实验有高度的联系，如应用标度测定重量对于我们每个人来说，就和拿东西的疲劳程度联系起来那样，那么，这类的科学实验对于所有我们这些人就有其重要性。科学可能正好因此才被看作是对我们自然知识的陈述最有价值的类型。但是，如果科学要求对一切客观事实的实验的专权，或者假定唯有科学才有确定事实的可能性，那么，科学的权威们就会忘掉科学的一切是搞什么的了。科学的重要性就在于应用它的真实的力量提高人类生活的价值性质。如果价值不是事实的话，那么科学事实的发现是一种庸俗而无聊以及无足称道的东西。而且，由于确定价值的方式不能向科学方向发展和改善，所以价值判断的基本特性是不会有的。当然，我们的社会科学迫切需要这样精确的价值评定和价值属性的样式。这里提出的构成价值概念的方法可能有助于这种值得期望的目标，我想这一点是可能的。

还有一种其他的异议一定会提出来反对这里所申述的价值概念。这种异议提出：价值为直接经验所影响的不加批评的满意和感到的反感为最后根据来确定，是拙劣的。先验论的和价值论的价值观主要是从这种称为

第三部分 伦理学与美学

"价值"的不同概念的现象根源中产生出来。我不认为那些和我想辩护的观点不同的人们是在那里进行无聊的辩论，或者他们提出的争论是一种语言的问题，并且是通过协定就可以解决的。反对任何自然主义的价值论的人主要的是对什么是价值和什么是正确之间的根本联系问题产生兴趣。正确和错误的感觉是源生于人性之内，正如善和恶的感觉也是这样；否认它们二者之间的本质上的联系，是异乎寻常的。的确，没有人能提出一种有关善和正确之间关系的观点使任何人都完全感到满意。但是，或者这样的观点将获得一致的意见，即在某些意义之下，正确无论怎样是一种命令，命令和正确性是和谐的，以及那种依据命令的作为和把命令看作目的的感觉与那种使人感到愉快的感觉是不一致的。毋宁说那种愉快的感觉渴望行动，而且已达到缺少显著的命令特性的程度了。为命令所影响的感觉之所以如此地被人了解，是因为它特征性的愿望不是为了愉快的行动或者把愉快看作行动的动机。错误的行动或者不起作用的决断可以使我们得到愉快和动人视听的，甚至有助于使人感到更多的愉快，但是一种和有效的命令相抵触的东西是不能适当地算作值得愿望的或好的。我认为这种观点和反对任何自然主义的价值的根源——或者说是一种根源——简单地一致起来了。

但是，我也认为没有必要提出如此的反对，一种对于这些这样提出的反对的任何有意义的批评首先所需要的前提，恰好是对善自身和价值自身，正确自身和命令自身区别的认识，恰好是对它们和那些基本不同的准则符合的认识。但是，这两类的东西具有显著的联系。任何把值得期望的东西看作善和把值得期望的东西看作正确和命令等同起来的观点，简直是利用语言上麻烦的暧昧性，来解决善和正确中间的关系问题，然而，这些问题的主要之点，却被忽略过去了。

我认为不考虑最大多数这样的问题，以及对此扼要地提出公平而合理的建议，都是非常困难的。这里，我想提出的，如我们已经见到的那样，就是有不同的价值样式，以及甚至于和同样的现象和生活事实有关的价值，也有不同的样式。每一种这样的样式从为某些目标或从某些类型的问题方面评定价值来说，可能是一种不可缺少的方式。当然，一个以上的价值样式对于单个问题是恰当的。这里，还希望考虑一下：同样有不同的命令，不同的关于采取慎重行动和做出决断所要求的批评的样式，还有做出彻底决断的逻辑的命令。另外的命令则依据明显的事实做出使人信服的决断。那种考虑周到做出的命令使人避免事后感到遗憾的事情，而且命令要求我们尊重其他人的利益，如同我们要求其他的人尊重我们自己的利益那样，还有许多关于正确和错误相应的样式。不顾预言的使人信服的力量而做出决断，是错误的一方面；一味信服预言所指那种使人感到后悔的后果而做出决断，是错误的另一方面，一个以上的命令或许对于单个的决断是恰当的。伦理学中最多的谬论是对于慎重的作为的看法太简单化了，而且由于强调一种命令的样式而忽略了其他的样式。

这里要特别注意的，是有和许多命令样式相应的许多价值样式。上面扼要地讨论过的那种有贡献的价值和理性的命令作为行动的目标来说，是从属于在短暂的经验中见到的一种关于生活美德的价值。这种生活的美德总的来说，将指出善之为物，还可能看作对善的说明。决断往往不依据在直接而短暂的愉快差别之外所预见的东西；那种直接而短暂的愉快是不同行动选择的结果。在这种情况之下，更多的愉快是合理选择的根据。还有，用这种样式来评定价值对于更多的问题来说，经常是恰当的，虽然它不是对于行动的决断的充足理由。同时，简单地参照比较直接的价值做出的决断，经常是决断的错误方式。对于这一点每一个严谨的人和正直的人都会同意的，严谨是一种理性的命令。如果有人否认这一点，如同初期的犬儒学派之徒那样，那么，我将不知道怎样和他们进行讨论。最后，由于严谨态度是指定要尊重有贡献的价值的，我应该怀疑任何一个不能在他的经历中欣赏和评定特殊经验中那样简单地可以见到的价值的人能够对有贡献的价值做出评定。

我认为正义的目的和正义的行动同样的是命令。正义是在公道意义之下称为正确的东西，是最经常地和道德等同起来的。但是——不管它最后是不是同样的东西——我想依据"价值"的样式来给"道德"下个定义。这种样式对任何存在的问题来说，和那种看作法规和统治法规的命令是一致的；任何其他的命令可能用来对那种有关的问题做出决断，也许是恰当的。道德的正确在评定价值的方式中是最好的东西。在当前情况之下，这种价值样式是作为有其优越的地位而被接受下来，它超过这里包括的任何其他评定价值的样式。

我想采用道德这个广泛的概念来反对把道德和公道简单等同起来的观点。我希望它能表现人类共同的见识。我愿望和那些有道德的人不发生任何关系，这些人没有直接愉快的感觉，或者只能通过道德的美德使其感到愉快。我还希望逃避那种对自己的善的生活没有严谨的价值感觉的人，或者，那种甚至于关注我的善的生活如同关注他们自己一样的人。

但是，如果我们认识这些有差别但有关联的价值，以及能够对不同的价值问题做出不同的恰当的决定，那么事前有其必要的先决条件，就是我在探索它们互相的复杂关系之前，把一般价值和一般命令的区别的标志提示出来，如果这种区别给予了，那么什么是正确这个概念会以被批评的价值或确定和有些批评方式一致的价值为根据规定下来；这样的论纲和价值这个词的定义本身不一定是矛盾的。最后，会使人对它感到满意。

（洪　潜　译　　熊　伟　校）

实用主义和道德根源[*]

(1969)

我想和你们讨论一些我已清楚地感觉但还不能完全肯定的问题。总的题目是关于道德观念的根源和伦理学的基本原则——特别是那些与当前伦理学理论方面所谓可认识与不可认识的争论有密切关系的问题。我认为，扩大讨论范围的要求，不仅包括道德，而且也包括总的规范。由于涉及到这么多问题，我只能希望用三级跳那样的方式来谈。为了简洁起见，请允许我以武断的方式介绍，并谅解贯穿始终的"我认为"这样的断言。

我认为，这个可认识与不可认识的问题，既同伦理学，也同认识论很有关系。它包括整个普遍有效性问题，也包括有效的认识同合理指导我们一般行动的关系问题。它必然朝我们相信是有效的，也就是证明我们审慎从事是正确的这个方向发展。

近代以来，是休谟提出了这样一个问题，即任何一个"应该"是否可以从一个"是"推论出来。但休谟也否认对什么是"是"有任何有效的认识。仔细考察一下休谟如此贸然抛出的理论的垮台过程，可以说明根本问题不在于伦理学的可认识论与不可认识论的对立，而在于整个人类关于什么是"是"和什么是"应该"这两方面信念的可认识论与怀疑论的对立。按照休谟的说法，既然在任何情况下，我们对什么是"是"没有有效的认识，那就难于在我们处于更坏的情况下，不从一个"是"推论

---

[*] 选自 *Values and Imperatives*，1969。

第三部分 伦理学与美学

出一个"应该",来作为我们准则判断的前提。我们当代的伦理学左派虽然复活了休谟的具有不属于感情或心理学那一类基础和意义的另一种道德怀疑论,但他们并没有同时复活他在认识论方面的怀疑论。这是更为令人惊奇的,因为他们没有说明,在关于休谟所说的缺乏事实的任何必要联系这一点上,他们要给他什么样的回答。而他们似乎同意他在这一点上的看法,也只有当这一点被特别提到的时候。但是,尽管如此,他们继续做出科学的有效性这种假设,并的确倾向于把(科学——Science)这个词发出声音,以便你能听见大写的字母"S"。

我想要提出的是,休谟连同我们那些唯我独尊的阐述者们,在我们深信什么是"应该"和深信什么是"是"之间的关系问题上,双方都可能看错了目标。问题不是我们如何在"是"的基础上,证实"应该"是有效的,而是我们在没有对准则原则的有效性做出前提假设的情况下,如何能够或者是否能够证实我们对客观事物的任何一种信念是有效的。

"认识"本身是一个规范词。无效的认识不是认识,而是错误或者无根据的幻想。"有效的认识"这个措辞是一种赘言:科学以取得科学判断并能够证实这种判断的方式,使它同迷信、没有事实根据的教条主义和无根据的感觉区别开来。它们必然反映了做出符合一致性和说服力标准的判断的方法。而用心理学的、描述性的、有关对事实做出决定的实际方法的概括——正像休谟曾经做过而我们伦理学方面的感情用事者们却忘记去做的那样——来代替我们在判断或信念方面对准则有效性的信任。这种代替,在认识论方面,就像它在伦理学方面一样,是或多或少同样恰当的。而它在一种情况下,就像它在另一种情况下一样,却又同样是不正当的。独特的描述主义和对规范的否定,为它自己掘了一个陷阱。这一点,它是看不到的,这仅仅因为它看不到自己的见解所具有的清楚的含义。

也许,我是个有点异端的实用主义者,但我允许自己在本次讲演的题目中涉及实用主义,以便提醒过去曾经强调过的认识的规范意义。威廉·詹姆斯这样说过:"真理就是信念方面认为好的东西"。然而,我在两方面却有点不乐意赞同詹姆斯的这个名言。首先,我必须承认,詹姆斯的

"人类真理"微妙地贬低了人们通常所说的"真实"这个词的含义。事实的确告诉我们,从经验方面来说,要求我们自己在对事实承担义务时,给予完全的、最后的信任,未免期望过大。使信念同由有效的证明最肯定地说明的东西相一致,是我们所能尽到的最大责任,并且是我们能够走向绝对真理的最短途径。从理论上来考虑,我们的经验判断,绝不能比由根据证明了的高度或然性好一些;而杜威的说法"有根据的信念",或者"有根据的断言",要比詹姆斯的"人类真理"对它们的特点描述得更确切,虽然这两种说法都打算指称同一件事情。此外,为了描述这些作为合理信念的特征,我们需要保留"真理"这个词,来说明某些可能不同的事物——某些固定的、不变的事物。例如,在科学的进展中,由当时的有效根据在一定阶段最好地证实的东西,也还不能保证为永远可信并最终依然真实。"真理"实际上是一个语义词,指的是所涉及的概念同存在的现实关系,而不涉及证明的关系,也不是说,由于它的特点,它便能符合可以合理接受的标准。

我不满意詹姆斯的第二点,是在他指出由信念很好地具备的特点时,他说的是"好的"而不是"正确的",因而不能使我感到高兴。总的来说,有根据的信念在实践中导致良好的结果,但是这种作用——良好的结果——并不是合理信念的标准。有根据的判断同那些良好的结果之间的关系还不能说是百分之百的——例如,即使是最有智慧的医生也不能每次都做出最好的诊断。成功的结果并不证明诊断是正确的,而不幸的结果,也不能表明诊断是不正确的。有根据的信念的准则特征,不是这些信念的良好作用,良好的作用也不是这些信念的根据。即使这样,坚持经过这样证实的事物所具有的东西作为信念的约束,那么这种坚持就是我们在履行信念所承担的义务中所能做的最好的事情,来保证取得良好的结果。

对詹姆斯的论述提出这两个方面的修正,我感兴趣的原则上是这么两点。第一,做出这样一些修正,我们便可以得到无可否认的正确陈述:有根据的信念体现了信念方面的正确的东西。这种说法,甚至是一种同义反复。我(感兴趣)的第二点是,所谓好的是要求,而所谓正确的则是命

第三部分 伦理学与美学

令。坚持什么是好的，是合乎需要的，而遵照什么是正确的，则是绝对必要的。思想、判断、信念的准则特征，像一般的准则一样，与"正确的"东西直接有关，并体现了一种无可否认的要求：它只同"好的"东西有间接的关系，这仅仅因为在什么是好的和什么是正确的之间有一种基本联系。使我们的经验判断同由所有根据最充分证实的东西相符合，从一致性和具有说服力这两方面来考虑，这对我们的思想来说，是如此的不可否认和绝对必要。必须指出，它不是人类占支配地位的心理倾向；不是我们实际思想方法的准确的、描述性的概括；也不是我们自动响应的任何感情冲动的既定目标。的确，我们——或者我们当中最杰出的思想家——对能达到智力至善的东西，会有这样一种感情上的偏爱，并从坚持具有说服力的事情中得到满足。但智力上的完善像道德上的完善一样，并不体现人类的天生的冲动。至善的好，在一般的好中是特殊的，而实现这种至善的好，则取决于接受正确与合理的事物规则这样一个前提条件。康德给这种感情上的至善的美德起了一个名称——自满自足（Selbstzufriedenheit），即怡然自得的意思。至善的好来自正确，而不是来自其他方面。

那么，如果我注意一下准则的实用主义基础，那么我所注意的是针对"正确的"，并只间接针对"好的"那一种实用主义。这也许接近康德所说的那种实用主义和罗伊斯所说的他的那种"绝对实用主义"，就像它接近詹姆斯和杜威——甚至皮尔斯的一样。

在刻画信念方面正确的东西的特征时，我曾试图小心谨慎一些，因为我认为这样的刻画也许能使一般的正确的东西显示出某些共同的东西。我还进一步认为，注意一下一般的正确的东西所具有的特征，也许有助于说明道德的本性和基础。我尤其认为，我们应该在判断和信念同我们做出的行动决定这两者之间，对它们的标准并对它们起指导作用的东西，做一番有效的比较。它便是任何可以改正的、可以决定的、受考虑支配的、可以自我控制的东西，受正确性的规则支配的东西。正确的思想和正确的做法仅仅是我们自我指导的行动的两个主要方面——即关于事实的决定和付诸行动的决定。而突出的准则原则、逻辑和伦理学，都应该做一些这样的比较。

　　我还将回过头来谈这个问题。但首先我认为我必须试谈一些简短的、不可避免是不充分的、有关伦理学必须考虑的问题的看法。

　　伦理学本身与经过仔细考虑的正确或错误的举动有特殊的关系。但是，正如通常所做的那样，它并不包括正确与错误举动的整个论题，而是把它自己限制在其他方面的正确和错误——限制在正当这个范围内。它省略了谨慎方面的正确与错误这个论题，即使这样，当我们在决定做什么才是合理的时候，猜想可以合乎道理地省略掉我们对将来幸福的考虑，或者在涉及到需要谨慎的那些方面时，猜想没有自我控制的必要，那将是令人吃惊的。谨慎以及正当是命令；它不仅仅是从爱好而来，而且需要在童年反复灌输，甚至在成年也需要加强。在谨慎方面，总没有自动的爱好。而我们是天生地倾向于选择直接的或较近便的好处，倾向于歧视比较间接的好处，歧视从整个一生的最大、最重要的好处中可以得到的合理的利益。迎合谨慎的需要，要求自我控制。它还经常要求在进行选择时要深思熟虑和细心，正如它要求自我控制和深思熟虑来迎合正当的需要一样。

　　人类自我指导行动的整个论题，正如判断所有的五花八门的工艺美术——在工艺和技术上是否正确一样，也要求把正确和错误包括进去。作为符合某些方面的技术上的优点这个意义上的正确，也许是"正确"一词在日常语言和思想中最经常表达的意义。而且——并且显然——正确指导各种方式的技术活动，在每一种文明中，都受到普遍的关注，它还包含了任何社会制度中的一些最明显的问题。

　　的确"道德"一词有一种广义的解释，它扩展到正确举动的所有这样一些问题——技术性的问题、谨慎方面的问题、是否正当的问题——并意味着普遍的自我控制。一种完整的实践哲学的论题，或者实践，也许值得受到比它受到的还要多的注意，但我们主要还是把范围限制在通常意义上的伦理学问题方面。

　　对在一种具体情况下所做出的举动的正确与否进行判断，需要两种前提。首先，它需要对正确本身，或者对所涉及的那种具体的正确做出某种

第三部分 伦理学与美学

假设，这是这样一种提出规范的前提。其次，它需要某种进一步的前提，或者需要某些提出所要确定的情况的特殊性，并把情况同正确举动的规范或规则联系在一起的前提。关于法律上的正确和错误，那是人所共知的。因为公正的决定，必须有法律的大前提和事实的小前提，而这种道德上的公正，也像法律上的公正一样，都是真实的。因此，任何实际的伦理学——任何道德行为的准则——像实际的法律或一种法律规则一样，很可能由只是大体上具有某种特性的戒律组成：如十诫。但这些准则前提本身需要一种基础。对具体的道德原则的根本基础问题，伦理学理论给予三种不同形式的回答。首先是怀疑论的回答。在道德方面，它通常采取文化相对论或感情主义的形式；在法学方面，粗鲁地说，它采取的形式是法律就等于说是法官所说的话。伦理学的第二种回答，是直观主义——假设每一具体的道德规则，代表一种同样具体或有关的道德见解。第三种回答，假设这些具体的戒律本身是从一些更全面的戒律推论出来的，并也许最终是从某些包罗万象的第一位的公正原则——如金科玉律，或者康德的无上命令，或者像这样的格言"不要做出什么行动来触犯你要别人普遍尊重的戒律"推论出来的。

在希望找到一种对道德怀疑论的回答这一点上，我不想做什么评论。而除了提到那些熟悉的、明显的、使人对直观主义难以置信的反对以外，也没有时间来讨论直观主义。在这里，我仅仅想说一下第三种形式的回答。正是在这个时候，我尤其希望你们为了简明扼要的缘故，对我的武断的阐述方式表示宽容。

我认为，金科玉律和康德的无上命令以及上面提到的三种方式都有同样的含义，它们的差别非常微小，因而对与它们当中的任何一个都有极为重要关系的那些总的考虑没有什么影响。

有三种主要的考虑影响到对伦理学理论的第三种回答，每一种考虑都可以作为它的一个反对论点。首先，这样一条贯穿始终的基本原则，必然缺乏足以对特殊的情况做出什么是正确的这种决定的具体内容。第二种考虑涉及到一种必须与这种考虑相结合，以解决典型的或具体的道德问题的小前提。第三种考虑——假定我们能够排除前两种考虑的话——涉及到任何一种无上命令本身的基础。

对于有关任何基本道德原则的根源的这个第三也是最后的一点，这里叫做实用主义的某些意见，将提供给你们考虑。让我们试一试用尽可能简短的方式，把它前面那两点的基本的东西提出来。

无上命令的含义是空洞的，单单从它那里是不能得到道德的具体问题的答案的。但这一点却不会遭到反对，即它存在于事实的本质之中。要求是基本的、全面的东西不可能同时是具体的、特殊的。基本原则只能提供道德上的合理行动的标准。它并不说明也不能说明什么是符合这些标准，什么是违反这些标准，而必须把它留给某些与事实的特殊性更有密切关系的东西来决定。道德判断需要哪一种第二前提，那我们可以看看基本原则提供的准则本身再来决定。

上面所举的无上命令，在它的任何一种系统的阐述中，都提供了所需要的标准。但可以看到，只有在包含有涉及"你"：你打算做什么，你要别人做什么这样的词句中，它才这样做。而要从这一点上解释这个原则，就必须注意这个涉及"你"并不意味着个人。例如，它并不是打算说，如果你喜欢一种80℃的室内温度，把窗户关得密不通风，以此作为普遍的实践而感到满意，因此你把这种做法强加给家里或客人是合理的。的确，非个人性是这个基本原则所规定的本质。例如，如果你的问题涉及到三个人，那么可以说，他们将仅仅作为A、B和C来考虑，影响这些个人的环境的任何特性或特色，就作为这个问题的前提部分，附加到A、B或C身上。根据原则对它所做的回答将不会是公正的，除非这是一种你能同样证明你个人是否处在A、B或C的地位的回答。的确，在原则中这个涉及"你"的含义，仅仅指导我们把自己想像为是容忍这种行动的，从而对可以感到的好的或坏的行动结果进行鉴别。

没有一种具体的行动或特别的行动方法，可以不涉及可能预期的好的或坏的结果，就能决定其正确还是错误。除了这个行动方法的这种可以预言的价值结果之外，没有什么同任何具体行动或特别行动方法有关的东西

第三部分　伦理学与美学

能决定无上命令的原则可以支配什么。除了那些正在决定的好的或坏的东西之外，也没有什么行动可以是正确的或是错误的。的确，如果没有什么东西使人们快乐或痛苦，"正确"与"错误"这些说法也将没有什么意义。我必须强调的一点是，任何可以预言的特别的行动方式的价值结果，是一些我们仅仅从经验以及从过去类似情况的经验中才能学到的东西。客观价值——最明显的是在提到仔细考虑的行动结果的客观价值——是对事实的经验判断。因此，道德演绎推理的小前提必定是这两种事情的其中一种：或者是这样一种建立在经验基础上的直接的价值判断，或者是某种第二位的正确原则——某种准则或道德估计——这种原则用来作为建立在对典型的特别行动方式的结果进行归纳概括的基础上的一种戒律，作为衡量基本道德原则的一种标准。例如，"不要撒谎"是一个戒律，它反映了对深思熟虑的弄虚作假所造成的主要坏结果的一种概括，而这种符合我们愿意看到的准则的特别行动方式的失败，却变成一种一般的实践。

　　想到直观主义的概念，我允许自己举一个也许更能说明问题的例子。假设所需要做的决定与资金的投资有关。首先假设这笔钱是投资者自己所有，他也没有需要赡养的人，因此如何投资，几乎仅仅是个谨慎的和正当的问题。在所有迹象都提供给投资者的基础上，只要并且只有做出最能符合好的利润，市场价值的可能增长，以及资金的稳妥这种种考虑的选择，那么任何决定都将是谨慎的、正确的。然而，像经验所告诫的那样，这是一种很难做出的价值估价，需要为它的任何可靠性提供一种广泛的经验基础。现在，让我们来假设这笔钱是委托给必须决定投资的投资者管理的，那么正确地投资这笔钱的问题是具有道德意义的，这里所需要的判断也没有什么不同。事实上，特别的道德行动的大前提所需要的恰恰是，他愿意怎么投资这笔钱就怎么投资这笔钱，就好像这笔钱是他自己的一样，而他的决定的后果将由他自己来承当。

　　如果我们进一步考察一下，那么就要触及到已经间接提到过的一点，即这个投资者在试图把谨慎的第一位原则，或者道德的第一位原则带到这件事情中去的时候，他会利用与投资问题特别有直接关系的第二位准则：

"市场繁荣时不要买进"，"市场萧条时不要卖出"，"不要卖空美国股票"等等。这些做法在进口商品时是很明显的。情况与道德准则没有什么不同。"遵守诺言"或者"偿还债务"是一种次要的道德准则，反映了从不遵守诺言或拖欠债务的不受欢迎的结果的经验中做出的一种广义的、可靠的概括。它代替了一种关于很可能在要决定的事情中自然增长的好的或坏的结果的预言。没有人能够对来自任何仔细考虑的行动的好的或坏的全部结果，做出完全的、肯定的预言。但除了这种预言之外，却没有人能够提出任何正确的基本原则，以便适用于任何特定情况，也没有人能够做出这种将在任何别的方面都比经验得出的概括更合理的预言。除了对所选择的决定和行动的好的或坏的结果做出这种预言之外，没有什么东西可以被判断为正确还是错误。总之，证实任何行动是正确的，这意味着受到作为大前提的正确性的基本支配。它也需要一个第二位的前提，这种前提对价值进行判断，并以此对做出行动决定的经验事实的结果进行判断。

我们要谈的最后一点，将涉及贯穿始终的原则的大前提。让我们稍微考察一下它所提供的道德的基本标准。包含在道德命令中的这些标准有两个：一个是形式上的、明确的，另一个是引起争论的、含蓄的。形式上的需要是普遍性的、非个人性的需要。一种行动方式，只有当它是否在任何时候是正确的，并因此对采取同样行动前提的任何人来说也是正确的时，它才是正确的。可以看到，它仅仅是作为一种在形式上需要的有效规则，并且它同样包含有仔细考虑的、技术上的规则，以及正确推论的逻辑法则，正如它包含有道德规则一样。第二个并且是有争论的准则是已经提到过的那种涉及"你"的含蓄的东西——即涉及到你会感到满意的，作为普遍实践或者用来作为第二位准则的东西。正如稍加思考便可以清楚地说明那样，如此含蓄的东西说明两件事情：第一，对那些行动方式，要根据它们的好的或坏的结果来判断；第二，这些行动方式——因而并显然——还将根据它们对能实际看到这些结果的人们的影响来判断（并且也只有把采取行动方式的人也包括进去，才能从他的观点来评价）。

如果你们还同意我的看法的话（当然，这是大有希望的），那么，我

第三部分　伦理学与美学

们现在来探讨最后一个问题。进行一种具体的道德判断需要两种前提。一种前提是要有这样一种基本原则，它能使自己不受具体情况的特殊性以及任何依赖经验和消息的事物的影响，来确定道德的最后准则。另外还需要有这样一种前提——或者说，是一套勉强可以包括到我们所了解的、有关的普遍性中去的综合性前提——这种前提关系到在特殊情况中选择的行动方法的可以预言的好坏结果。

这个小前提的有效性问题，只不过是个根据经验进行归纳概括的有效性的一般问题。这是个相当大的问题，但却是一个属于认识论而不属于伦理学理论的问题。

其他前提和大前提的有效性问题，是道德准则本身的有效性问题。用陈述语气的话来说，就是"你必须按照符合你认为在任何时候并因而对任何人都是有效的一切行动准则的方式去行动"。这样的说法是一种确定"正确做法"的同义反复。但当我们这么说时，它还要求具有"应该"和"有效的行动准则"的意义。而真正的问题却在于：有任何应该的东西吗？有对每个人的行动具有约束力的有效准则吗？我们所需要的是康德所说的那种"推论"：它论证这样一点，即有一些实践原则，应用于人类经验，由于缺乏这样一些原则——没有承认它们在实践中是有效的——那就不会有充分的人类经验。至少，这是我想尝试的那种推论。

我认为，可以做出所需要的这种论证。没有正确性的原则，就也许会有一种我们加之于其他动物的经验，这些动物，我们假定它们是缺乏智力和理性的。但没有正确和错误的区别，就不能有那种动物特性的经验，这种动物发现它必须做出仔细考虑的决定，并且不能用老是那样生活的方式，而只能用它觉得应该随机应变的生活方式来生活。

我认为，明确地理解客观事物——对照直接的感觉和发现——是我们称之为智力的东西的本质。人的经验，由于它可以使我们具有比直接看到事物还要强的理解力，因而它是人性的。它含蓄地或者明确地指出某些此时此地缺乏经验的东西；它特别指出某些未来的东西或可能的经验。我们看到的房子有一边我们看不到，房子里面我们不采取适当的行动也不能看到，但采取了行动，作为这种行动的结果，我们就可以看到了。对我们来说，我们看到、听见或者是经验到的每件事情，都指出在传递进一步的经验中可以得到证实的结果，指出我们可以创造的行动方式。不管我们是否同意这种"可运用的"或"可证实的"理论，这个可证实的理论的含义是经验告诉我们的惟一意义，至少我们必须同意，对有智力的人来说，认识的经验包括这种意义，并因而普遍地表示客观事物。这就是与仅仅由刺激感官而引起的，并且也许会导致自动反应的感觉相对照的智力理解的本质。也许，我们还必须同意的是，对更为**间接的**东西的理解，以及对由直接给予的东西传递的可能得到证实的这种理解进行综合，便形成一种我们称之为智力程度的东西的粗略衡量标准。

现在我想谈的是，根据我们所知道的客观事实，而不是根据我们感觉的方式去控制行动，是我们称为理性的东西的根本特征。具有智力，这对我们所处的世界，还是对我们的处于变化中的经验来说，无论如何也不会有什么不同，除非这种智力能用来改变我们的行动方式。这是显然的、不可避免的。因此，没有理性的智力，将是一种绝没有什么影响，甚至不具有生物的约束力的完全无效的能力。我并不认为，道德的或其他的约束力，来自生物的那种使人进一步适应他的环境并有时拯救他的生命的约束力。我仅仅是说，如果会有什么有智力然而没有理性的人的话，那么嗜屠杀的愚蠢之徒，将相当敏捷地抓住他；而由明智地理解的客观事实支配的改变行为的能力，是影响一切人类经验的一个根本特征。

我想引证一下作为一种必然结果的第三个明显的事实。具有理性，就是根据我们所知道的而不是根据我们感觉如何去控制行为——那就是说，对行为要加以控制，不允许我们自己光凭冲动、倾向和感情而激动。不错，的确有一种基本的应该，有一种命令的意义。亚里士多德早就看到这一点。否定命令的作为，就会证明一个人本身是一个蠢人——请注意，我并不是在这里指名道姓而仅仅是使用一个词的文字上的意思。知识是为了用来控制行动的；它用来劝告我们选择有理性的行动。不接受这种劝告是愚蠢的，或者是不正常的。拒绝一般的行动命令则在智力上是愚蠢的，或

第三部分 伦理学与美学

者是不正常的。

想到可认识与不可认识的对立问题，让我们来举一个小例子：

"炉子是热的。"这是说出一种客观事实——也许是对另一个可能会忽略这个事实的人说的。

"如果你碰这个炉子，就很可能被烫着。"这说出了包含在"炉子是热的"这句话里面的一种行动结果的含义——对所说出的客观事实的一种可能的证实。

"如果你不愿意被烫着，就别碰这个炉子。"这是对包含在"炉子是热的"这句话里面的行动的劝告，并同"如果你碰这个炉子，就很可能被烫着"这句话互相关联。它仅仅是把最后这句话在语法形式上变成劝告，在条件句子的结论句中使用祈使语气而已。但说"炉子是热的"——也包括说其他几句话在内——的人，虽然他确实做了劝告，但并不是命令。他让任何一个有理性的听者去这样命令他自己。他也许还可以多加一句，"如果你觉得烫着也没关系的话，那么就去把你的裸露的手放在炉子上吧——我才不管呢"。

对客观事物的每一个陈述，都有这种对理性行动做出劝告的含义。没有这种劝告，对客观事物的陈述将是没有意义的，而对所陈述的事实的理解，将与任何人或任何事情无关。这种劝告是我们所提及的这个认识所具有的极其重要的意义，没有这种意义，这种劝告在实践上也就没有任何意义。

但是，可以这样说，这些含义看起来似乎是假设的命令：这里并没有无上的命令。这是正确的。而没有一种无上的基本命令的假设，就不能使经验的陈述产生任何命令。有两种关于这种假设的命令的适当说法。第一，当一种假设命令的假设得到证实时，它就变成无上的命令。① 如果你

---

① 这是康德忘记强调的一点。他通过使它从"断言的"命令和"无可置疑的"命令这两者中间区分出来，弥补了这一点——这是一种很好的区分。但认为"无上的命令"与"无可置疑的"命令同义，却歪曲了我想要说的这一点，尽管他是承认这一点的。慎重的命令不是假设的命令；技术的命令（技术规则）则是假设的命令。

的确不希望被烫着,而把你的裸露的手放到你知道是热的炉子上,那么将是违背理性的。第二,虽然我们已经以希望的口气举了例子,提出一种谨慎的基本命令,即"为你整个未来的一生保存自己的利益,这样做是最好的",而与此具有同样认识的事实——"炉子是热的"——同样导致一种具体的、无条件的义务,来假设一种基本的道德命令:"如果避开烫伤是你的责任,就别碰这个炉子。"具体的义务总是以同对行动的认识的劝告相关联的假设的命令的方式出现,而来自特殊责任的一系列东西的相互关系,却总是基本的。

可能它也会遭到反对,像"可是,为什么要这些规则呢?为什么控制行动要采取规则的形式?"如果是这样的话,对此的回答就是,这是人类能够控制行为的惟一方法。人们只有通过参考某些明确的或含蓄的通则,才能把他们的行动导致可能预见的结果——除非把某些过去学到的东西应用到目前或将来,否则他们在这个世界上将一事无成。对一个新近出现或期待着的情况来说,只有当它与过去相似的情况可以归为一类时,这样做才是可能的。我们知道如何使我们在目前情况下期待发生的事情发生出来,仅仅是因为它在过去类似的事例中已经发生过。因此,不能具有这种通则的行动指导——不能作为"这样那样的情况,这么做那么做"的形式——就很不可能为任何人的思想去想像或利用。我们要根据某些含蓄的、系统的规则来行动,否则我们绝不能把我们的行动引导到可以预见的结果。

在观察这个事实的时候,我们来探讨最后一点——因为这一点把我们上面所说的同需要做出具有一致性的决定,并因而需要我们做出具有一致性的粗略的衡量和上面称为准则的、对行动的最直接的指导这两者紧紧联系在一起。我们有各种各样的目的,而为了其中一个目的所采取的行动的结果,常常是与其他目的有关的。这样提出的实际问题分为两个部分。第一部分,由于我们的人性和生活环境,我们实际上不得不在一定的情况下,不仅衡量影响目前的一种努力或目的行动的结果,而且还要衡量那些打算在其他利益方面采取行动的派生的,以及也许是间接的结果。第二部

第三部分　伦理学与美学

分，我们还同样不得不考虑我们各种目的的相对先后次序——力图把它们放在某种程度的重要性的地位上，这么做涉及到如此设想的结果的相对价值，而且，从对其他目的抱有偏见这一点来说，还涉及到达到一定目的需要付出的代价。作为这种考虑的必然结果，我们必须考虑对某一类情况有关的指导同对其他类情况的其他有关的指导之间的关系。这就是我们所看到的它与道德的准则，所谓责任的冲突的关系。当然，这是一种把特殊的道德指导作为最后指导的直观主义的令人难以置信的基础。正如 W. D. 罗斯所承认的那样，只有显而易见的责任，才能由这样的准则来约束。

然而，我们这里所谈的要点却是另外一个——即看到必须决定其特殊行动的人也必须尝试安排他的某些目的并合理组织他的行动计划。为了这些原因，不加鉴别的生活是没有价值的生活。最为特别的是，我们看到，避免不了对行动做出决定的人（实际上）被迫寻找这样一些决定的一致性的东西：他的目的的一致性以及他的小的行动准则的一致性，他根据这种准则，紧接着采取了特殊的行动决定。让我们来提一下，我们还看到，必须考虑不同类的——逻辑的、技术的、谨慎的、道德的——正确之间的相互关系。它们都会影响某个单独的行动，因而需要在做出行动决定时重视它们。

这个叫做目的、结果、行动和行动戒律的一致性或不一致性的东西是什么呢？我们经常用借自逻辑的话来思考它，谈到一个目的或一个行动计划，便否定了另一个，或同另一个不一致。"不一致"是一个更为确切的词。显然，每当你在使另一个结果受到挫折的情况下，取得一个不可避免的结果——当你不能同时得到两个结果时，目的是不一致的。互相一致的两种持续的行动态度或两种行为准则，正如我们平常所说的那样，当它们冲突时，将会这样在实际上是不一致的。但必须注意——首要的是——这种实际上的决定或指导行动的不一致，并非是它们言语阐述形式中的逻辑矛盾的不一致。在实际上如此冲突的东西，也许由于一定环境或者自然规律，或者由于某些别的有关"世界的存在方式"的事实而不一致。

然而这两者——逻辑一致性和实际一致性——却是直接相关的。时间不允许充分展开这个论题的讨论，但我们必须提到与它有关的一点。实际一致性不能被归纳为逻辑一致性或仅仅限制在逻辑一致性的范围内，但逻辑一致性却可以被考虑为一种简单的实际一致性。对信念做出判断或承担义务是要经过仔细考虑的、可以控制的行动。作为逻辑上的一致性，仅仅是在对信念承担或拒绝承担义务这一实际事物中的自我一致性。在判断或信念方面的一致性，仅仅是为了避免主动承担那种互相冲突的义务。如果你在另外一次前提相同的情况下，并没有承担义务，那么你这次也不要承担义务。在你所做的判断中，不要否认在你的前提下你所承担的义务。现在不要相信可以预料你以后必然要收回或在别的地方要否认的东西。不要改变你的主意，除非（1）你看到你先前的信念是没有说服力的，不是由一致性支配的，或者（2）你目前的判断是按照进一步的根据做出的——即是说，根据不同的前提做出的。

正是这种有关正确行动的有效原则的极端怀疑论，忽略了这个事实，即决断和信念是我们可以控制的行为的一部分，而做出陈述甚至是一种具有其不言而喻的目的的确确实实的行动方式。怀疑正确性原则的人，如果对这个问题进行争辩，他对我们提出一些想法，即他设想他按照他认为我们可以接受的前提所做的决断是绝对有必要值得我们重视的。但为什么他要期待我们在他的逻辑里面发现强迫的意味，并感到是被迫默认他的决断，而不是说："我不喜欢这个家伙的态度，我感到他的声音会令人不快，把他从二楼的窗户扔出去不是很有趣吗？"他敢于说："这为什么是逻辑的？"这个问题有一个答案，虽然他通常没有做出任何回答，只认为它理所当然而已。他不能看到在触及到对行动做出决定时避免不一致性的一些类似的考虑，这种考虑代表了那种更普遍的情况，它提出的判断和信念所承担的义务可以被当作同一类来看待。最后，他仿佛忘了争论的那一点，并且的确做出了决断，这就必然完全没有意义，因为如果它不能为改变或修改我们明确的行为服务，那么它就是完全无效的。

我认为，这里有大量的重要的东西需要展开，但却又都必须省略掉。时间只允许我们来讨论最后一点。

第三部分 伦理学与美学

有这样一种作为自我一致性的东西。在逻辑中，否定的陈述是一种自我不一致的命题，这是一种必要的真理，一种有分析的陈述，它不为任何有理性的人所否认。为什么我们从来不应该做这种自相矛盾的事？为什么我们必须接受有分析的东西，而不是否定它？好，让你们来回答。我曾试着提出我的回答：因为我们假定有受信念所承担的义务影响的持续的目的，因为有不一致的信念和不容置疑是自相矛盾的任何东西，所以必然导致使与它们有关的任何目的受到挫折。最后一点是实用主义的一致性或不一致性。我将设法来说明这一点。首先，通过一个实用主义的自相矛盾的老例子；第二，通过指出实用主义的自相矛盾来说明，根据这种矛盾，对必须决定他的行动来否定正确行动规则的人来说，它理所当然是不可能的事。

我们来考虑一下克里特人爱皮曼尼德斯的话，他宣称所有的克里特人都是撒谎者。各种各样的敏锐的逻辑学家，为了这个关于撒谎者的自相矛盾的论调忙得不亦乐乎，试图找出事情的根源，但是他们当中没有一个人能做出一种别人不会立即找出一点毛病的解释。在"我是一个克里特人，而所有的克里特人都是撒谎者"这句话里，并没有什么逻辑上的矛盾。这个历史上有名的自相矛盾的论调的矛盾在于爱皮曼尼德斯断言公认包括他在内的那个阶级的所有成员说话不可靠这样一个行动。做出断言的这个行动陷入到一种实用主义的矛盾中。如果爱皮曼尼德斯曾经是严肃的，那他做出这种陈述的目的应该包括引起他的听众方面的信任这样一个意图。而他所说的话，却必然使他的这一目的受到挫折，与促进这个目的的意图是不一致的。

其次，考虑一下克兰尼学派的名言"不必为明天着想，只要抓住飞来的快活就行了"。除非坚持要做决定，否则采取任何决定都是没有价值的。决定行动或决定态度，除非可以预料它们会影响未来——既然没有别的东西可以受它们影响，那么这样做，也是没有价值的。现在我们来考虑一下这样一个决定，即"不必顾及将来，不要根据超出决定时刻的任何事情来做出决定"。这是一个对将来的态度所做的决定，或者说，它什么也决定不了。而所决定的态度，是一种对将来漠不关心的态度——当然，这包括目前所采取的态度所能产生的任何影响在内。克兰尼学派的决定是做出没有效果的决定的决定，或者是刚做出决定就立即忽视它的那种决定。一个人要坚持这个决定就必须避免做出这个决定，或者忽视它所涉及的整个事情。避免对将来的关心并根据这种决定不采取任何行动，就是否定所有的目的，包括否定坚持目前所做的决定或目前所采取的态度的任何目的。这是实用主义的自相矛盾的一种一目了然的例子，在它的范围内，这种自相矛盾随处可见。

我认为，通过指出下列几点，我也许已经对最后一点做了说明——这几点是：

1. 只有参照包含着行为规则的普遍性，我们才能控制自己的行动。

2. 任何有效的行为规则，必须适用于与它有关的一切场合。因而在同样的行动前提下，它对我们自己的行为或对其他人的行为，都必须是同样有效的。

3. 绝对的行动规则，既然它只对坚持这样一些不违反任何公认为普遍的、非个人的、有效的规则的行动方式起支配作用，因而是这样一种规则——就是指最清楚、最普遍的事情。

4. 否定这个无上命令就必然会忽视一般的有效规则——而把忽视行为规则作为一种规则，那将是最大的实用主义的自相矛盾。无上命令只能为这样的实用主义的自相矛盾所否定。从这个意义上来说，无上命令是先天的（apriori），因为任何有理性的人必须决定他自己的行动，这是无可否认的。

（秦麟征 译 洪潜 校）

附录

Appendix

The Main Writings of C. I. Lewis

Lewis, C. I.

A survey of symbolic logic, University of California Press, 1918.

Mind and the world − order, Charles Scribner's sons, 1929.

Lewis, C. I. and Landford, C. H.

Symbolic logic, Appleton Century, 1932.

Lewis, C. I.

An analysis of knowledge and valuation, Open Court, 1946.

The ground and nature of the right, Columbia University Press, 1955.

Our social Inheritance, Indiana University Press, 1957.

Values and imperatives, ed. by J. Lange, 1969.

Collected papers of C. I. Lewis, ed. by J. D. Goheen and J. L. Mothershead, Standford University Press, 1970.

社科文献精品译库·美国实用主义文库
刘易斯文选

编　者／李国山
译　者／李国山　方刚　等

出 版 人／谢寿光
出 版 者／社会科学文献出版社
地　　址／北京市东城区先晓胡同 10 号
邮政编码／100005
网　　址／http://www.ssap.com.cn
网站支持／(010)65269967
责任部门／编译中心(010)85117871
电子信箱／bianyibu@ssap.cn
项目经理／王　静
责任编辑／王　静　鲁丽娜
责任校对／王媛利　李临庆　王　静
责任印制／盖永东

总 经 销／社会科学文献出版社发行部
　　　　　(010)65139961　65139963
经　　销／各地书店
读者服务／市场部(010)65285539
排　　版／名人时代
印　　刷／北京季蜂印刷有限公司

开　　本／787×1092 毫米　1/16 开
印　　张／22.25
字　　数／305 千字
版　　次／2007 年 6 月第 1 版
印　　次／2007 年 6 月第 1 次印刷

书　　号／ISBN 978-7-80230-639-4/B·056
定　　价／45.00 元

本书如有破损、缺页、装订错误，
请与本社市场部联系更换

版权所有　翻印必究